本书是天津市哲社科基金项目"京津冀协同发展背景下基于产学研创的高职产教深度融合的路径研究"（项目编码：TJJX18-008）研究成果

U0733264

京津冀协同发展背景下基于产学研创的高职产教深度融合的路径研究

荣宁宁◎著

中国商务出版社

·北京·

图书在版编目（CIP）数据

京津冀协同发展背景下基于产学研创的高职产教深度
融合的路径研究／荣宁宁著. -- 北京：中国商务出版
社，2024. 12

ISBN 978-7-5103-5015-3

Ⅰ. ①京…　Ⅱ. ①荣…　Ⅲ. ①高等职业教育—产学研
一体化—研究—华北地区　Ⅳ. ①G718.5

中国国家版本馆 CIP 数据核字（2024）第 002073 号

京津冀协同发展背景下基于产学研创的
高职产教深度融合的路径研究

荣宁宁◎著

出版发行：中国商务出版社有限公司

地　　址：北京市东城区安定门外大街东后巷 28 号　邮　　编：100710

网　　址：http://www.cctpress.com

联系电话：010—64515150（发行部）　　010—64212247（总编室）
　　　　　010—64515164（事业部）　　010—64248236（印制部）

责任编辑：云　天

排　　版：北京天逸合文化有限公司

印　　刷：宝蕾元仁浩（天津）印刷有限公司

开　　本：710 毫米×1000 毫米　1/16

印　　张：15.5　　　　　　　　　　　　字　　数：230 千字

版　　次：2024 年 12 月第 1 版　　　　　印　　次：2024 年 12 月第 1 次印刷

书　　号：ISBN 978-7-5103-5015-3

定　　价：79.00 元

前　言

党的十八大以来，国家将"深化产教融合、校企合作"作为职业教育制度创新的重点，职业教育发展从宏观到微观，从顶层设计到具体实施，都把"深化产教融合、校企合作"作为改革创新的主线。

为全面贯彻党的二十大精神，深化职业教育、高等教育的改革，发挥企业的重要主体作用，促进人才培养供给侧和产业需求侧结构要素全方位融合，培养高素质创新人才和技术技能人才，深化产教融合是重要的解决路径。为加快建设实体经济、科技创新、现代金融、人力资源协同发展的产业体系，汇聚发展新动能提供有力支撑，产学研创是重要的实现途径。如何形成教育和产业统筹融合、良性互动的发展格局，如何健全和完善需求导向的人才培养模式，如何解决人才的教育供给与产业需求结构性矛盾，都应从着力提升职业教育对经济发展和产业升级的重要作用中寻找答案。针对产教融合这一跨界的综合性工作，高等职业教育作为具有天然跨界属性的教育类型，从单纯的人才培养定位到发挥人才驱动功能，在为人才服务发展功能导向定位的转化上更应发挥实践作用。

在全国教育大会上，习近平总书记提出，要高度重视发展职业教育，大力推进产教融合，健全德技并修、工学结合的育人机制，源源不断为各行各业培养亿万高素质的产业生力军，要让职业院校学生在职业发展上有广阔空间，要出台灵活有效的优惠政策，厚植企业承担职业教育责任的文化沃土，推动职业院校与行业企业形成命运共同体。命运共同体是产教深度融合的重要载体，是产教深度融合的重要目标。

京津冀协同发展是国家重大战略之一，为区域开展基于产学研创的高职

京津冀协同发展背景下基于产学研创的高职产教深度融合的路径研究

产教深度融合提供了强有力的政策支持和丰富的行业企业资源，为具体的实践提供了政策保障和资源支撑。

"深化产教融合、校企合作"是职业教育实现跨界性的必然要求，是职业教育实现教育现代化的必然要求，是职业教育服务经济社会高质量发展的必然要求，基于产学研创的高职产教深度融合的路径研究具有重大的理论和实践意义。

本书共分为五章。第一章围绕京津冀协同发展背景下基于产学研创的高职产教深度融合的研究背景展开，梳理京津冀协同发展战略与职业教育相关政策，并分析基于产学研创的高职产教深度融合路径研究的价值皈依。第二章聚焦高职教育层次中基于产学研创的产教深度融合的国内外研究，从京津冀协同发展背景下基于产学研创的高职产教深度融合的研究动态出发，在基于产学研创的产教深度融合在国内外的理论研究与应用情况的阐述基础上，进行研究对比。第三章呈现对京津冀协同发展与高职人才需求研究，从京津冀协同发展的理论研究、发展的趋势研究切入，探讨京津冀经济与教育协同发展的互动机制。第四章深入研究京津冀基于产学研创的高职产教深度融合，分析京津冀高职院校专业调整情况和京津冀基于产学研创的高职产教深度融合的现状，总结京津冀基于产学研创的高职产教深度融合问题样态。第五章阐释京津冀协同发展背景下高职院校基于产学研创的产教深度融合的实现路径，从协同整合、数智融合、强强联合、优化组合四个维度总结了适合京津冀高职院校基于产学研创的产教深度融合的实现路径。

本书是天津市哲社科基金项目"京津冀协同发展背景下基于产学研创的高职产教深度融合的路径研究"（项目编码：TJJX18-008）研究成果。

本书在研究过程中得到天津商务职业学院校领导、科研处负责人及本课题组成员的大力支持和多次指导，中国商务出版社张永生编辑对本书的出版给予了极大帮助，在此对以上领导和同事深表谢意。

由于研究能力有限，本书内容难免有不足之处，敬请读者批评指正。

荣宁宁

天津商务职业学院

目　录

第一章 京津冀协同发展背景下基于产学研创的高职产教深度融合的研究背景

第一节 京津冀协同发展战略与职业教育相关政策

一、京津冀协同发展战略

2014 年 2 月 26 日，习近平总书记在北京主持召开京津冀协同发展座谈会，对京津冀协同发展作出重要指示。提出"四个需要"，即"体制机制、示范样板、生态文明、优势互补"；在七个方面着力：顶层设计、协同发展、产业对接、城市布局、环境容量、交通网络、市场一体化。

2015 年 6 月 9 日，中共中央、国务院印发了《京津冀协同发展规划纲要》。纲要指出，推动京津冀协同发展是一个重大国家战略，核心是有序疏解北京非首都功能，要在京津冀交通一体化、生态环境保护、产业升级转移等重点领域率先取得突破。

2016 年 3 月，国家发展改革委发布《关于 2016 年深化经济体制改革重点工作的意见》，强调要加强区域协调发展体制保障。

2016 年 5 月，中共中央政治局召开会议，研究建设北京城市副中心和深层次推动京津冀协同发展的相关规划工作。

2016 年 6 月，河北省唐山市举办京津冀产业创新协同发展高端会议，以

"协同发展、合作共赢、转型升级、绿色崛起"为会议主题，对京津冀的产业创新协同发展、产业升级转移等内容进行研究讨论。

2017年4月，设立河北省雄安新区，以疏解北京非首都功能为"牛鼻子"，推动京津冀协同发展，高起点规划、高标准建设雄安新区。

2023年5月，习近平总书记在河北考察并主持召开深入推进京津冀协同发展座谈会时强调"京津冀作为引领全国高质量发展的三大重要动力源之一，拥有数量众多的一流院校和高端研究人才，创新基础扎实、实力雄厚，要强化协同创新和产业协作，在实现高水平科技自立自强中发挥示范带动作用"[①]。

2023年7月，京津冀党政主要领导在北京召开座谈会，统筹部署三地共同推进的协同发展重点工作，其中就共同加强京津冀协同创新共同体建设明确了主要任务。

2023年11月24日、29日、30日，北京市、天津市和河北省三地人大常委会依次表决通过了《关于推进京津冀协同创新共同体建设的决定》。决定强调坚持以习近平新时代中国特色社会主义思想为指导，全面贯彻习近平总书记关于深入推进京津冀协同发展的重要讲话精神，落实《京津冀协同发展规划纲要》的要求，有序疏解北京非首都功能，以科技创新为核心，建立健全区域创新体系，全面提升区域协同创新能力，协力打造我国自主创新的重要源头和原始创新的主要策源地、引领全国高质量发展的动力源。[②]

二、职业教育与产教融合相关政策（见表1-1、表1-2）

表1-1 职业教育与产教融合相关政策

时间	重要会议与政策文件
1986年7月	召开第一次全国职业教育工作会议
1991年1月	召开第二次全国职业教育工作会议

---

① 《北京市人民代表大会常务委员会关于推进京津冀协同创新共同体建设的决定》解读［N］.北京日报，2023-12-12（003）. DOI:10.28033/n.cnki.nbjrb.2023.007126.

② 天津市人民代表大会常务委员会关于推进京津冀协同创新共同体建设的决定［N］.天津日报，2023-11-30（003）. DOI:10.28789/n.cnki.ntjrb.2023.004778.

续表

时间	重要会议与政策文件
1991 年 10 月	国务院作出《关于大力发展职业技术教育的决定》
1996 年 6 月	召开第三次全国职业教育工作会议。《中华人民共和国职业教育法》（1996）第二十三条规定"职业教育应当实行产教结合"，确立产教结合的法律地位
2002 年 7 月	召开第四次全国职业教育工作会议，首次以国务院名义召开会议
2005 年 10 月	发布《国务院关于大力发展职业教育的决定》（重点是发展中职，扩招 100 万中职生）
2005 年 11 月	召开第六次全国职业教育工作会议
2010 年 5 月	《国家中长期教育改革和发展规划纲要（2010—2020 年)》提出制定促进校企合作办学法规，推进校企合作制度化
2014 年 6 月	召开第七次全国职业教育工作会议
2014 年 6 月	《国务院关于加快发展现代职业教育的决定》提出研究制定促进校企合作有关法规和激励政策；强调体系建设，教育教学改革
2017 年 10 月	党的十九大报告："完善职业教育和培训体系，深化产教融合、校企合作。"
2017 年 12 月	国务院办公厅发布《关于深化产教融合的若干意见》
2018 年 2 月	教育部等六部门印发《职业学校校企合作促进办法》
2018 年 11 月	发展改革委等四部门联合印发《关于加强实训基地建设组合投融资支持的实施方案》
2019 年 1 月	国务院印发《国家职业教育改革实施方案》（"职教二十条"）
2019 年 10 月	国家发展改革委等六部门联合印发《国家产教融合建设试点实施方案》（以城市为节点，发挥承载责任；以行业为支点，发挥汇聚功能；以企业为重点，发挥主体作用）
2020 年 9 月	教育部等九部门印发《职业教育提质培优行动计划（2020—2023 年)》
2021 年 4 月	召开第一次全国职业教育大会。
2021 年 10 月	中共中央办公厅、国务院办公厅印发《关于推动现代职业教育高质量发展的意见》
2022 年 4 月	《中华人民共和国职业教育法》修订，于 5 月 1 日正式实施
2022 年 10 月	党的二十大报告对职业教育有了新的明确的发展定位（"三教""三融"，优化职业教育类型）
2022 年 12 月	中共中央办公厅、国务院办公厅印发《关于深化现代职业教育体系建设改革的意见》

表 1-2 高职教育产教融合四个阶段

第一阶段	1999 年到 2006 年高职教育扩招（"脱节"与数量发展期）
第二阶段	2006 年到 2012 年是示范校建设时期（产教融合初步探索期）
第三阶段	2012 年到 2018 年是后示范阶段（"退潮"产教融合的停滞期）
第四阶段	大职教阶段的职教体系与技能社会建设（产教融合制度体系构建期）

三、科教融汇相关政策

党的二十大报告首次将教育、科技、人才进行系统谋划、一体部署，提出要"统筹职业教育、高等教育、继续教育协同创新，推进职普融通、产教融合、科教融汇"。

科教融汇中"科"指"科学、科技、科研"。要培育科教融汇的职业学校文化，将科学家精神、工程师精神、工匠精神等融入职业教育；要加强职业院校应用性研究与社会服务，在科教融汇中不断提升质量；"双高"院校要持续打造高水平技术技能创新服务平台；实施数字化全面提升计划；开展"技术赋能职业院校教学模式创新"试点；以区域信息化均衡发展带动区域职业教育均衡发展。

2023 年 5 月，由 110 家全国"双高"院校和企业组成的现代职业教育科教融汇共同体在山东省潍坊市成立。创建"企业出题、共同答题"机制，首次面向高职院校发布 200 余项技术创新需求和人才需求清单，推出首批推进科教融汇的典型案例，科教融汇共同体的成立为高素质技术技能人才培养和区域经济高质量发展赋能。

第二节　基于产学研创的高职产教深度融合路径研究的价值皈依

一、培养高素质技术技能人才

职业教育是为了培养高素质技术技能人才，使受教育者具备从事某种职业或者实现职业发展所需要的职业道德、科学文化与专业知识、技术技能等职业综合素质和行动能力。职业教育的起始是以职业分类和职业标准为依据，而其完成是将学业资格、职业资格和技能等级证书作为从业凭证。可以说，职业教育人才培养始终都是围绕"职业"进行的，整个培养过程是一个完整的闭环，这也是职业教育作为类型教育最本质的特征。产教融合、科教融汇是职业教育人才培养的必由之路。教育、科技、人才三位一体统筹推进是实现教育现代化的有效途径。

立足产业升级、技术革新，着眼高职人才创新发展，以产教融合为重点，重点深化机制体制改革，促进产业链与教育链供给匹配。以科教融汇为新方向，发挥科技赋能教育作用，强化高等职业教育在创新链和产业链上的精准对接。以产教联合体或产教融合共同体为载体，不断提升高职院校关键办学能力，通过对产教深度融合模式、路径的顶层设计和系统谋划，紧紧围绕立德树人这一根本任务，形成涵盖学科专业体系、教学体系、教材体系、管理体系、评价体系等方面的产学研创人才培养体系，突出服务国家创新战略、服务产业能力，培养德智体美劳全面发展的高素质技术技能人才。

二、服务区域产业行业企业发展

职业教育发展服务于地区发展，为区域产业、行业、企业发展提供高素质技术技能人才。京津冀协同发展战略核心是疏解北京非首都功能，三地有各自明确的功能定位。北京市定位是"四个中心"，即"政治中心、文化中心、国际交往中心、科技创新中心"。天津市定位是"一基地三区"，即"全国先进制造研发基地，北方国际航运核心区、金融创新运营示范区、改革开放先行区"。河北省定位是"一基地三区"，即"全国现代商贸物流重要基地，产业转型升级试验区、新型城镇化与城乡统筹示范区、京津冀生态环境支撑区"。①

高职人才培养要紧紧围绕三地发展目标定位，既要协同又要针对各自发展重点。北京市要充分发挥科技创新的优势，在原始创新上发力；天津市要发挥先进制造研发的优势，在技术转化创新上发力；河北省要发挥科技成果转化优势，在产业转型升级上发力。

---

① 赵娜，万宝春，冯海波，等. 论京津冀区域统一环保规划 [J]. 经济与管理，2018，32（1）：27-30.

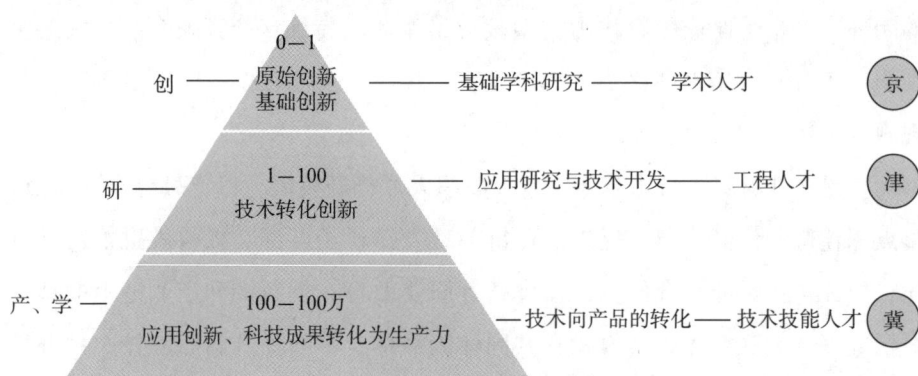

图 1-1 京津冀技术创新与人才分类

三、推动创新型区域建设

京津冀协同发展目标是打造世界级城市群。京津冀三地高职教育发展积极对接创新型区域发展目标，整合京津冀三地整体优势，促进京津冀三地产业优化升级，深入推进协同创新，建立世界级产业创新中心。

《中国区域科技创新评价报告 2023》显示，上海、北京、广东、天津、江苏和浙江 6 省市综合科技创新水平领先全国。北京市综合科技创新水平指数排名第 2，天津市位列第 4，河北省排名第 21。京津冀协同创新共同体建设正在加快进行中。"京津研发、河北转化"正在协同创新中加快推进。

第二章 高职教育层次基于产学研创的产教深度融合的国内外研究

产学研创深度融合框架下，学术研究为产业创新提供了理论支持与技术保障，而产业需求则驱动了学术研究成果的转化与应用。同时，学术研究和产业创新的有机结合，不仅推动了教育体系的持续优化，也促进了教育理念与人才培养模式的创新，使教育更加适应社会变革的需求。产教融合的核心目标不仅是提升学生的操作技能，更是在增强学生创新能力的同时，使其具备应对未来挑战的综合素质。因此，产学研创的深度融合不仅是提升高职教育质量的有效途径，也是推动教育、产业与科技创新相互促进、共同发展的战略选择。随着这一模式的不断深化和拓展，它将为全球高职教育的发展提供更加丰富的理论资源和实践经验，并推动教育、产业的良性循环与协同进步。

基于此，本章在对京津冀协同发展背景下基于产学研创的高职产教深度融合的研究动态进行梳理的基础上，介绍以德国、芬兰、英国、美国、澳大利亚等国家为代表的产教融合理论研究及实践应用，与我国基于产学研创的产教深度融合情况形成对照，并剖析国内外理论及实践的异同点，最终获得相关启示。

第一节 京津冀协同发展背景下基于产学研创的高职产教深度融合的研究动态

一、国内相关研究的学术梳理及研究动态

京津冀协同发展：当前中国三大国家战略之一，核心是京津冀三地作为

一个整体协同发展，努力形成京津冀目标同向、措施一体、优势互补、互利共赢的协同发展新格局。

产学研创：科研、教育、生产、创新创业等不同社会分工在功能与资源优势上的协同与集成化，是技术创新上、中、下游的对接与耦合。

产教融合："产"即产业、行业、生产，"教"意为教育、教学，产教融合是指产业、行业与（职业）教育融合，生产与教学融合。"产教融合"在广义上将"校企合作"（狭义上把合作主体仅仅确定为"学校"与"企业"）中的"企"拓展为产业、行业，从学校个体延伸到教育教学，以实现两类具有高度互补性资源之间全要素、全方位的集成整合和一体化合作。

1. 从国家战略层面出发，在京津冀协同发展的背景下，高职院校的产教深度融合是解决区域人才培养的必然选择

（1）京津冀协同发展，但高职人才培养仍无法满足地区行业发展的需要

在推进落实京津冀协同发展国家战略的过程中，教育发展应摆在更加关键的战略地位上，以此为经济和社会的稳定发展提供优质人力资源保障。京津冀三地的教育发展需要打破传统地方主义框架的限制与束缚，站在国家战略的高度上重新定位和谋划，向着京津冀三地教育之间优势互补、互利共赢的目标迈进。尤其对于提供具备较高素质和专业技能人才的高职院校需构建起高效的教育协同机制，推进教育治理改革，提高教育治理能力。

李哲（2015）提出应注重合理布局，建立高职院校与区域产业互融发展的体系，在京津冀协同发展背景下对于河北省高职院校实现协同发展提出了建议与对策。

高兵（2015）认为区域高等教育定位趋同，分工不明确，主要从教育协同的现代化路径上提出建立循序渐进的协同发展方式。

崔顾芳（2017）认为高职人才培养定位不准确，专业设置不符合区域经济发展需要、人才培养方案缺少与区域经济的契合度、人才培养质量不能满足区域经济发展需要。从办学定位、专业设置、人才培养方案、社会服务、人才培养评价体系五个维度提出应对策略。

（2）京津冀三地为教育协同提供政策支持

2017年《"十三五"时期京津冀教育协同发展专项工作计划》以基础教

育、职业教育、高等教育、教师干部交流、数字学校资源共享等为着力点，明确了"十三五"期间三地教育部门的"任务单"。

教育部也将加强京津冀教育协同发展的顶层设计，拟制定出台教育协同发展专项规划。中国教育部发展规划司副司长郭春鸣指出，专项规划将抓住"协同"做文章，注重统筹协调，坚持改革创新，完善体制机制，不断优化提升教育布局功能，推动三地基础教育优质发展、职业教育融合发展、高等教育创新发展。

综上，京津冀协同发展为三地高职教育带来了机遇和挑战，高等职业教育中产教融合的作用在服务区域协同发展方面未能充分发挥，因此高等职业院校在京津冀协同发展的背景下产教融合亟待深化，对"产教深度融合"的路径研究将扩大三地教育协同的高职教育的研究范畴。

2. 从国家政策文件要求的层面出发，产教深度融合是近 20 年来职业教育发展的结果

21 世纪初开始，国家在职业教育发展的要求上从"校企合作"向"产学合作"演进。之后，为适应加快现代职业教育发展的要求，产教融合成为职业教育的高频词汇，产教深度融合开始进入人们视野。

2013 年，教育部文件中出现了"产教融合"一词。2014 年国家领导人就职业教育的发展多次提到产教融合，并将深化产教融合作为发展的基本原则。2015 年后半年教育部密集出台文件，将产教融合发展成效更加明显作为实现高等职业教育可持续发展的机制更加完善这一目标的重要因素。2017 年 1 月，《国家教育事业发展"十三五"规划》发布，更是清晰地传达了一定要推行产教融合的职业教育模式。2019 年颁布的《国家职业教育实施改革方案》指出，"以促进就业和适应产业发展需求为导向，鼓励和支持社会各界特别是企业积极支持职业教育，着力培养高素质劳动者和技术技能人才"。2020 年印发的《职业教育提质培优行动计划（2020—2023 年）》指出，深化职业教育供给侧结构性改革，"建立产业人才数据平台，发布产业人才需求报告，促进职业教育和产业人才需求精准对接"。2021 年印发的《关于推动现代职业教育高质量发展的意见》指出，"优化职业教育供给结构""健全多元办学格局"。

2022 年 12 月，中共中央办公厅、国务院办公厅印发了《关于深化现代职业教育体系建设改革的意见》，共 14 条，明确指出，要深化职业教育供给侧结构性改革，提出"打造市域产教联合体""打造行业产教融合共同体"等战略任务。

从上述的文件梳理中我们应该看到，现代职业教育呼吁切实达成"产教深度融合"，在各类文件的要求和具体实践中，充分表明高等职业教育"产教深度融合"要基于行业的特点，出台更明确的制度、法规，因此高等职业院校的"产教深度融合"的路径研究非常必要。

3. 从国家行动层面出发，产学研创成为未来推进中国制造能力的动力

2015 年 5 月 19 日，国务院正式印发《中国制造 2025》，提出坚持"创新驱动、质量为先、绿色发展、结构优化、人才为本"的基本方针，坚持"市场主导、政府引导，立足当前、着眼长远，整体推进、重点突破，自主发展、开放合作"的基本原则，通过"三步走"实现制造强国的战略目标。制造技术的提升需要加强人才的培养，通过产学研创的培养模式和培养平台，明确探讨校企产学深度融合的路径这一目标。

4. 国内学术研究趋势

自 2013 年产教融合的提法开始见诸文件，对产教融合的研究主要聚焦问题分析、机制研究、模式研究等方面。

（1）高职教育产教融合的成因及问题

张建（2014）认为职业教育办学没有解决产教"两张皮"问题，所谓融合也是"虚融合"和"浅融合"，而非深度融合。从产教深度融合的机理方面分析，问题在于职业教育与产业和企业生产的联系还不够紧密，互动性还不强。

王建平（2015）分析了产教融合的现状与"现代职业教育体系"的要求尚有差距的主要表现是当前"学校热情、企业冷淡"的现象普遍存在，产教融合的环境不佳。

王丹中、赵佩华（2014）指出要加强对产教融合理念的认知，完善管理体制机制保障，与科技园、产业园、工业园等园区合作，建立多元化的产教

融合模式，使生产和教育真正地融合，是高职院校当前亟待解决的问题。

景丹（2017）认为产教融合是指职业院校根据所开设专业，开办专业产业，促进教学与产业的结合，使学校成为集人才培养、科学研究、科技服务于一体的产业性经营实体，是一种学校与企业互为一体的创新办学模式。

滕飞、张树安、孙林（2018）认为产教融合是指通过产业资源与教育资源的互识、互动和互通，实现职业教育教学资源与行业企业生产资源的对接与整合，达成目标上的一致，弥补各自短板或达到强强联合的目的。

谢笑珍（2019）认为产教融合是教育系统与产业系统之间的互动演进，目的是促进教育体系、人才培养和产业体系围绕技术进步实现创新、融通和共享。

高燕南（2020）认为产教融合是通过将企业和学校两个相互独立但又密切关联的主体的发展理念、发展资源等要素进行重构整合，使双方各自实现高效发展。

王仁详（2022）将产教融合发展分为三个阶段，一是学校对照产业需求培养人才；二是企业深度参与学校人才培养；三是形成产教利益共同体。

（2）机制研究以探索产教融合如何在高职教育中充分发挥作用

卢美圆（2016）从耗散结构理论的角度提出要建立健全对外开放机制、资源优化配置机制、要素融合机制以及信息沟通机制，以充分发挥产教融合在高职教育中的作用。

潘陆益（2015）认为深化产教融合的核心是要构建促进职业教育与产业深度互动的动力机制，包括政策导向机制、法律保障机制、利益平衡机制、经费投入机制等。

沈雷、骆琳芳（2017）指出推进产教深度融合进程应构建融合动力机制、动态建设机制、全程共育机制。

（3）人才培养模式的探索与实践

王长文、徐进（2016）提出了在"教学工场"理念下的校企合作模式与人才培养模式，这些模式的应用有利于增强办学活力，提高人才培养质量，提升社会服务能力。

张文杰、秦登峰（2015）阐释了产教融合机制下实施定向班人才培养模式的意义，并根据产教融合人才培养的实施框架，分别从人才培养标准制定、课程体系设计、人才培养过程、实践教学模式四个方面给出了定向班人才培养模式的具体实施方法。

杨频（2014）认为在产学研用、校企协同人才培养过程中，人才培养机制包含三方面内容：①政府、行业和企业的外部支持机制；②职业院校之间的校校协作机制；③职业院校内部各项职能的协调机制。

何景师（2019）提出职业教育专业链、产业链、教育链、人才链"四链"对接融合，构建以行业企业需求为牵引、政府推进职业教育改革、校企合作共同培养、以市场需求就业为导向的政校企行市协同创新人才联合培养模式。

（4）产学研相关研究由来已久

根据检索，《中国职业技术教育》自 1999 年开始刊发产学研相关文章，2004—2008 年该类文章每年刊发数量均在 10 篇以上，至今共计刊发 121 篇。从研究的内容看，由初期关注产学研的内容、模式，逐渐转向产学研协同、产学研用等内容，表明随着时代发展，产学研研究内容不断演进。

（5）发达国家或地区产教融合的启示和借鉴

牛士华、杨频、沈文其（2016）讨论了美、英产教融合发展实践对我国产教融合在校企合作、合作机制方面的启示。

刘立新（2015）提出借鉴德国产教融合机制建设，有利于进一步推进产教融合、校企合作。

综上，通过梳理可以发现对区域合作的产教融合的研究相对较少，对产教深度融合的路径研究不是很丰富，同时基于产学研创的高职层次的产教深度融合实践鲜少见到，而强劲的京津冀协同发展政策为本书提供了动力保证，多年以来的产学研系列研究为以产学研创为出发点的产教深度融合打下了坚实基础。

二、国外相关研究的学术梳理及研究动态

德国"双元制"职业教育：广受我国职业教育界赞誉的"双元制"以产

教融合为基本理念，多年来，德国政府不断推出新政策，巩固这一基本理念，成就了"双元制"人才培养的质量和世界地位。

美国社区学院的校企联群运动："为美国未来奠定技能之基"的联盟组织在倡导高等职业教育校企合作、推动社区学院与企业共同开发人才培养项目、发掘整理校企合作成功经验等方面成果显著，"撮合"而成的社区学院/企业联合体千余个，更在全国层面开展极具代表性的大型项目（如全美制造业联合会及其下设制造业研究所与全美社区学院系统合作，对数以百万的学生进行职业技能培训及认证）。[①]

国外学者的研究也在将校企合作向深度融合的方向迈进。Nuriye Çevik İşgören等（2009）、Peter Tiernan（2016）从高等职业院校应加强与行业的合作、教师和知识与资本的不同角度进行了深入探讨。

第二节　基于产学研创的产教深度融合在国外的理论研究与应用

国外关于高职教育层次的产教深度融合发展的研究由来已久，已逐步形成了较为完备的理论体系和实践经验。产教深度融合作为提升职业教育实践性和应用性的关键路径，强调通过教育与产业的深度对接，推动教育链、人才链与产业链的有机衔接。这一模式不仅使职业教育更加贴近行业需求，也有助于培养具备实际操作能力和创新思维的高素质应用型人才。近年来，基于产学研创的产教深度融合在国外高职教育中的应用逐渐成为一种重要的教育创新模式。本小节从理论背景、实践应用两个方面梳理国际上基于产学研创的产教深度融合研究。

一、理论背景

国外的理论研究对基于产学研创的产教融合进行了多层次、多维度的探

---

① 王辉，刘冬. 奥巴马政府倾力打造美国现代职教体系 [J]. 职业技术教育，2013，34（27）：58-63.

索，现从宏观、中观、微观三个层面梳理相关理论和理念。宏观层面以协同论为理论背景，表现为以促进产学研创整体效益提升为目的的制度、体系、组织设计；中观层面以工作场所学习理论为理论背景，是院校层面基于产学研创，在产教融合过程中提升教与学质量的理论指导，著名的"双元制"便是来源其中；微观层面以灵活教育理论为背景，重点关注产教深度融合之下的学生个性化发展问题。

（一）多主体协同理论（Synergy Theory）

基于产学研创的产教融合本质上是通过多主体合作以达到最大化收益，这一理念最先来源于协同理论。协同理论是一个跨学科的理论框架，最早源于生物学和系统科学，后来被广泛应用于社会学、管理学、教育学等领域。协同理论的核心概念是协同效应，即当多个因素或主体相互合作时，产生的效果大于各因素或主体单独作用时的总和。简而言之，协同效应强调合作、互动和共创的价值，强调系统内各部分在互动中所产生的增效作用。在协同理论的框架下，协同效应不仅是个体力量的简单叠加，而是通过合理配置资源、优化沟通与合作、整合优势，形成一个互补、共赢的局面。协同的核心特征包括三点：一是互动性，即系统各部分之间的相互作用和影响；二是互补性，即各部分通过相互补充、优势互补达到优化效果；三是增效性，即协同过程能够产生远大于各部分单独作用时的综合效益。

产教深度融合是指产业和教育的紧密结合，尤其是在高等教育和职业教育领域，推动学术界、教育机构与产业界的合作与互动，形成产学研创一体化的协同体系。产教深度融合的目标是通过优化教育资源配置和产业资源配置，使教育和产业的需求、人才培养与社会发展之间形成更高效的协同效应，从而提升人才培养的质量和效率，推动科技创新和产业升级。从协同论的视角来看，基于产学研创的产教深度融合是一个动态的、系统性的协同过程，主要表现为以下几个方面。

1. 教育与产业的互补性

教育系统在知识传递、技能培养和人才选拔方面具有重要作用，但往往缺乏与实际产业需求的紧密对接。产业系统则具有先进的技术、实际的市场需求和岗位技能要求。因此，教育与产业之间的互补性体现在产业为教育提供实践平台和现实需求，教育为产业提供高素质的专业人才和技术创新。在这种互补作用下，教育和产业能够共同为社会培养具有实际应用能力的技术人才，推动产业和学术的共同进步。

2. 教育与企业的协同创新

产教深度融合的核心要素之一是协同创新。企业、科研机构和教育机构的合作可以通过共同开发新技术、新产品、新工艺等创新活动，促进科技成果转化和应用。协同创新的过程能够通过各方资源的共享和优势互补，带来创新效益。例如，企业可以提供实际的市场和技术需求，教育机构则可以为企业提供前沿的科研成果和高水平的人才，而科研机构可以通过合作研究推动新技术的突破。协同创新不仅限于技术开发，还可以扩展到管理创新、文化创新等多个方面，为企业和教育系统创造更大的综合效益。

3. 教育与产业的互动反馈

教育与产业的协同不是单向的资源输送，而应该是一个动态的互动反馈过程。在产教深度融合过程中，教育系统根据产业需求不断调整和优化课程体系、教学内容和培养方案，以确保所培养的人才能够满足市场需求。与此同时，企业也需要根据教育系统的互动反馈进行自我调整，从而提高自身的研发和人才吸纳能力。这种互动反馈机制能够促进教育和产业之间的长期合作，使双方在发展的过程中不断互相促进和调整，实现"双赢"。

4. 产学研创的跨界合作

在协同论的框架下，产学研创的深度融合强调跨界合作。学术界、产业界和研究机构通过跨领域的合作，整合各自的优势，推动知识和技术的流动与转化。例如，学校与企业共同建立研发中心、实训基地、实验室等，形成了产学研创一体化的合作模式。跨界合作不仅限于学术和产业界的合作，也包括政府、金融机构、地方社区等各方的共同参与。通过政策引导和资金支持，产教深度融合能够在多方协同作用下，形成一个健康、可持续的合作生态系统。

5. 教育和产业的共生发展

产教深度融合不仅是为了满足产业对人才的需求，还应推动教育体系本身的进化与发展。通过与产业界的紧密联系，教育机构可以更加贴近社会需求，提高教学的实践性和针对性。企业在教育过程中也可以通过提供实践机会、定制化课程等方式与教育系统进行深度协同，从而确保自身能够获取到符合企业需求的创新型人才。在这一框架下，学校不仅承担传统的知识传播职能，更应当成为创新的催化剂，与企业及科研机构共同探索新兴产业的技能需求与技术挑战。

（二）工作场所学习理论（Workplace Learning Theory）

工作场所学习理论主要探讨学习如何在工作环境中发生，强调通过实际的工作任务、情境和社会互动来获得知识和技能。工作场所学习理论的背景可以追溯到 20 世纪 90 年代，特别是由 Lave 和 Wenger 提出的情境学习理论（Situated Learning Theory），该理论强调学习不应当被看作一个孤立的认知过程，而是一个通过参与社区实践（Community of Practice）进行的社会性活动。与传统的课堂学习模式不同，工作场所学习不仅是知识的传递，更是个体通过实践、反思、互动以及解决实际工作问题来进行的深度学习。该理论认为，学习是一个情境化的过程，学习内容和过程深受工作环境的影响。具体而言，一是情境性学习，即学习发生在特定的工作环境中，与实际工作任务、项目和问题紧密相关。学习不仅是个体的认知过程，更是通过参与实际情境来获得体验的过程。二是社会互动和共同体，即学习是一个社会化过程，个体通过与他人互动、协作、反馈和分享经验，学习到新知识。工作场所学习强调"共同体实践"的概念，即学习通过与工作社区的互动发生。三是强调"干中学"（learning by doing），即通过实际的工作任务和项目来获得知识和技能。反思是工作场所学习中的一个重要环节，学习者通过回顾和反思自己的实践经历，深化对知识的理解并改进工作方法。四是需求驱动的学习，即工作场所学习通常与实际工作需求紧密相关，学习内容是由工作任务和行业需求决定的，学习者需要解决的实际问题推动了他们的学习过程。这些特征均是产教融合在教与学过程中的具体体现。

产教深度融合是一种将教育、产业和科研三者紧密结合的合作模式，其目标是推动科技创新、提升教育质量和培养符合行业需求的高素质人才。这种模式强调学术界、企业和科研机构的合作，确保教育内容与产业需求对接，促进人才培养与技术创新同步发展。与工作场所学习理论在以下几个方面高度契合。

1. 情境性学习与产业实践结合

产教深度融合的核心是通过将学校教育与企业实践紧密结合，使学生能够在实际的工作环境中获得知识和技能。工作场所学习理论强调，学习不仅发生在课堂上，还发生在与工作相关的实际情境中。学生在企业的实践任务中，能够亲身参与到技术创新、项目实施和问题解决中，这样的学习经历能够有效提升他们的职业技能。

2. 社会互动与跨界合作

产教深度融合中，学生不仅能够通过课堂学习获得理论知识，还能通过与企业员工、研究人员的互动，获得更多的专业经验和技能。工作场所学习理论中的社会互动概念强调，学习是通过与他人的协作、交流、反馈和反思来完成的。在产教深度融合中，企业为学生提供了与经验丰富的专业人士合作的机会，从而加速了学生的学习进程。这种互动不仅限于课堂或企业实习，还包括跨学科的合作，如企业与学校的联合研发、产业项目合作等。学生在这些合作中通过社会互动，获得了宝贵的经验和技能。

3. 实践任务与创新驱动

产教深度融合通过企业提供的真实项目和工作任务来促进学习。工作场所学习理论认为，学习的核心是通过实际任务的执行来获得知识和技能。在产教深度融合的过程中，学生参与到企业的研发、技术改造、创新项目中，学习如何应对复杂的工作挑战，同时为企业的创新提供支持。通过参与这些创新任务，学生不仅能够提高技术能力，还能培养创新思维和解决问题的能力。

4. 反思性学习与知识转化

产教深度融合中的企业实践为学生提供了反思的机会。工作场所学习理论强调反思性学习，学生在实际工作任务中遇到的问题和挑战，促使他们不断反思自己的实践经验，并调整学习策略。在产教深度融合中，学生不仅能够学习理论知识，还能通过反思自己的工作经历来不断提高自己的技能。企业与学校之间的反馈机制也是反思的一部分。通过与企业专家的交流，学生能够及时获得反馈，从而更好地调整自己的学习路径。

5. 需求驱动的学习与行业需求对接

产教深度融合的最终目的是培养能够满足行业需求的高素质人才。工作场所学习理论中的需求驱动概念与此高度契合。学生通过参与实际工作任务，学习解决行业中的具体问题，这种需求驱动的学习模式确保学生学到的知识和技能与行业需求高度契合。在这种模式下，学校与企业共同设计课程和学习路径，确保学生能够掌握行业所需的技能，同时也为企业提供了更符合实际需求的高素质人才。

（三）灵活教育理论（Flexible Learning Theory）

灵活教育理论是一种注重学生自主学习、灵活选择学习路径和学习资源的教育理论。灵活教育强调教育过程中的自主性和选择性，使学习者能够根据自身情况自由选择学习的方式和进度，从而最大化地发挥潜力。具体包括：一是学习时间和地点的灵活性，即学习不再局限于固定的时间和空间，学生可以根据自己的需要选择在线学习、面对面学习或者混合式学习；二是学习内容的个性化，即学生可以根据自己的兴趣、需求和能力选择合适的学习内容，而非所有学生都必须学习相同的课程内容；三是学习方式的多样性，即允许学生通过多种途径进行学习，包括在线课程、虚拟实验室、实地实践、社交互动等，以适应不同的学习风格；四是自主学习与学习支持，即强调学生自我导向的学习，同时提供充足的支持体系，包括导师指导、学习资源、同伴合作等。

产教深度融合是职业院校能够开展灵活教育的重要支撑，即通过实践、科研和创新推动学生的技能和综合素质的提升。两者契合之处如下。

1. 自主学习与个性化发展

产教融合提供了可操作的教育路径，允许学生根据自身的学习节奏和兴趣点自由选择。灵活教育理论强调学生在学习过程中拥有较高的自主性，可以根据自身的兴趣和需求选择学习内容和路径。这种灵活性使得学生能够更好地与产业需求接轨。在产教深度融合中，企业与高校密切合作，提供实际项目和任务，学生可以根据自己的兴趣和专业方向，选择参与到不同的企业项目和任务中进行实践。这种个性化的学习体验，帮助学生在真实工作环境中快速积累经验并提升能力。

2. 学习方式的多样化

灵活教育理论倡导多样化的学习方式，结合了线上学习、面对面授课、实地调研、合作项目等多种形式，这与产教深度融合中企业与学校之间的互动模式相契合。在产教深度融合中，学生通过参加企业的实践项目、参与研究开发、参加学术研讨会等方式，获得行业前沿的知识和技能。灵活教育为这种多样化的学习方式提供了理论基础，推动了教育内容和形式的创新。

3. 跨界合作与创新

灵活教育理论提倡跨学科、跨领域的学习，鼓励学生从多角度、多维度进行思考和学习。在产教深度融合中，学校、企业、科研机构和创新平台通过跨界合作，推动教育内容的多元化和创新。灵活教育通过打破传统教育模式的边界，提升了学生跨学科学习的可能性，而这种跨学科学习能力正是产业创新所需要的人才特质。例如，学生可以通过整合不同领域的资源进行学习，如在技术课程中结合商业课程、在工程课程中结合艺术课程等，这种跨学科的知识体系有助于学生在企业创新和研发中进行更多的跨领域思考，提升其解决复杂问题的能力。

4. 反思与自主实践

灵活教育理论提倡学生在自主学习的过程中进行反思，并通过实践进一步加深理解。在产教深度融合中，学生通过在企业中的工作实践不断获得反馈，调整自己的学习和工作方法。灵活教育理论为这种反馈和反思机制提供了支持，强调通过学习者对实践的反思来提升其专业能力。学校和企业通过共同制定反思机制，定期对学生的学习过程和成果进行评估，帮助学生不断优化自己的学习方法并进行个性化的职业规划。这种机制有助于学生在实践中不断积累经验、提高能力，从而更好地适应未来的职业需求。

5. 终身学习与持续发展

灵活教育强调终身学习的重要性，学生在职业生涯中不断通过灵活的教育方式进行再学习和知识更新。在产教深度融合中，企业与学校共同为学生提供持续学习的机会，包括职业发展课程、技术更新培训、创新能力提升等。这种教育理念能够确保学生在进入工作岗位后依然能够持续提升和发展，不断适应新的技术和行业需求。企业通过定期提供技能培训和知识更新，让学生在工作中不断反思、学习和进步，推动了个人职业发展的同时也促进了企业的技术创新。

二、实践应用

（一）协同创新与需求导向实践

协同创新实践是国外产教融合模式的核心目标。首先，协同创新强调学校、企业和科研机构三方的深度合作，旨在通过协作激发各方的创新潜力。例如，德国与瑞士等国通过建立教育与企业深度合作的平台，共同研发新技术和新产品，推动产业技术的进步，同时也为学生提供了实践与就业的广阔空间。这种合作模式，既加强了学生的实践能力，也为企业的技术更新和产业升级提供了强有力的支持。其次，协同创新强调教育资源的共享和跨国界的合作。例如，英国的高职教育体系中，高职院校与大学建立了紧密的合作机制，允许学生在完成高职教育后继续攻读本科学位，从而实现技能型教育与学术型教育的衔接。芬兰的教育联盟则通过引入国际合作项目，使学生不仅可以在本地企业进行实习，还能够通过远程合作与跨国交流项目获得国际视野。这种开放性极大地拓宽了学生的知识面、增加了实践经验，提高了职业教育的整体水平。再次，协同创新的一个重要方面是通过建立产学研用一体化平台，促进技术转移与知识共享。例如，英国的高职教育体系通过设立产业技术研究院和协同创新联盟，实现了企业与学校之间的资源共享与技术协同，显著提升了科研成果的转化与应用效率。最后，协同创新还要求建立长期稳定的合作机制，并通过政策和制度保障，确保各方在合作过程中实现互利共赢。例如，澳大利亚的职业教育与培训（VET）体系通过政府、学校和企业的多方合作，制订了明确的合作协议和目标，确保各方利益的平衡与实现。这种合作机制不仅提高了职业教育的效率，还促进了教育与产业之间的相互信任与支持，为职业教育的可持续发展提供了坚实的基础。

需求导向是国外产教融合实践的关键指引。它要求职业教育紧密契合市场需求，培养企业急需的高素质人才。该原则强调职业教育应时刻关注劳动力市场的变化，通过动态分析市场需求，调整教育内容和培养目标，以确保教育产出与产业需求相匹配。随着产业结构和技术的不断变化，职业教育需要迅速响应，通过优化课程设置，更新教学方法，培养出适应社会和市场需求的毕业生。为了更好地实现需求导向，各国政府通过创建区域性职业教育联盟，促进地区间的产教融合。这些联盟通常包括当地政府、企业、学校和行业协会等合作方，共同制订区域职业教育发展规划和行业人才标准，以确保教育供给与市场需求的有效匹配。例如，澳大利亚政府通过设立行业技能委员会（Industry Skills Councils），帮助职业学校了解和回应行业的最新需求。这一机制显著提高了职业教育的市场适应性，同时也提升了学生的就业率。政府政策还应支持教师和企业导师的培训与发展，确保教育和企业两方的培训人员具备足够的知识和技能，以有效推动产教融合。教师专业的持续发展，特别是其在行业中的实践能力，直接影响到学生的职业准备质量。因此，许多国家通过提供专项资金和培训计划，帮助教师获得行业一线的工作经验。这不仅有助于提升教学质量，也能够使教师更好地理解企业需求，从而在课程设置和教学内容上作出更精准的调整。

协同创新与需求导向原则的有机结合，使得高职教育体系既具灵活性又具前瞻性。通过这种结合，教育体系能够在短期内快速响应企业对人才的需求，并且长期培养具备创新能力和实践精神的高素质应用型人才。这种深度融合的模式不仅提升了学生的技能水平，而且确保了教育体系与产业需求的同步发展。通过建立共享的创新平台，各方能够共同开展项目研发，实现技术的跨界转化和知识的双向流动，推动教育、产业和科研之间的良性互动。

例如，英国的职业教育体系就通过与企业的深度合作，推动了学术研究和产业创新的紧密结合，促进了教育内容和教学方式的持续创新。这不仅提升了学生的学习体验，更为企业的技术更新与产业发展提供了有力支持。

（二）以"双元制"为首的育人模式

由德国率先提出的"双元制"教育体系是产教融合理论与实践结合的重大成果之一，其核心理念在于教育与产业之间的双向互动。这一体系通过"学校+企业"的双重培养模式，使教育与产业的需求和发展始终保持同步。"双元制"教育不仅注重理论知识的传授，更加强调实践经验的积累，学生在企业中的学习不仅限于对操作技能的掌握，还包括对企业文化的理解、职业素养的培养，以及创新能力的提升。这种"双元制"模式确保学生能够在毕业后迅速适应工作环境，从而提高其职业素养和实际工作能力，形成良性的教育与产业互动。在这一教育体系下，企业发挥着主导作用，不仅为学生提供实践场所和操作指导，还积极参与课程设计与教学目标的制订，确保教育内容与企业的实际需求紧密对接。"双元制"教育的独特之处在于其将产学研创深度融合的理念贯穿其中，企业、教育机构和科研单位的互动使得教育与产业发展之间的关系更加紧密和动态。企业在职业教育中的参与，不仅提升了学生的实践能力，也促进了学术研究成果的实际转化。这种教育模式为学生提供了创新的土壤，通过学术研究与产业创新的紧密结合，激发了学生的创新思维，进一步推动了技术与知识的转化和应用。

德国"双元制"教育体系强调教师的双重角色——既是知识的传授者，也是实践的引领者。教师将最新的行业动态和企业实践融入课堂教学中，从而确保教育内容与企业的需求高度契合。教师的行业经验不仅帮助学生架起理论与实践之间的桥梁，也为学生提供了行业前沿的技术信息，增强了教育的实践性与前瞻性。这种教育模式不仅帮助学生掌握了扎实的理论知识，还培养了学生解决实际问题的能力和创新意识，使他们能够在职场中游刃有余，适应快速变化的行业环境。与此同时，"双元制"教育还特别重视对企业导师的培训与认证，确保他们具备足够的教学和指导能力，能够有效地引导学生完成实践环节。通过企业导师的指导，学生在企业中的实践不仅是简单的工作任务，更是充满了学习与成长的机会。企业导师的参与使得学生能够直接面对行业中的实际问题，培养批判性思维和解决复杂问题的能力。此外，导师的经验和视角也为学生提供了更多的职业发展方向与选择，激励他们不断提升自身能力，培养跨领域的综合素质。德国"双元制"教育的成功实施，还得益于政府强有力的法律保障和社会文化的广泛支持。德国政府通过法律明确规定了企业在职业教育中的责任和义务，使得企业的参与得到了政策和法律的保障。与此同时，社会普遍认可"双元制"教育的价值，这为企业与教育机构之间的紧密合作创造了良好的社会氛围。企业、教育机构和政府三方的协同合作，不仅促进了教育质量的提升，也推动了技术创新和社会经济的共同发展。

总的来说，德国的"双元制"教育模式不仅在职业教育领域内取得了显著的成效，也为其他国家提供了可借鉴的经验。随着全球产业和技术的不断发展，产学研创的深度融合将进一步推动职业教育的发展，提升学生的创新能力和就业能力。越来越多的国家开始借鉴这一模式，推动本国职业教育体系的创新与发展，加强教育与产业、科研的协同合作，以促进经济与技术的共同进步。通过这种教育模式，职业教育能够培养出既具备实践能力，又具备创新思维的高素质人才，为社会的经济发展和技术创新提供源源不断的动力。

（三）以学习者为中心的教学实践

芬兰高职教育体系基于灵活教育理论开启了以学习者为中心的教学实践，致力于为每位学生提供多样化的学习路径和职业选择，以应对不断变化的职业需求和社会挑战。该理论的核心在于通过个性化的课程设计与实践项目，帮助学生在学习过程中发挥主体作用，推动其知识体系的构建与创新能力的提升。灵活教育理论不仅强调学生个性化发展的重要性，还主张通过跨学科合作和跨领域学习，促进学生全面素养的提升。在芬兰，学生通过项目式学习，能够接触到来自不同学科和行业的知识，培养跨界思维和解决复杂问题的能力。这种跨学科的学习方式，不仅丰富了学生的知识结构，还为他们提供了更多元的职业发展空间，使其能够灵活应对未来职业环境中的变革。尤其是在产学研创深度融合的背景下，这种跨学科的学习方式得到了进一步加强和拓展。通过与行业和科研机构的紧密合作，学生不仅能提升学术水平，还能通过参与企业的技术研发和创新实践，培养创新思维和解决实际问题的能力。

芬兰的灵活教育模式还特别注重学生的自我管理能力和自主学习能力。在这一模式下，学生能够根据自身兴趣和职业规划自主选择学习内容与学习节奏，学校提供的多样化学习资源和开放式平台为其提供了充足的支持。这种灵活的学习安排，使学生能够更有针对性地规划自己的职业生涯，培养适应快速变化的职业环境的能力。此外，灵活教育理论在芬兰高职教育体系中，强调实习和工作体验的重要性。学生通过参与学校与企业合作的项目，获得实际的工作经验，并在真实的产业环境中锻炼技能。学校通过提供灵活学制，使学生可以在不同时间段进入企业工作，并将这些实践经历与学分体系紧密挂钩。这种理论与实践相结合的教育方式，使学生能够更好地理解所学知识与实际工作的关系，并通过解决具体的行业问题提升创新能力。更重要的是，通过与企业的合作，学生能够直接参与到企业的技术创新和研发项目中，推动产学研创的深度融合，帮助学生更快适应并融入不断变化的职业市场。芬兰的灵活教育模式还特别注重能力为本的学习评估。与传统的时间导向评估方式不同，基于能力的评估侧重于学生在学习过程中掌握的具体技能和知识。这种评估方式使学生的学术能力与实践能力相辅相成，更加贴近产业的实际要求。在此过程中，学术研究、产业创新与教育体系的深度融合，进一步推动了能力导向的评估体系创新。通过与行业专家的密切合作，学校能够根据行业需求设计更具针对性的课程和评估标准，为学生提供精准的技能培训，进一步提升其就业竞争力。

总体而言，芬兰的灵活教育理论在基于产学研创的产教深度融合框架下得到了进一步的发展与完善。这一模式不仅推动了学生个性化学习和自主发展，还促进了教育体系的灵活性与适应性。通过学术研究、产业需求与教育体系的紧密结合，芬兰的教育模式实现了培养具备创新能力和实践能力的高素质人才的目标，同时为产业的技术创新和经济发展提供了有力支持。这种教育模式的成功实践，也为全球职业教育体系的改进与创新提供了重要的借鉴价值与启示。

第三节　基于产学研创的产教深度融合在国内的理论研究与应用

近年来，随着社会和产业结构的深刻变革，中国高职教育的发展逐渐进入一个新的阶段。特别是在推动产教深度融合的背景下，高职教育层次的改革已逐步成为职业教育发展的核心方向。国内学术界普遍认为，产教融合不仅是提升职业教育质量的有效手段，也是高职教育适应产业需求、培养高素质技能型人才的关键途径。随着国家政策的大力推动与地方实践的逐步深化，产教融合的理论研究逐渐形成体系，产生了丰富的学术成果和实践经验。

一、理论和政策背景

国内研究以政策为导向，普遍强调高职教育的产教深度融合应当以满足社会和经济发展需求为原则，致力于通过教育链、人才链、创新链与产业链的有机对接，提升高等职业教育的综合质量，推动学生职业能力的全面发展。

（一）相关理论

借鉴国际经验，国内关于产教融合的理论研究充分结合了我国实践特征，遵循"从下至上"的逻辑对其进行理论创新和释义。在传统产教融合理论的基础上，基于产学研创的产教深度融合框架进一步拓展了高职教育的内涵。产学研创模式即产学研用创意的有机融合，倡导教育、产业、科研和创新平台的深度协作。这一模式不仅局限于知识与技术的传授，更加强调通过构建创新体系来推动教育、产业与科研成果的融合与转化。基于这一理念，高职教育的产教融合不仅包括传统的校企合作和企业实训，还涵盖了与科研机构和创新平台的深度合作，旨在推动技术研发、产品创新及创新型技术人才的培养。例如，某些地方的高职院校与科研院所携手合作，共同推动技术研发和技术转移，同时为学生提供参与实际项目的机会。通过这种产学研创深度融合的模式，不仅大大提高了学生的技术能力和培养了创新思维，还为当地产业的转型升级提供了技术支持和人才保障。这一模式使得教育链与创新链的协同合作更加紧密，为高职教育体系的前瞻性发展注入了新的动力。

更具体地，国内学者还创新设计了"岗课赛证创""课证融通"等具有中国智慧、反映职教特征的理论概念。这些概念是高职院校深化产教融合的核心理念，通过紧密对接行业需求和职业标准，培养学生的实际能力和创新精神。它们与基于产学研创的产教深度融合密切相关，推动了教育内容、行业需求、技能认证和创新创业的有机结合，从而提升了高职教育的质量和学生的职业竞争力。具体而言，"岗课赛证创"是近年来中国高等职业教育改革中的一种创新模式，主要强调通过岗位需求与课程教学、技能竞赛、证书认证和创新创业等多方面的融合，全面提升学生的综合素质和就业能力。"课证融通"是指将课程体系和职业资格认证紧密结合，实现教育内容与职业标准的无缝对接。在这一模式下，高职院校的课程设置与职业资格证书体系密切结合，课程内容与行业要求相对应，学生通过完成相关课程学习，能够直接获得与之对应的职业资格证书。

（二）政策指引

1. 国家政策的顶层设计

近年来，国家在推动职业教育层次的产学研创深度融合方面出台了一系列战略性政策，确立了产学研创融合的制度框架与发展路径，为高职教育改革提供了强有力的政策支持。《中华人民共和国职业教育法》（2022 年修订）和《国家职业教育改革实施方案》明确了产学研创融合的重要性，并提出了具体的实施措施，如鼓励企业参与职业教育、支持校企联合办学、加强教育资源整合等，旨在提升职业教育服务地方经济与产业创新的能力。以《国家产教融合建设试点实施方案》为例，该政策提出要在全国范围内选取 100 个产学研创融合示范区，推动地方政府、职业院校及企业共同打造区域性产学研创生态圈。截至 2023 年，已有超过 60 个试点区域完成布局。这些示范区通过构建政策协调机制、推动企业与院校深度合作，显著提升了职业教育的服务能力与区域经济发展水平。例如，这些示范区不仅促进了学校与企业的深度合作，还推动了相关产业技术的革新和人才的培养，为地方经济注入了新的发展动能。

此外，国家还通过专项资金支持产学研创深度融合建设。中央财政设立的职业教育改革专项基金，自 2019 年起已累计拨款超过 300 亿元，用于支持全国范围内的产学研创深度融合。这些资金主要用于职业院校的基础设施建设、企业实训基地的改造以及课程体系的优化等方面，为提升职业教育办学条件和教学质量提供了坚实保障。

2. 地方政府的激励措施

地方政府在推动产学研创深度融合方面也发挥着重要作用，且其具体措施因地区经济特点而呈现多样化。这些措施不仅体现了地方政府对职业教育的高度重视，也体现了区域经济发展对人才的特殊需求。例如，浙江省通过"政府+院校+企业"的合作模式，制定了专门的职业教育校企合作激励政策，重点支持智能制造、数字经济等战略性新兴产业的人才培养。数据显示，2019—2022 年期间，浙江省累计拨款超过 20 亿元，用于职业教育改革，并覆盖了 80% 以上的省内高职院校。这些资金主要用于支持校企联合建设实训基地，推动产业创新技术的应用与推广，从而为地方经济的转型升级提供了有力支撑。在广东省，地方政府通过设立产业人才培养基金，推动职业院校与本地龙头企业共同建设产业学院。例如，广东职业技术学院与多家智能家电企业合作，共同建设"智能家电产业学院"。政府提供了高达 5000 万元的资金支持，并通过税收减免等政策激励企业参与校企合作。该项目实施后，智能家电产业学院每年为企业培养超过 1000 名高技能人才，大幅缓解了区域内技能人才短缺的问题，同时推动了智能家电行业的创新发展。

一些地方政府还通过举办技能大赛和评选优秀校企合作项目等形式，提升职业教育的社会认可度，增加企业参与教育的积极性。例如，上海市的"技能之星"大赛为职业院校学生提供了展示技能的舞台，吸引了大量企业参与人才招聘。这样的激励措施不仅提升了学生的就业竞争力，还推动了企业与教育机构之间的良性互动。

二、实践措施

从已有的研究成果来看，基于产学研创的产教深度融合模式在高职教育中的应用，显著提升了学生的就业率和岗位匹配度。根据《中国职业教育年鉴（2022）》的数据，参与产教融合项目的高职毕业生就业率已高达 93.7%，远超未参与此类项目的学生。此外，2019—2021 年间，全国新增的产教融合型企业超过 1500 家，这些企业为职业院校的毕业生提供了超过 20 万个优质岗位。这一数据充分验证了产教深度融合模式在提升高职教育质量和推动学生就业方面的显著效果。接下来将详细介绍我国实践措施。

（一）产教—校企合作模式创新

在国内关于产教融合的研究中，基于产学研创的校企合作模式已成为重要的研究方向。学者普遍认为，需求导向是产教融合的核心原则，而产学研创的引入则为校企合作注入了创新活力。职业教育的目标不仅是培养符合企业需求的技术技能型人才，更是通过教育、产业、科研和创新的多方协作，推动教育链、产业链和创新链的深度融合。这种模式不仅帮助学生获得了实用技能，还促进了技术创新和科研成果的转化，实现教育、产业与科研的多方共赢。

1. 教师队伍的双重身份建设

教师队伍是职业教育产学研创深度融合的重要支撑。近年来，国家和地方政府高度重视"双师型"教师队伍的建设，即既具备教学能力又具备行业实践经验的双重身份教师队伍。为了实现这一目标，多地推出了形式多样的教师培训计划。例如，江苏省推出了"职业院校教师企业实践计划"，要求高职院校的专任教师每两年至少进入企业挂职锻炼一次，时间不少于 6 个月。数据显示，2022 年，全省超过 5000 名教师参与了企业实践，这不仅提升了教师的行业实践能力，还为课程内容注入了最新的产业动态，增强了课程的实践性和前瞻性。在北京市，一些地方政府还通过提供专项资金支持"双师型"教师的培养。例如，市政府推出了教师企业实践专项补贴计划，为每位参与企业实践的教师提供高达 3 万元的资金支持，并建立了企业导师认证体系，确保企业导师具备必要的教学与指导能力。此举有效提升了教师队伍的综合素质，使其能够更好地适应产学研创深度融合背景下的教学任务。

校企合作培养教师队伍也是一项创新实践。例如，天津某职业技术学院与京东物流合作，联合培养物流管理专业的"双师型"教师。通过企业导师与学校教师协同授课的模式，不仅学生能够学习到行业前沿的技术和知识，教师也能够在实践中不断提升自身技能。这样的合作模式推动了职业教育教师队伍的全面发展，提升了教育质量。

2. 企业深度参与课程设计

在基于产学研创的校企合作模式中，企业深度参与课程设计被认为是连接教育链与产业链的重要桥梁。企业的技术专家直接参与课程内容的开发，课程内容能够紧密贴合行业需求，从而提升教学的针对性与实用性，同时推动教学内容的不断更新以适应快速变化的技术趋势。例如，南京某职业技术学院与工业机器人领域的领军企业合作开发的教学项目，成功将企业最新的技术经验融入教学内容中，实现了"企业技术教材化"，使学生在毕业时就已掌握行业最前沿的技术。该项目的毕业生岗位适配率高达 90% 以上。此外，浙江某职业学院通过与多家支付机构和金融机构合作，开发了"区块链金融应用"课程，帮助学生掌握金融科技的最新动态。这些课程的设计注重将创新技术与实际需求结合，使学生毕业后迅速适应金融科技领域的高技术岗位。

此外，企业的参与不仅体现在课程设计上，还延伸到课程评估与反馈环节。例如，深圳某职业技术学院定期邀请合作企业参与课程效果的评估，并根据企业反馈对课程内容进行优化调整。这种动态调整机制确保了课程内容始终与行业需求保持同步性，为学生提供了精准的技术培训。通过基于产学研创的订单式培养、工学交替、实训基地与创新实验室的建设以及企业课程设计深度参与，高职院校实现了教育链、产业链与创新链的深度融合。这些实践不仅提升了高职教育的质量，也为推动技术创新和人才培养的协同发展提供了强有力的支持。产学研创的深度融合模式为高职教育的改革提供了明确的方向——可持续发展，并在满足社会经济需求的同时，推动了技术与人才的双向发展。

（二）产学研人才培养方案升级

1. 技术技能型人才的培养路径

协同创新不仅体现在平台的建设上，更深入人才培养路径的设计中。通过创新的人才培养模式，高职院校能够培养出具备技术技能和创新能力的复合型高素质人才。基于产学研创的技术技能型人才的培养呈现出多样化的形式，包括订单式培养模式、工学交替模式、校企共建实训基地以及合作创新实验室等，推动技术研发和人才培养的深度融合。

订单式培养模式是校企合作中的典范，强调企业根据自身需求，与学校共同制定培养方案，将企业的技术需求直接转化为教育内容，确保课程设计精准对接岗位要求。在这一模式中，学生在校期间接受定向培训，毕业后直接进入企业工作，有效缩短了适应期，提升了其就业率和岗位匹配度。例如，深圳某职业技术学院与比亚迪公司合作开展的订单班，通过定制化课程培养汽车技术技能型人才，毕业生在比亚迪公司的签约率高达95%。类似地，杭州某职业技术学院与阿里巴巴合作开展的电商专业订单班，通过订单培养模式每年为阿里巴巴输送近千名电商运营专才，学生就业满意度达到92%。这些案例表明，订单式培养在精准对接企业需求方面发挥了显著作用，同时为学生提供了明确的职业路径。

工学交替模式是一种结合理论学习和实际工作经验的教育模式，旨在通过课堂学习与实践工作相交替，让学生在实际工作中巩固和应用所学知识，同时提升其职业技能和工作能力。工学交替模式通常会安排在两个学期之间或在学期内交替进行，具体的安排根据学校与企业的合作协议、学生的个人情况以及行业需求来定。学生在学习理论知识的同时，会有固定的时间在企业或实习单位工作，亲身参与实际项目和工作任务。这样学生既能加深对专业知识的理解，又能提高实践操作能力。此外，企业不仅提供实践机会，还可能参与教学设计、课程内容的制定，甚至提供部分教学资源和师资力量。学生的实习、项目、考核往往是由企业指导与评价的，具有较高的实际操作性。

校企共建实训基地为学生提供了前沿的技术环境，同时也为企业的技术研发和产品创新提供了支持。例如，华为与多所职业院校共建 ICT 学院，通过引入企业最新技术和设备，为学生提供高质量的实践教学资源，并推动信息与通信技术领域的创新突破。此类实训基地结合了教育和产业的资源优势，使学生能够直接参与企业项目，在实践中培养解决实际问题的能力。据统计，该项目覆盖了全国超过 10 万名高职学生，显著提升了学生在信息技术领域的就业竞争力。

合作创新实验室的建立是基于产学研创融合的重要实践形式，为学生提供了直接参与技术创新的机会。例如，长江职业技术学院与京东方集团联合成立的"显示技术创新实验室"，通过协同研发前沿显示技术，让学生在校期间有机会参与到企业的技术创新过程中。这不仅增强了学生的创新能力，也为企业的技术攻关和产品开发提供了智力支持。学生在毕业时已具备了相关领域的竞争力，能够快速融入行业发展。

2. 协同创新平台的构建

协同创新是产学研创深度融合的核心理念之一，通过构建协同创新平台，整合教育、科研与产业的优势资源，既促进技术创新，也为高素质人才的培养提供了有力支撑。协同创新平台不仅推动了产学研各方的有效协作，也在区域经济发展中扮演了重要角色。

在珠三角地区，许多职业院校与当地龙头企业共同组建了产学研创合作联盟，围绕新兴产业中的关键技术问题开展联合攻关。例如，深圳职业技术学院与华为、腾讯等科技企业合作，开发了 5G 通信技术研究项目。该项目通过技术创新推动了 5G 技术的应用和产业化，同时为区域内企业输送了大量技术型人才。根据 2022 年的统计数据，参与该项目的学生就业率高达 97%，其中 30% 以上的毕业生成功进入了头部科技企业，充分体现了协同创新平台在促进技术发展和人才培养方面的双重效益。

上海的"智能制造协同创新中心"则是一个典型的产学研创深度融合的示范平台。该中心通过整合多所高职院校、科研机构和重点企业资源，在智能制造领域开展了联合攻关，特别是在机器人控制系统优化技术上取得了重要突破。通过这种深度合作，不仅提升了企业的技术竞争力，还为高职院校的学生提供了参与尖端技术研发的机会，培养了大量能够服务于智能制造产业的高技术人才。此外，武汉职业技术学院与光谷生物产业园合作建设的"生物医药协同创新基地"也为区域经济发展注入了新的动力。该基地吸引了数十家企业入驻，通过联合开展药物研发项目，不仅推动了生物医药领域的技术创新，也为高职学生提供了丰富的实践机会。这些协同创新平台为地方经济的发展提供了技术支撑和创新驱动，同时推动了人才培养和产业需求的深度对接。

此外，协同创新还促进了跨学科人才的培养，尤其是在信息技术与传统行业结合的领域。例如，成都职业技术学院与多家智能设备企业合作开设的"物联网工程"专业，通过校企联合开发项目式教学，培养出了一批既懂硬件开发，又懂数据处理的复合型人才。这些毕业生不仅具备扎实的技术基础，还能够根据行业需求进行技术创新，受到了各大企业的高度认可。数据显示，这些毕业生的就业率达到了96%以上，充分展示了协同创新在跨学科、复合型人才培养中的显著优势。

（三）区域特色的产学研创融合

1. 区域型融合模式

根据不同的经济特点和产业结构，中国不同地区逐渐形成了多样化的区域产学研创深度融合模式。这些模式不仅反映了区域经济发展的特色，还成为职业教育服务地方经济转型升级的重要驱动力。

在长三角地区，高端制造业与智能化技术已经成为产学研创深度融合的核心方向。例如，江苏省常州某职业技术学院与地方产业园区深度合作，围绕工业4.0领域开展一系列联合创新项目，共同建设了智能制造实训中心。该中心不仅为学生提供了操作智能化设备的实践机会，还助力企业在生产线优化和技术创新方面取得了重要进展。据统计，该中心每年为地方企业输送超过 1000 名智能制造领域的技术型人才，为企业的转型升级提供了强有力的人才支持。

与之相比，中西部地区的产学研创深度融合模式更多聚焦于传统产业的转型升级与区域特色资源的创新利用上。例如，贵州省某职业技术学院与当地茶叶企业合作，联合开发"茶文化与茶叶深加工"专业，通过引入现代农业技术，不仅提升了茶产业的附加值，还帮助了上千名学生实现精准就业。该项目推动了地方产业与高职教育的协同发展，增强了区域经济的竞争力，并促进了本地特色产业的现代化。

此外，粤港澳大湾区作为国家战略区域，其产学研创深度融合模式还展现了跨区域协作的特点。广东省某职业技术学院与港澳地区企业联合，重点布局现代物流与电子信息领域的职业教育，推动了大湾区产业链的协同发展。通过区域内的资源整合和人才培养有效协同发展的模式，不仅促进了职业教育的发展，还推动了大湾区产业链的集聚与升级，助力区域经济实现一体化发展。

2. 产业集群与职业教育的协同发展

产业集群的兴起为职业教育带来了新的机遇，也对其提出了更高的要求。高职院校通过深度融入产业集群，不仅优化了人才培养模式，还加速了区域经济的高质量发展。以广东省的电子信息产业集群为例，广东某职业技术学院与多家中小型家电企业合作，共同建立了"智能家电研发与培训基地"。该基地不仅承担学生的实践教学任务，还与企业共同研发智能家电新产品。自基地成立以来，已为区域企业输送超过 3000 名高技能人才，并创造了超过 3 亿元的经济效益。该模式实现了教育链与产业链的深度对接，为地方企业的技术创新和产业升级提供了源源不断的技术和人才支持。

在长三角地区，新能源汽车产业集群的崛起进一步推动了职业教育的创新发展。安徽省某职业技术学院与奇瑞汽车展开深度合作，共同开展新能源汽车技术专业的人才培养计划。学生在校期间不仅学习理论课程，还参与新能源汽车的设计与装配实践。通过这种产学研创深度融合的模式，学生的就业适应期得以缩短，同时也大大增强了区域新能源汽车产业的人才供给能力。

产业集群的国际化发展也为职业教育提供了新的发展机遇。例如，福建某职业技术学院与"海丝"共建国家的企业合作，建立了国际产学研创融合示范基地。该基地不仅培养本地学生，还吸引了大量国际留学生，推动了职业教育与共建"一带一路"倡议的深度融合。通过跨国合作，职业教育不仅加强了与全球产业的对接，还为我国职业教育走向国际化奠定了基础。

总体而言，区域特色的产学研创深度融合模式与产业集群的协同发展相辅相成。在区域经济特色和职业教育需求的共同推动下，职业教育在助力区域经济转型升级和提升产业竞争力方面发挥了越来越重要的作用。未来，如何进一步整合区域资源，深化产学研创的融合，将成为职业教育改革与发展的关键课题。

第四节　基于产学研创的产教深度融合的国内外研究对比

在全球化和产业转型的背景下，职业教育作为培养技术技能型人才的关键环节，越来越受到各国政府和社会各界的关注。理论框架和实践路径是推动产学研创深度融合的核心要素，它们不仅为职业教育的发展提供了明确的方向，也决定了教育目标的实现效果及其对经济社会发展的服务能力。国内外职业教育理论框架和实践路径虽然在服务社会经济发展和人才培养方面有共同目标，但由于各国文化背景、政策环境以及创新导向的不同，呈现出明显的差异。本节将从理论框架、实践路径以及对我国职业教育的启示三个方面，深入分析国内外的差异和共性，探讨我国职业教育在全球化背景下的发展路径与应对策略。

一、理论框架的对比

理论框架作为产学研创深度融合的指导思想，是高职教育改革与发展的基石。国内外理论框架均以服务社会经济发展、培养技术技能型人才为核心，但在具体构建中展现出不同的文化背景、政策支持和创新导向。下面从国外和国内理论框架的核心特征、机制构建与理论应用等方面展开分析。

（一）国外理论框架总结

国外高职教育基于产学研创的产教深度融合理论框架，是推动教育、产业和社会发展的重要策略。这一框架根植于技术变革与经济发展的需求，通过创新驱动、多方协同和资源整合，形成了高效灵活的教育体系。美国协同创新、德国"双元制"和芬兰灵活教育三大模式各具特色，体现了不同国家在职业教育领域的文化传统、经济结构和社会目标。这些框架共同强调通过教育与产业的紧密结合，以满足技术革新和市场需求的双重目标。

理论框架的核心特征主要体现在以下四个方面：首先，以创新驱动为导向，通过将教育与技术发展深度融合，实现技术革新与产业升级的双重目标；其次，以市场需求为基础，将企业的实际需求直接融入课程设计，通过动态调整教学内容确保教育与岗位技能的高度契合；再次，依托资源共享与开放协作，在学校、企业、科研机构之间建立多方协同网络，打破资源壁垒，实现教育资源的高效整合与创新实践；最后，强调灵活性与个性化，为学生提供多元化、定制化的学习路径，同时使教育体系能够快速响应技术变革和产业需求的动态变化，从而全面提升教育服务经济与社会发展的能力。

总结而言，国外高职教育基于产学研创的理论框架，通过创新驱动、市场导向和资源开放，构建了高度适应产业需求的协同教育体系。德国的"双元制"模式以制度保障校企合作的深度与稳定；芬兰的灵活在教育路径注重学生实践能力与创新思维的培养；美国则通过协同创新推动技术研发与教育内容的快速转化。这些经验不仅体现了职业教育在服务经济社会发展中的重要作用，也为我国高职教育提供了宝贵的理论借鉴，尤其是在校企合作机制完善、教育内容创新和国际化发展方面具有重要意义。

（二）国内理论框架总结

国内高职教育的理论框架以政府主导为核心，注重政策驱动、地方化实践与产学研创一体化建设相结合，逐步形成了具有中国特色的深度融合体系。这一框架通过顶层设计、区域化特色发展和学术研究与技术转化的深度结合，实现了教育与产业的协同发展，为我国高职教育的现代化和服务经济社会提供了重要支撑。下面从政策导向的顶层设计、区域化与地方化特色及学术研究与技术转化一体化三个维度展开详细分析。

理论框架的核心特征主要体现在以下三个方面：第一，政策导向的顶层设计。国内高职教育的理论框架深受政策的影响，国家通过系统化的顶层设计为产学研创深度融合提供了明确的方向指引和制度保障。第二，区域化与地方化特色。中国幅员辽阔、经济多样，各地区根据自身的资源禀赋和产业特点，逐步形成了区域化与地方化相结合的高职教育模式。这些模式因地制宜，不仅提升了职业教育的针对性和适应性，也促进了区域经济的高质量发展。第三，学术研究与技术转化的一体化。随着我国科技创新能力的提升，高职教育的理论框架逐步将学术研究与技术转化纳入核心内容，通过构建教育链、创新链和产业链的协同机制，实现教育、科研与产业的深度融合。

总结而言，国内高职教育的理论框架以政府主导为核心，依托政策引领、区域化实践和技术创新协同，逐步构建起以产学研创深度融合为特色的发展体系。这一框架不仅实现了教育链、人才链与产业链的有机对接，还通过地方特色的探索实践与学术研究的成果转化，显著提升了职业教育的适应性、灵活性与创新能力。在推动产业升级和服务区域经济发展的过程中，高职教育展现出日益重要的作用。展望未来，随着政策支持的进一步深化、区域化协作模式的持续优化以及技术创新能力的加速提升，我国高职教育将更加紧密地融入国家经济社会发展战略，在服务高质量发展中发挥关键的支撑作用，为构建技术驱动型经济体系提供源源不断的人才和创新动力。

（三）理论框架的异同

国内外高职教育基于产学研创的产教深度融合理论框架在总体目标上均是社会经济发展和技术技能型人才的培养，但由于文化背景、经济体制及发展阶段的差异，其理论核心和驱动机制展现出鲜明的差异。

1. 理论核心的比较

理论核心共同点在于创新驱动与市场导向的双轮驱动。国内外高职教育的理论框架均以创新驱动和市场需求为核心，通过产学研创的协同融合，推动职业教育改革与经济社会发展的深度结合。例如，德国"双元制"模式强调通过企业和学校的协作，提升学生的就业能力和创新潜力；中国通过政策导向的校企合作模式，聚焦于将企业需求转化为教学内容，为产业发展输送合适的人才。两者在核心特征上均体现出教育服务经济的根本功能。

理论核心差异点表现为政府与市场的主导权分配不同。国外的理论框架以市场驱动为主，企业在职业教育中占据主导地位。例如，德国企业不仅深度参与课程开发，还在教学实施和质量评估中扮演重要角色，使教育内容能够灵活适应快速变化的产业需求。美国的协同创新模式进一步通过产业联盟整合企业、科研机构和院校的资源，将市场需求直接转化为教育实践。相比之下，中国的职业教育以政府主导为核心，通过政策文件、专项资金和示范区建设推动校企合作。虽然这种模式确保了职业教育改革的整体推进，但也因企业参与的深度不足而显现出一定局限性。

2. 驱动机制的比较

驱动机制共同点在于把校企协作作为关键驱动力。国内外理论框架均将校企协作视为产教深度融合的核心驱动力，通过合作模式优化教育与产业的协同效应。例如，美国通过创新实验室和产业联盟，将企业需求与教育内容直接挂钩；中国通过政策推动校企共建实训基地和产业学院，为企业提供深度参与教育的机会。这种校企协作机制有效提升了职业教育的服务能力和就业导向性。

驱动机制差异点在于驱动力的主导方向与激励方式。国外校企协作更多依赖于企业的内生动力。例如，德国企业通过提供实习岗位和参与课程开发，不仅满足自身对技术技能型人才的需求，还通过与学校合作促进技术研发。芬兰则通过跨学科协作模式，将企业的实际需求转化为项目制教学内容。而中国更多依赖于政策驱动，通过设置专项资金、税收优惠和试点示范区等方式吸引企业参与。这种模式虽然弥补了市场驱动的不足，但企业在教学设计和执行中发挥的作用相对有限，协作仍需进一步深化。国外以企业需求为驱动，形成内生性的校企协作机制；国内通过政策激励推动校企合作，具备较强的系统性和规范性，但在企业参与的广度与深度上仍需拓展。

二、实践路径的对比

基于产学研创的产教深度融合在职业教育中的实践路径直接决定了教育目标的实现程度和服务经济社会发展的效果。国内外职业教育在实践路径上，既展现了校企合作、区域联动和技术创新等方面的共性特征，也体现出因文化背景、经济体制及政策设计差异而形成的独特路径。下面从国外的实践路径、国内的实践路径及总结异同三个方面进行系统分析和扩展。

（一）国外实践路径总结

国外的实践路径以市场驱动和企业深度参与为核心，突出企业与院校的协同效应，注重学生创新能力的培养，强调职业教育与全球化发展的对接。以国家为例，可以分为三条典型的实践路径。一是德国"双元制"教育路径。作为产教深度融合的典范，其实践路径在教育与产业的联动上形成了高度契合。企业为学生提供实际操作的平台，不仅让学生在真实环境中完成任务，还通过企业导师制度提升学生的技术素养。二是芬兰的灵活教育实践路径。芬兰职业教育实践强调项目驱动，通过与企业和科研机构的紧密合作，培养学生解决复杂问题的能力和创新思维。三是美国的协同创新与实践导向。通过校企共建推动教育升级，美国职业教育的实践路径依托产业联盟、科研平台和协同创新机制，为学生提供实践机会，并通过与全球产业链的联动推动技术研发。

（二）国内实践路径总结

国内职业教育的实践路径以政策推动和地方实践为核心，通过政府主导的校企合作、区域特色建设以及技术创新平台，逐步实现产教深度融合。具体表现为：一是政府主导校企合作，通过政策引领和资金支持，推动职业教育与产业需求对接。此外，地方政府支持职业院校与企业共建资源共享平台。二是校企共建基于产学研创的一体化教育平台。职业院校与企业共建产业学院、共同推进技术研发、共同开发课程和教材、共同培养学生和教师。三是区域产业集群的联动发展。比如，中西部地区通过职业教育推动农业现代化、东北地区通过新能源领域的职业教育改革提升区域竞争力、长三角地区职业教育与智能制造行业联动发展。

（三）实践路径的异同

基于产学研创的产教深度融合在国内外职业教育实践中展现出多样化路径，同时也体现出共性特征与差异化发展方向。在实践过程中，校企协作始终是关键环节，学生的实践能力培养和区域经济需求的对接则构成了融合的核心目标。

1. 区域适应性与实践特色

共同点表现为教育模式均基于区域经济需求。国内外理论框架均关注区域经济的发展需求，通过因地制宜的教育模式提升职业教育的针对性。例如，德国"双元制"模式在巴伐利亚州机械制造领域，通过区域特色产业与职业教育的深度结合，培养适配本地经济的技术人才。中国则在长三角和粤港澳大湾区等区域，通过智能制造和数字经济教育模式，为区域经济转型升级提供支持。

差异点则在于区域实践的广度与深度。国外的区域实践更加注重结合全球化需求。例如，美国通过区域创新中心与跨国企业合作，培养兼具本地化和国际化能力的技术人才；芬兰在绿色能源领域，通过结合全球可持续发展目标，将区域实践与国际议题紧密联系。相比之下，中国的区域实践主要服务于地方经济发展。例如，中西部地区职业教育通过茶叶深加工和新能源技术，为地方传统产业的升级提供支持。这种地方化实践突出了区域经济的特色，但在与国际标准接轨方面还有提升空间。国外区域实践注重国际化结合，通过区域教育服务全球产业链；国内则更加关注区域经济的内生需求，通过地方化特色推动职业教育与地方产业协同发展。

2. 创新实践的异同

共同点是均以技术创新作为教育实践的重要支撑。技术创新是国内外职业教育实践的重要支撑。例如，美国通过协同创新平台推动技术研发与教学的双向转化；中国通过校企共建创新实验室，将企业技术需求与教学内容结合，提升学生的实践能力。

差异点在于创新实践的驱动因素各有侧重。国外创新实践依托技术驱动，强调内生性与自主性。例如美国通过产业联盟整合企业和教育资源，推动技术创新在教学中的快速应用。国内则通过政策推动技术创新与教育实践的结合，为职业教育的技术升级提供了政策保障。比如，通过专项资金支持和试点示范区建设，将技术研发成果转化为教学资源。

3. 国际化特征的比较

共同点在于国际化推动教育体系竞争力提升。国际化是职业教育发展的重要方向。无论是英国通过职业资格标准的互认，还是中国通过共建"一带一路"倡议推动职业教育国际合作，均体现了国际化在提升职业教育竞争力方面的关键作用。

差异点在于国际化路径的成熟度与体系化。国外在国际化方面更加成熟。例如，英国通过融入欧盟职业资格框架（European Qualifications Framework，EQF），确保职业教育成果的跨国互认；加拿大通过引入跨国课程和国际实习机会，为学生提供广泛的职业选择。而中国的国际化实践尚处于起步阶段，通过与"一带一路"共建国家合作探索职业教育的输出模式，但在国际化标准和课程体系建设上仍需完善。国外的国际化体系更加完备，注重教育成果的全球适配性；中国则通过政策推动国际化进程，在职业教育的国际影响力提升上仍有较大潜力。

综上所述，国内外职业教育实践路径各有特点。国外强调市场化和国际化，通过灵活的教学内容和企业的深度参与，促进职业教育与产业的实时对接；国内则以政策为核心，强调区域特色和系统性建设，推动职业教育与地方经济协同发展。在未来发展中，国内职业教育可进一步借鉴国外经验，增强企业主导作用，推动校企协作的深度发展；同时，在国际化和技术创新方面加大探索力度，通过完善机制和拓展实践路径，提升职业教育的适应性和国际竞争力，为经济社会的高质量发展注入更多动力。

三、对我国职业教育的启示

基于对国内外职业教育理论框架与实践路径的对比分析，我国职业教育在全球化和技术变革的背景下面临着重要机遇与严峻挑战。为推动产学研创深度融合并适应产业转型，我国需要借鉴国际经验，结合国情和地方实际，逐步构建具有中国特色、符合时代需求的职业教育体系。为此，本书从深化校企协作、优化区域特色发展、促进技术创新、加快国际化进程和完善政策体系五个关键领域进行深入探讨，提出具体的战略路径与实施建议，以期为我国职业教育的未来发展提供具有前瞻性的理论依据和实践指导。

（一）完善政策与市场协同机制，提升职业教育适应性

有效发挥政策与市场的协同作用是职业教育实现长期可持续发展的重要保障。与以市场驱动为主的国外职业教育体系相比，我国职业教育政策较为依赖政府，缺乏灵活性和市场适配性。因此，政府应进一步优化政策设计，根据区域经济差异、产业发展趋势和市场需求动态调整职业教育政策内容，确保其具有前瞻性和精准性，避免"一刀切"的政策执行模式。

政府应推动市场机制在职业教育中发挥作用，创造条件鼓励市场力量的参与，尤其是在校企合作项目中，引入市场化运营机制，提高企业参与的效率和积极性。同时，政府应引导社会资本流入职业教育领域，提供更多的资金支持。为提升职业教育的适应性和效率，还应建立多元化的职业教育评价体系，设计包括学生就业率、企业满意度、区域经济贡献等方面的综合评价标准，确保职业教育的质量与实际需求紧密契合。通过这些措施，推动学校、企业和政府的协同发展，为职业教育的可持续发展提供科学的治理结构。

同时，政府应加大对企业参与职业教育的政策支持力度，设计具有吸引力的激励机制。企业参与是产教深度融合的核心机制，国际上成熟的经验表明，企业深度参与职业教育能够极大提升教育的服务能力与产业对接水平。此外，政府还应推动建立行业企业联盟，促进资源共享、经验交流和技术创新，通过跨行业的合作和资源整合，形成行业协作优势。企业不仅要成为职

业教育的实训基地，还应承担起教育过程中的主体责任，特别是那些在重点领域具有优势的龙头企业，政府可以通过政策引导其加大资源投入，承担更多的社会责任和技术创新任务。

（二）优化区域化特色发展，服务地方经济转型

职业教育的区域化特色发展是解决地方经济发展不平衡和产业转型升级问题的有效途径。德国"双元制"教育与区域经济的结合、芬兰的职业教育服务可持续发展项目，以及美国职业教育对区域技术需求的快速响应，都表明职业教育必须与地方经济密切对接，以促进经济的可持续发展。我国在这一领域已有一定的探索与实践，但不同地区之间存在较大差距，区域内资源配置的不均衡性使得职业教育的效果在不同区域存在较大差异。

为促进区域经济转型升级，职业教育应根据地方特色产业定制教育内容，培养针对性强的人才。例如，长三角地区可以优先发展智能制造与数字经济相关专业，以适应当地高技术产业的需求；中西部地区则可围绕农业现代化、绿色资源开发等领域进行职业教育布局，培养适应新型农业和绿色产业需求的技术型人才；东北老工业基地则应结合绿色能源与装备制造技术，助力产业升级和经济结构转型。通过这种地域性的定制化教育内容，职业教育能够更好地服务地方经济发展，推动区域产业结构优化和经济持续增长。

此外，区域化发展的另一重要策略是建立区域职业教育协同发展机制，特别是在经济发达地区，如长三角、粤港澳大湾区等地，推动跨区域的教育资源共享和协同发展。可以通过建立跨区域职业教育联盟，整合职业院校、企业和科研机构的资源，共同开发课程和实训项目，推动技术共享和人才流动，提升区域职业教育的整体发展水平。政府应加大对中西部和东北地区的支持力度，采取提供专项资金、教师培训和基础设施建设等支持措施，提升这些地区职业教育的质量，减小区域发展差距。

（三）促进技术创新，构建技术驱动型职业教育体系

技术创新是职业教育适应产业变革的核心动力源泉。随着信息技术、人

工智能、大数据等新兴技术的迅猛发展，传统的职业教育模式逐渐暴露出与新兴产业需求脱节的局限性。国际上，很多国家通过将技术创新成果直接转化为教育资源，促进教育和产业的深度融合。以德国、美国等为代表的技术驱动型职业教育体系，能够通过创新实验室和研发平台，将最新的技术和实践成果纳入教学内容，提升学生的技术创新能力和就业竞争力。然而，我国在这方面的整合力度不足，尚未有效将技术创新与职业教育结合起来，导致许多职业院校未能及时掌握前沿技术，培养出符合市场需求的创新型技术人才。

为推动技术创新与职业教育的深度融合，首先，职业院校应与企业共同建立技术创新中心，联合开展技术研发和创新实验，尤其是在人工智能、物联网、智能制造等前沿领域，通过实际技术应用和创新项目，为学生提供学习与实践的机会，提升其技术创新能力。高校和科研机构的技术成果也应及时转化为职业院校的教学资源，通过产学研创合作机制，将科研成果如智能制造、绿色能源等领域的最新技术应用引入课堂，使学生能够接触到最先进的技术内容，缩小教育与产业发展的差距。

同时，课程设计中应加入技术创新模块，鼓励学生参与技术研发和产品改进实践。可以通过项目制教学、技能竞赛等形式，为学生提供真实的技术问题，让他们在实践中培养创新思维、解决问题的能力和团队合作精神。通过这种方式，不仅能提升学生的实践能力，还能激发其对技术创新的兴趣，培养他们成为具备技术创新意识的复合型人才。

（四）加快国际化进程，增强职业教育的全球竞争力

在全球化日益加深的背景下，职业教育的国际化是提升其全球竞争力的重要战略。通过引入跨国课程、国际资格认证、全球技术标准等，国外职业教育已建立了成熟的国际化体系。我国的职业教育虽然在国际化方面取得了一定进展，但仍处于初步阶段，尚未在全球职业教育体系中占据主导地位。因此，加速职业教育的国际化进程，不仅能够提升我国职业教育的整体水平，也能为我国学生提供更广阔的职业发展平台。

为了加快职业教育的国际化，首先应建立职业资格国际互认机制，借鉴欧盟职业资格框架，推动与"一带一路"共建国家及其他合作伙伴国家的职业资格互认，为我国职业院校的毕业生提供全球职业发展的平台。通过这种方式，不仅可以提升我国职业院校毕业生的国际竞争力，也能为他们提供更多跨国就业的机会。

其次，职业院校应开发国际化课程和教材，借鉴国际标准的课程体系和教学内容，如智能制造、绿色能源等前沿领域的课程。通过与国际教育机构的合作，开发多语种教材和培训资源，培养具备国际视野的技术型人才。此外，在共建"一带一路"倡议框架下，积极推进职业教育"走出去"，与"一带一路"共建国家合作建立职业院校，输出我国职业教育的成功模式，并吸引外国学生来华学习，从而提升我国职业教育的国际影响力。

本章通过对国内外职业教育理论框架与实践路径的梳理和对比分析，深入探讨了高职教育改革与发展的核心理念与实施路径。理论研究方面，我们认识到，无论是国内还是国外，职业教育的理论基础都高度关注服务社会经济发展和培养技术技能型人才，然而，不同的文化背景、政策支持力度以及创新导向导致了各国在理论框架的具体构建上存在差异。这些差异不仅体现在教育理念和目标设定上，也体现在政策体系和机制设计上。

进一步分析产学研创深度融合在职业教育中的具体实践，本章指出了国内外在校企合作、区域联动和技术创新等方面的共性，同时也揭示了由于文化背景、经济体制及政策制定的不同，国内外在路径实施上存在的一些独特性。这些差异为我国职业教育的改进提供了重要的启示，尤其在如何推动教育与产业、区域、技术的深度融合方面。

最后，结合对国内外理论框架和实践路径的对比分析，本章提出了我国职业教育发展的具体策略，特别是在全球化和技术变革的大背景下，借鉴国外成熟经验的同时，结合我国的国情和地方实际，逐步构建具有中国特色、适应时代需求的职业教育体系，将是我国职业教育发展的重要方向。本章的讨论为下一步的具体改革与政策制定提供了理论支持和实践依据。

第三章 京津冀协同发展与高职人才需求研究

本章节围绕京津冀协同发展这一重大国家战略，深入剖析京津冀经济协同发展与教育协同发展的理论基础、内在联系及实践路径。在经济协同层面，借助区域经济一体化、产业梯度转移、增长极理论，阐释京津冀产业分工协作、资源优化配置的逻辑；于教育协同维度，以人力资本理论、教育外部性理论、资源依赖理论为依托，论证区域教育资源整合与共享的必要性。进而探究经济与教育协同的互动机制，揭示教育助力经济转型升级、经济反哺教育投入的关系。通过分析现状与问题，提出针对性政策建议，旨在为京津冀协同发展提供全方位理论支撑与实践指导。

京津冀协同发展是实现三地资源共享、优势互补、协同共进的重要路径，经济协同是区域发展的物质根基，旨在重塑产业格局、激发经济活力；教育协同则是智力保障，为区域可持续发展输送高素质人才。二者相互交织、彼此促进，构成京津冀协同发展的核心动力。

第一节 京津冀协同发展的理论研究

一、京津冀经济协同发展的理论研究

（一）区域经济一体化理论

区域经济一体化理论旨在消除区域内贸易与要素流动障碍，加强区域经

济联系与合作，实现资源优化配置。京津冀协同发展契合这一理论诉求，三地尝试构建统一市场，减少行政干预，促进商品、资本、劳动力自由流通。北京市凭借科技创新、金融服务优势，成为区域研发、总部经济中心；天津市依托先进制造业、港口物流，被定位为高端制造与航运枢纽；河北省凭借土地、劳动力资源，承接产业转移，发展基础工业与现代农业。三地分工协作逐步成型，推动区域经济向一体化迈进。

（二）产业梯度转移理论

产业梯度转移理论最早源自弗农工业生产中的产品生命周期理论。该理论认为，各工业部门与相关产品均处于生命周期的不同发展阶段，主要经历创新、发展、成熟与衰退四个阶段。此后，经诸多经济学家验证并进行丰富与充实，将产业梯度转移理论引入区域经济学，为区域经济高质量发展提供理论支撑。

该理论指出不同区域因经济发展水平差异形成产业梯度，高梯度地区产业在成本上升、被资源约束的情况下，向低梯度地区有序转移。京津冀地区产业梯度明显，北京市产业升级进程中，部分传统制造业、一般性服务业向天津市、河北省转移。产业梯度转移能为京津冀三地产业发展带来全新技术、人才、资源等要素，助力产业结构优化升级，缩小区域间产业结构差异，提升区域经济协同发展水平，从而促使产业结构更加合理与高级化，这大大提高了产业梯度转移的质量与效率。

（三）增长极理论

"增长极"的概念由法国经济学家佩鲁所创造，布代维尔等经济学家将增长极理论做了进一步的延伸与完善。增长极理论认为，经济增长常以不同强度率先出现在增长极点上（通常有一个或数个增长中心），增长极点上主要是一些主导产业或创新能力较强的企业，利用自身影响力吸引更多企业聚集，从而产生经济增长中心，以此引领有关产业和区域经济总体增长。增长极通过集聚创新资源、辐射周边，带动区域经济增长。

要产生增长极必须吸引各种要素资源在某一区域聚集，良好的环境条件（包括自然环境、科技教育环境、基础设施环境等）是经济增长的必需条件。良好的区位优势有利于生产经营活动的展开，同时增长极本身就是要素聚集优势比较强的地区，能吸引更多的要素聚集在一起形成良好循环，进而不断推动该区域经济增长。北京市作为京津冀地区毋庸置疑的增长极，集聚大量高校、科研机构、金融机构与总部型企业，科技创新与产业孵化能力强劲。借助交通网络、产业链延伸，北京市向天津市、河北省输送技术、人才与资本，带动两地新兴产业发展，如雄安新区疏解北京非首都功能，在数字经济、绿色建筑领域飞速发展，成为区域新增长引擎，彰显增长极带动效应。

二、京津冀教育协同发展的理论研究

（一）人力资本理论

人力资本理论是现代经济学的重要理论之一，由经济学家如西奥多·舒尔茨（Theodore W. Schultz）和加里·贝克尔（Gary S. Becker）等人在 20 世纪 50 年代和 60 年代发展起来，其强调人力资源在经济发展中的重要作用。该理论视人力资源为经济发展的核心动力，认为教育、技能、知识等人力资本的积累对于经济增长和社会进步至关重要。

人力资本是劳动者蕴含的知识、技能与健康素质的总和，对经济增长起关键作用。人力资本协同是京津冀生态均衡发展的纽带和驱动力，京津冀教育协同利于整合区域教育资源，提升人力资本质量。京津冀三地高职院校培养的高素质技术技能人才流入企业，加速技术创新、产品升级，进而推动区域经济发展，凸显教育提升人力资本、赋能经济的价值。

（二）教育外部性理论

教育不仅提升个人收益，还能产生广泛外部效益，惠及社会与区域经济，形成教育外部性效应。一方面教育能够提升劳动者的知识水平、技能和创造力，从而提高劳动生产率。受过良好教育的劳动力可以推动技术创新、产业升级和经济增长。用区域高质量教育资源，培养高技术技能人才，促使其投身研发新技术、开发新产品，吸引更多的资金投入和产业聚集，促进整个区域经济繁荣。另一方面教育有助于传承和发展社会文化。学校教育不仅传授知识，还传播价值观、道德观念和社会规范。通过教育，文化得以代代相传，并且在交流和创新中不断得到丰富。通过教育，人们提高文化技能，参与丰富多彩的文化活动，提升社会的文化底蕴和文明程度。

京津冀区域教育协同能放大教育外部性，使北京市优质教育资源外溢至天津市、河北省，提升两地教育质量，缩小教育资源差距；共享科研成果加速区域技术扩散，促进产业升级；教育提升民众素质，利于营造良好营商环境，吸引投资，降低社会治理成本，从多维度增进区域整体福利。

（三）资源依赖理论

资源依赖理论是组织理论中的重要理论之一，从一定程度上阐述了组织通过与外部环境的互动来选择资源，适应环境从而生存发展的策略。每个组织都具有一定的社会性，都不可能独立于社会之外而单独存在，组织与环境建立和谐关系才能获取各自所需的资源。强调组织与环境的双向交互作用，一方面组织赖以生存的资源不可能都由自身供给，必须从环境中获取，环境中存在大量组织，一个组织作为资源需求方会在一些方面受控于其他组织，被其他组织影响内部权力结构，即强调组织的外部依赖性；另一方面组织并不总是处于被动影响中，为了摆脱外部依赖，调动内部权力的能动性，维持组织自治，组织改变外界环境，呈现出环境适应组织的情形，即组织的能动性。在这样的双向影响中，组织和环境不断发展。

组织需从外部获取关键资源维持运营，高职院校亦不例外。京津冀区域职业教育发展水平差异大，资源分布不均。职业教育协同促使其突破地域限制，共享教学设施、科研设备、学术文献等资源，降低办学成本，提升资源利用率。教育进入数字化转型阶段，以数字化平台共建共享机制弥补区域教育资源配置不平衡不充分的短板。通过数字化技术创造更多利益契合点、合作增长点、共赢新亮点，实现京津冀区域优质教育资源和成果共建共享，推动形成区域职业教育合作和协调发展新格局。

第二节　京津冀协同发展的趋势研究

2024 年是京津冀协同发展战略实施十周年，京津冀协同发展是习近平总书记亲自谋划、亲自部署、亲自推动的重大国家战略。十年来，习近平总书记作出一系列重要指示批示，为京津冀协同发展指明前进方向，提供根本遵循。十年间京津冀区域整体经济实力迈上新台阶，2023 年三地经济总量达到 10.4 万亿元，是 2013 年的 1.9 倍。协同发展合力持续增强，区域经济一体化发展的趋势基本形成。

京津冀区域城市空间布局和产业布局不断优化：京津冀疏解有序的新形态、"一核两翼"的新格局、创新驱动的新活力、共同富裕的新方向逐步确立；京津冀区域发展指数连年提升，高质量发展动能持续集聚；京津冀规划体系逐步完善，三地功能定位、产业分工、城市布局、设施配套、综合交通体系等重大问题逐步明确；全国最密铁路网在京津冀建成，协同创新与产业协作走深走实，生产要素加快流动互通；京津冀区域创新能力快速提升，对外开放能力加快发展。

一、京津冀经济协同发展现状

京津冀经济协同发展已取得斐然成绩，产业协同、创新合作、交通基建与生态环保等领域均有突破，公共服务协同也迈出重要步伐。

（一）产业协同逐步深入

通过加强区域合作和资源优化配置，京津冀地区形成了相互依存、互补发展的经济体系。这一体系中，北京市作为国家政治、文化中心和科技创新中心，承接高端产业和服务业；天津市作为北方开放门户城市，发展现代制造业和物流业；河北省则发挥着承接产业转移和生态涵养的重要作用。这种合作模式的构建促进了京津冀地区经济结构的优化升级，使各地的产业链更加完善，经济发展水平整体提升。北京加速疏解非首都功能，大批一般性制造业、区域性专业市场及物流中心向外转移。截至 2024 年，北京市退出一般制造业企业超 3000 家，疏解升级区域性专业市场和物流中心近 1000 个，为高端产业腾出发展空间。河北省积极承接京津产业转移，吸纳京津转入的基本单位 4.3 万家，初步形成"北京研发、津冀制造"分工模式。以北京医药和电子行业为例，通过疏解，中关村企业在津冀两地设立分支机构超 1 万家，带动技术与项目落地；沧州渤海新区承接北京生物医药产业转移，打造专业化园区，集聚众多药企，延伸产业链条。

根据 2024 年 10 月京津冀产业协同专题工作组发布的《京津冀产业协同发展十周年报告》，京津冀协同发展这一重大国家战略实施十年来，三地着力建机制、育链群、聚资源、搭平台、拓场景，区域协作更加紧密，产业协同走深走实。2023 年，北京市、天津市、河北省地区生产总值分别为 43760.7 亿元、16737.3 亿元和 43944.1 亿元，经济总量达 10.4 万亿元，取得了十年间连跨 5 个万亿元台阶的好成绩。其中，产业协作已成为京津冀协同发展的关键支撑，三地工业增加值由 2013 年的 1.7 万亿元，提升至 2023 年的 2.43 万亿元，累计增长 43%。新兴经济、高技术制造业、高新技术产业、高技术服务业等现代产业蓬勃发展，截至 2023 年 7 月末，累计培育国家级专精特新"小巨人"企业 1400 多家。

十年来，京津冀聚焦高精尖产业发展，不断强链、补链、延链，加快引领区域产业升级和转型。以"五群"为重点，打造世界级产业集群。聚焦集成电路、网络安全、生物医药、电力装备、安全应急装备五大现代产业集群，加强产业集聚与合作，提高区域内各产业关键零部件替代率和区域经济贡献率。紧抓"六链"，深化创新链、产业链、供应链融合发展。聚焦氢能、生物医药、网络安全和工业互联网、高端工业母机、新能源和智能网联汽车、机器人六个现代产业链，打造具有全球影响力的产业技术协同创新策源地、工业互联网平台赋能高地、新技术应用示范高地和高端制造集聚区，构建区域创新链、产业链、供应链深度融合新体系。立足"五廊"，科学布局现代产业集群。依托中关村科技园、北京经济技术开发区、天津滨海新区、保定高新区、雄安新区等优势产业园区，串联布局重点发展产业，形成京津新一代信息技术、京保石新能源装备、京唐秦机器人、京张承绿色算力和绿色能源、京雄空天信息五个产业廊道。

十年间，京津冀精心培育和发展现代化产业协作平台，推动产业协同从"转移承接"逐渐转向"重点产业合作"。第一，积极推进合作园区建设。以北京中关村为抓手，高水平推进天津滨海、宝坻，河北保定中关村合作园区和雄安新区中关村科技园建设，截至 2023 年底，中关村企业在津冀设立的分支机构已由 2013 年的 3528 家增长至 1 万余家。第二，依托开发区打造产业协同发展高地。依托经济技术开发区、高新技术产业开发区、海关特殊监管区域、工业园区的主导产业优势，建立专业化产业合作平台，吸引更多高端要素集聚、更多优质项目落地。2023 年 5 月 29 日，京津冀联合发布《京津冀产业合作重点平台目录》，50 家开发区及产业示范基地等入选产业合作重点平台。第三，打造区域一体化营商环境。在区域商事制度、监管执法、政务服务、跨境贸易、知识产权保护 5 个重点领域加快推动政务服务标准统一、资质互认、区域通办，不断提高产业政策一致性、透明性。截至 2023 年，234 项政务服务实现"跨省通办"，200 余项"京津冀+雄安"政务服务事项实现"移动办"，依托三地自贸试验区联合推出 179 项"无差别受理、同标准办理"的"同事同标"事项，建立健全跨区域矛盾纠纷多元化解机制，加强知识产权司法保护协作，有效提高区域要素协同配置效率。

（二）协同创新成效初显

协同创新是深入落实京津冀协同发展战略的重要着力点，是培育发展新质生产力的关键内容。创新是第一动力，京津冀协同发展根本上要靠创新驱动。

2014 年 2 月，习近平总书记指出，京津冀协同发展要"以产业结构优化升级和实现创新驱动发展作为合作重点，把合作发展的功夫主要下在联动上，努力实现优势互补、良性互动、共赢发展"。2023 年 5 月，习近平总书记再次强调，京津冀协同发展"要强化协同创新和产业协作，在实现高水平科技自立自强中发挥示范带动作用"。

京津冀协同发展背景下基于产学研创的高职产教深度融合的路径研究

京津冀协同发展重在协同，要在创新。2014 年以来，京津冀三地建立健全区域创新体系、整合创新资源，以科技创新引领区域高质量发展。展望未来，三地应以推动京津冀协同创新共同体建设为抓手，进一步促进创新资源在区域内有序流动、科学配置、开放共享、高效利用，努力打造中国式现代化建设先行区、示范区。

十年来通过不断加强顶层设计，上下贯通、组织有力的统筹协调机制为区域协同创新保驾护航。在京津冀协同发展领导小组的统筹安排下，三地分别成立推进京津冀协同发展领导小组，科技部主导的三地协同创新联动工作机制日益完善，区域创新资源流动的壁垒基本打通。2023 年底，三地同步立法推进京津冀协同创新共同体建设，为增强三地科技创新工作的协同性、提升区域协同创新能力提供法治保障。三地共同编制了协同推进京津冀国家技术创新中心提质增效行动方案，明确了技术研发、成果转化、人才培养等 12 项重点任务，加快将京津冀国家技术创新中心打造成为京津冀协同创新的战略平台。

十年来，依托一区多园统筹联动的合作模式，体制机制创新的"试验田"中关村国家自主创新示范区企业在津冀设立分支机构超 1 万家，成为京津冀协同创新共同体建设的重要抓手。促进创新成果转化，三地政府与高等学校、科研院所等共建创新基地，推动京津冀科技创新券互认互通等，为区域科技型企业和创新创业团队共享科技资源、加快成果转化提供了便利。合力培育科技创新力量，共建京津冀国家技术创新中心及若干领域国家技术创新中心，构建科技创新增长引擎和提升重点产业科技创新能力。

产业链、创新链深度融合，增强区域经济发展新动能。三地立足实际，找准本地创新发展路径。北京市大力推进国际科技创新中心建设和高水平人才高地建设，充分发挥创新引擎作用，依托"三城一区"主平台，在人工智能、类脑研究、量子计算、生物医学等领域取得一批标志性成果并在津冀被广泛转化应用。

根据北京大学首都发展研究院发布的《京津冀协同创新指数 2023》提供的数据，2013 年至 2022 年，京津冀协同创新指数从 100 增长到 297.6，年均增速为 12.9%，京冀、津冀间创新指数的相对差距缩小。

研发投入力度持续攀升，2022 年京津冀规模以上工业企业研发经费投入达 1270 亿元，较 2014 年增长 55.4%；区域生产总值超过 10 万亿元，是 2013 年的 1.8 倍；京津冀三地研发投入强度达 4.28%，较 2013 年提高 0.85 个百分点，长期高于全国平均水平。区域劳动生产率随之提升，2022 年达到 18.5 万元/人，较 2013 年基本实现翻倍，彰显科技创新驱动成效。2022 年，京津冀研究与试验发展（R&D）人员折合全时当量 57.9 万人年，与 2015 年相比增长超过 20%；京津冀区域研究与试验发展经费支出总量超过 4260.9 亿元，与 2015 年相比增长 90%。

技术成果转化加速，北京市流向津冀技术合同成交额由 2013 年的 71.2 亿元迅猛增长至 2023 年的 748.7 亿元，年均增长率达 26.5%。滨海—中关村科技园蓬勃发展，累计注册企业超 5500 家，为北京科技型企业提供多元科技创新与应用场景，促成跨区域产学研深度合作。

（三）交通与基础设施协同成果斐然

通过推动城市间的交通、人才、资金等要素流动，京津冀地区实现了城市发展的协同和互利共赢。京津冀交通部门在机制上率先实现"一盘棋"，成立区域交通一体化统筹协调小组，定期召开联席会议，谋划区域交通一体化工作。2014 年以来，京津冀三地交通部门签署 30 余项合作协议，实现了规划同图、建设同步、运输一体、管理协同，建立了泛京津冀交通运输政务服务协同发展区域合作机制。一系列基础设施建设和交通网络的完善，如高速铁路、城际轨道交通等，缩短了城市之间的距离，实现了快速的人员流动和资源交流。

"轨道上的京津冀"稳步成型，京津城际延长线、京雄城际、京唐（京滨）城际、津兴城际等一大批高速铁路开通运营，以北京市、天津市为核心枢纽，贯通河北各地市的全国性高速铁路网已基本建成，京津冀区域内高铁总里程已经由 2013 年的 1284 公里增长到 2624 公里，实现了对区域内所有地级市的全覆盖，京津冀地区"1 小时交通圈"初具规模，主要城市间 2 小时通达的交通圈基本形成，"轨道上的京津冀"主骨架基本成型。京津冀铁路营业里程超 1.1 万公里，较 2013 年增长超三成，极大缩短城市间时空距离，便利人员与物资流通。

互联互通公路网越织越密，京台、京雄、京昆、津石等一大批高速公路建成通车，区域范围内以北京为中心，由 7 条首都放射线、2 条纵线和 3 条横线构成的国家高速公路主干网基本形成。截至 2024 年初，京津冀三省市高速公路总里程达到 10990 公里（其中北京市 1211 公里，天津市 1358 公里，河北省 8421 公里），相较于 2014 年的 7983 公里增长 37.7%，高速公路密度达到 5.06 公里/百平方公里，为全国平均水平的 2.7 倍。2022 年以来，北京市先后开行国贸至廊坊主城区、北三县、固安县、天津市武清区通勤定制快巴，目前共 6 条主线、36 条支线，日发班车 154 班次，日客运量 5800 人次左右，平均通勤时间缩短至 54 分钟，环京通勤效率大幅提升，同城化效应显现。

京津、津石地铁实现 App 支付互认，北京西站、天津站实现国铁与城市轨道安检互认，北京南站、天津南站、天津西站等实现国铁免安检换乘城轨，促进铁路与城轨的融合发展。天津市、石家庄市共同打造国家综合货运枢纽补链、强链城市（群）。

世界级机场群格局初步形成，大兴机场、北戴河机场、普宁机场建成并投用，京津冀 9 个规划机场全部实现通航。2023 年北京"两场"完成旅客吞吐量 9228 万人次，天津市机场执行国内国际航线达到 188 条，河北省机场通航城市达 91 个。京津冀"双核心"+"双辅助"+"多节点"的三级机场梯队已初步形成，助推三地航空枢纽成为链接国际、畅通双循环的重要支点。大兴国际机场投入使用，与首都国际机场构成北京"双枢纽"格局，国际竞争能力显著提升。津冀港口群分工渐趋合理、高效协同，扩大和提升区域航运物流辐射范围与承载能力，夯实经济协同硬件基础；津冀港口集团签署多项合作协议，合资运营津冀、津唐 2 家集装箱码头公司，合力打造环渤海"天天班"，津冀港口货物吞吐量超 19 亿吨，港口群在环渤海、内陆腹地的影响力和辐射力不断提升。

（四）生态环保协同稳步推进

京津冀生态环保协同是京津冀协同发展的重要一环。2014 年以来，京津冀三地将生态环境保护作为协同发展的重点领域率先突破，共同建立健全了大气污染联防联控、重点流域联保联治等协同工作机制，生态环境质量改善成效显著，逐渐形成"绿林满溢、湿地环抱、碧海相拥"的良好生态格局。

在顶层设计方面，《京津冀协同发展规划纲要》《"十四五"时期京津冀生态环境联建联防联治合作框架协议》等政策文件相继出台，为京津冀三地协同保护生态环境提供强有力的政策支持和规划引领。在机制建设方面，京津冀生态环境联建联防联治工作协调小组等机构的成立，为京津冀三地之间的政策沟通、信息共享和联合执法提供了便捷渠道。京津冀三地定期召开联席会议和专题研讨会，就协同保护中的重大问题进行深入交流探讨，推动生态环境保护工作向纵深发展。

在行动成效方面，京津冀三地通过同步实施燃煤污染控制、机动车排放治理、工业污染减排等措施，促使京津冀三地重污染天数均大幅减少、优良天数均大幅增加，2023 年底京津冀三地 $PM_{2.5}$ 年均浓度较 2013 年降幅达六成左右。通过同步实施河流上下游水质监测、联合开展排污口整治等措施，有效改善跨界河流水质状况，京津冀三地水环境质量变好，全面消除劣V类断面。

（五）公共服务协同有所进展

公共服务共建共享，是促进京津冀协同发展的有效支撑。教育领域，京津 200 多所中小学幼儿园与河北开展办学合作，选派优秀教师支教、共享教学资源，提升河北教育质量；京津冀三地成立 15 个特色职教集团（联盟）、24 个高校联盟，促进职业与高等教育跨区域人才培养。医疗方面，9300 余家定点医疗机构实现异地就医门诊费用直接结算，区域内异地就医近乎"同城化"；推进 40 个京津冀医联体建设，京津医疗机构通过合作建院、整体托管等形式帮扶河北医疗机构提升诊疗水平。

十年来，公共卫生协同发展走深走实。京津冀三地积极推动优质医疗资源共享互通，北京大学人民医院石家庄医院、天津市肿瘤医院秦皇岛医院等 8 个国家区域医疗中心项目相继落户河北省，雄安宣武医院项目开诊，为雄安新区及周边居民提供高水准、全方位的优质医疗服务；京张医疗机构对接合作持续进行，累计指导合作医院新设科室 29 个、培养学科带头人 57 名，申报国家、省、市科研立项 95 项。医疗卫生政策协同持续推进，京津冀三地三级以上定点医疗机构全部被纳入京津冀异地就医普通门诊直接结算范围，实现异地就医免备案，京津冀医联体建设实现全省设区市全覆盖；医疗机构检验检查结果互认共享机制和政策进一步完善，临床检验结果互认医疗机构达到 685 家、互认项目 50 项，医学影像检查资料 313 家共享。2023 年底，京津冀三地先后签订《京津冀基层卫生健康协同发展框架协议》和《京津冀卫生健康宣传思想文化领域交流合作框架协议》，协同更加走向制度化。

二、京津冀教育协同发展现状

京津冀教育协同发展要紧紧围绕实现京津冀协同发展国家重大战略确立的目标任务，通过优化教育资源布局，推动公共教育服务均衡化，实现教育优势互补，整体提升京津冀地区的教育现代化水平和影响力，促进本地区经济转型升级和社会和谐进步，为建设具有较强竞争力的世界级城市群奠定教育基础。推进京津冀教育协同发展要坚持目标导向、问题导向和改革导向，初期以"疏解北京非首都功能"为重点，在有序疏解部分首都教育功能方面取得突破性进展；中期要围绕"优化区域发展布局和探索新型城镇化"，在实现教育公共服务共建共享方面取得积极成效；后期则要聚焦"形成新的增长极"，实现区域教育的优质化、均衡化发展。2014 年以来，京津冀教育协同发展提质增效，已取得阶段性成果，在资源共享、人才培养、师资交流、科研合作等方面加强合作，为区域教育发展注入活力。

京津冀三地多措并举，多渠道助力教育协同发展，推动京津优质教育资源不断向河北省输送。基础教育方面，包括北京景山学校、北京师范大学附属中学、天津一中在内的 202 所京津优质学校通过教育集团、学校联盟、结对帮扶等形式，与河北 273 所中小学幼儿园开展办学合作，超过 1200 名河北中小学骨干院校教师赴京津优质学校跟岗学习；京津冀教育部门启动京津冀教育协同数字平台，开展联合教研、课程共享。高等教育方面，北京交通大学、北京科技大学、北京林业大学、中国地质大学（北京）4 所高校雄安校区全部开工建设；北京协和医学院天津校区落地静海；京津冀三地围绕京津冀协同发展中的重大需求，根据学科特点组建多个高校联盟和创新研究院；实施"千团千企创新计划"，组织京津冀三地高校联合企业组建跨区域跨院校科研团队，联合开展关键核心技术攻关，推动京津冀三地科技成果在天开园落地转化。职业教育方面，京津冀9所高职院校开展跨省市单独招生，深入开展京冀职业院校跨省"3+2"联合培养。京津冀三地坚持产业、行业、企业、职业、专业"五业联动"职业教育发展模式，京津15所职业院校开展跨省单招和中高职联合培养，建立12个产教对接平台，累计招生近万人。制度建设方面，京津冀三地共同签署《京津冀教育协同发展行动计划（2023—2025年)》，让教育协同发展的蓝图进一步成为现实。

三、京津冀经济和教育协同中存在的问题与对策

（一）京津冀经济协同中存在的问题

产业协同初显成效，雄安新区建设、曹妃甸协同发展示范区稳步推进，但仍存在产业对接不精准问题，部分转移产业与承接地产业基础、资源禀赋契合度低，落地生根困难；区域市场一体化进程受阻，行政壁垒、地方保护主义时有抬头，影响商品、要素流通效率；产学研合作链条不够紧密，创新成果转化机制不完善。

产业对接契合度有待提高。部分转移产业与承接地产业基础、资源禀赋匹配欠佳，落地生根困难。一些河北承接园区基础设施、配套服务跟不上，难以满足高端产业发展需求；产业同质化竞争依然存在，天津市与河北省部分城市在装备制造、化工等领域产业结构相似，资源分散，未形成差异化竞争优势，制约区域产业协同发展效率。

行政壁垒仍未彻底破除。尽管京津冀协同发展战略已推行多年，但京津冀三地行政分割导致政策协调难度大。税收、土地、财政等政策差异阻碍产业顺畅转移与资源合理配置，部分企业异地投资面临双重征税、审批流程烦琐等困扰；地方保护主义时有抬头，部分地区为保护本地企业，对外来企业

设置准入门槛，阻碍市场公平竞争与区域一体化进程。

资源分配不均引发发展失衡。京津冀三地经济实力悬殊，北京市、天津市集聚大量资金、技术、人才等优质资源，河北省则相对匮乏。教育资源分配不均，北京市、天津市高校云集，科研实力强劲，河北省高校数量与质量均与京津有差距，致使人才培养与吸引能力受限；金融资源方面，北京金融机构总部扎堆，河北金融服务体系薄弱，企业融资难度较大，加剧区域经济发展不平衡。

创新成果转化机制不完善。高校、科研机构与企业产学研合作链条紧密度不够，科研成果转化率偏低。部分科研成果脱离实际产业需求，停留在实验室阶段；企业参与科研积极性不高，因成果转化风险大、收益不确定，不愿投入大量资金与人力；知识产权保护与交易机制不健全，增加成果转化成本与难度，阻碍创新驱动经济发展进程。

（二）京津冀经济协同发展的对策建议

持续强化顶层设计、精准施策，破除障碍、补齐短板，深化协同发展，释放区域经济潜能，打造京津冀世界级城市群与经济增长极，为我国区域经济协调发展提供成功范例与宝贵经验。

1. 强化顶层设计，破除行政壁垒

成立京津冀协同发展高层协调机构，赋予其统筹规划、政策制定与监督执行权力，统一协调京津冀三地税收、土地、财政等政策，消除政策差异与冲突；建立跨区域政策协商机制，定期召开联席会议，研讨解决政策衔接、项目推进难题；加强区域立法协同，制定京津冀协同发展专项法规，规范市场秩序，打击地方保护主义，营造公平竞争、开放有序的市场环境。

2. 精准对接产业，优化资源配置

深入调研京津冀三地产业结构与资源禀赋，制订详细产业对接规划，引导产业精准转移与承接。依据河北资源优势与产业基础，承接与之匹配的劳动密集型、资源加工型产业；天津市强化先进制造业与现代服务业融合发展，打造高端产业集群；北京市聚焦科技创新、总部经济与文化创意产业，提升核心竞争力。同时，整合区域资源，建立京津冀产业园区共建共享机制，合

理分配土地、资金、人才等资源，避免资源闲置与浪费。

3. 均衡资源分配，补齐发展短板

加大对河北省教育、科技、金融等领域政策与资金扶持力度。在教育方面，引导京津高校与河北省高校开展深度合作，设立分校、联合培养项目，提升河北省高校师资水平与教学质量。科技领域，鼓励京津科研机构在河北省设立分支机构、实验基地，共享科研设备与成果；携手共筑以企业为主体的政产学研用深度融合创新生态；发挥政府、高校、科研院所、高端智库、科创企业等创新主体各自优势，构建政产学研用协作平台，形成"共建共管共运营"格局；建立深度融合的创新联盟，共同完善科技创新链条，强化创新合作，提升京津冀区域整体科技创新能力。金融层面，支持北京金融机构在河北省设立分支网点，创新金融产品与服务，拓宽河北企业融资渠道，缩小区域资源差距。

4. 完善创新机制，加速成果转化

搭建京津冀产学研合作平台，汇聚高校、科研机构与企业需求信息，促进技术供需精准对接；设立产学研合作专项资金，资助科研项目研发与成果转化，分担企业转化风险；健全知识产权保护体系，简化专利申请与交易流程，降低交易成本；制定成果转化收益分配激励政策，提高企业、科研人员参与积极性，让创新成果切实转化为经济增长动力。

四、京津冀教育协同中存在的问题

（一）行政壁垒阻碍协同进程

京津冀三地教育政策在招生、教师编制、经费投入等方面存在差异。在政策上，各地高校招生政策不同，限制学生跨区域流动；教师编制标准不一，影响教师交流积极性；政策衔接机制缺失，协同项目推进常遇政策瓶颈，延缓项目进度。

（二）教育资源分配严重不均

京津冀三地高校资源悬殊，北京市坐拥众多顶尖高校与科研院所，教育

经费充足，师资力量雄厚，学术氛围浓郁；天津次之，高校资源也较为丰富；河北省高校数量相对较少，优质高校稀缺，教育经费投入有限，师资流失问题突出，难以吸引高水平人才，导致京津冀三地高校发展失衡。

在基础教育资源方面存在失衡现象，京津基础教育设施完善、师资优良，拥有大量优质中小学；河北省部分地区基础教育薄弱、教学设施陈旧、优秀教师匮乏，城乡教育资源差距进一步拉大，影响教育公平与人才培养起点公平。

（三）协同机制尚不完善

沟通协调机制低效，虽有京津冀教育协同发展领导小组等机构，但日常沟通协调仍依赖临时性会议，缺乏常态化、制度化沟通平台。信息传递不及时、不准确，导致协同项目决策滞后，资源调配效率低下。在利益分配机制方面有所缺失，在跨区域教育合作中，成果分享、经费分配、人才归属等利益问题缺乏明确规则。各方担心利益受损，参与积极性受挫，合作难以深入、持久，制约教育协同可持续发展。

（四）职业教育与产业对接不足

部分职业院校专业设置未能紧跟京津冀产业升级与转型步伐，产生滞后效应。传统产业相关专业过剩，新兴产业所需专业匮乏，培养的学生无法满足企业岗位需求，出现"毕业即失业"与"企业招工难"并存现象。职业院校与企业合作多停留在学生实习层面，企业深度参与人才培养全过程的机制尚未建立。企业缺乏为院校提供设备、技术指导的动力，院校难以根据企业实际需求调整教学内容，产教融合实效欠佳。

五、促进京津冀教育协同的对策建议

（一）强化顶层设计，打破行政壁垒

优化京津冀教育协同发展的战略规划和强化其管理。加快编制并发布京津冀教育协同发展的中长期规划，明确路线图和时间表，形成稳定长期的法

规体系和政策预期；深入研究京津冀协同发展战略下首都教育地位、作用和变革趋势，加强对北京教育疏解腾退空间使用的统筹规划和管理；建立健全教育协同发展规划实施的监测与督导评估机制。

京津冀三地政府应联合制定京津冀教育协同发展专项政策，统一招生政策，逐步扩大高校跨区域招生规模；规范教师编制管理，建立区域教师流动编制库；均衡教育经费投入，确保京津冀三地教育资源配置相对公平；设立京津冀教育协同监督机构，定期督查协同项目进展；公开政策执行情况，接受社会监督，保障协同政策落地见效。

（二）均衡教育资源分配，促进教育公平

围绕重点任务在深化改革中寻求突破，强化各级各类优质教育资源的引进力度，增加优质教育资源总量；选择部分具有典型意义的地区，建设不同主题的"京津冀教育综合改革试验区"，探索可复制可推广的经验。

实施高校资源帮扶与共享，北京市、天津市高校应加大对河北省高校的帮扶力度。通过设立分校、联合办学、共建学科等方式，输出优质教育资源；建立高校资源共享联盟，定期交流教学经验、科研成果，提升河北省高校办学实力。加强基础教育均衡发展，由京津选派优秀中小学教师赴河北省支教帮扶，捐赠教学设备；加大对河北基础教育投入，改善办学条件；推进在线教育资源共享，让河北省学生同步享受优质课程，缩小城乡、区域基础教育差距。

（三）完善协同机制，激发合作活力

积极推进京津冀教育协同发展长效机制建设。建立健全由教育部牵头抓总、相关部委和京津冀三地省级政府参与的领导工作机制；探索跨行政区划的教育协同发展体制机制；激发基层学校和社会力量参与京津冀教育协同发展的主动性、积极性和创造性；支持相关智库建设，强化相关战略与政策研究，重视保障欠发达地区的利益表达和话语权，不断凝聚社会各界推进京津冀教育协同发展的共识。

建立京津冀教育协同信息平台，实时发布教育政策、项目需求、资源共

享信息，实现高效沟通；定期召开教育协同工作例会，形成常态化沟通机制，及时解决协同过程中的问题与矛盾。制定科学合理的利益分配方案，根据各方投入资源、贡献程度分配合作成果，健全利益分配机制；设立教育协同专项基金，用于补偿合作中利益受损方，调动各方参与积极性，确保合作稳定、持久。

（四）深化产教融合，提升职业教育适应性

精准根据产业需求设置专业，职业院校联合行业协会、企业定期调研京津冀产业发展态势，依据产业升级与转型需求动态调整专业设置，淘汰落后专业，新增人工智能、新能源、智能制造等热门专业，确保专业与岗位精准对接。

做实校企合作机制，鼓励企业与职业院校共建实训基地，企业派遣技术骨干入校授课，院校教师深入企业实践锻炼；探索股份制、混合所有制办学模式，使企业与院校利益深度捆绑，实现产教融合共赢发展。

完善产学研合作与成果转化机制，设立京津冀产学研合作专项资金，鼓励高校、科研机构与企业联合申报项目；建立科研成果转化服务平台，提供技术评估、专利交易、法律咨询等服务；赋予高校科研人员成果转化收益分配权，激发其转化积极性，提高科研成果转化率，实现科技与经济紧密结合。

第三节　京津冀经济与教育协同发展的互动机制

京津冀经济与教育协同发展的互动机制是一个复杂而多元的系统，二者相互促进、相辅相成。

一、经济对教育协同发展的保障作用

经济发展为教育协同发展提供坚实物质基础。京津冀地区经济增长促使政府加大教育投入，改善办学条件，新建、扩建高校，升级教学设施；企业参与校企合作，为高校提供实习实训基地、研发资金，缓解教育经费压力；区域经济繁荣吸引人才流入教育领域，优秀教师、科研人才会聚，提升教育师资水平与科研实力，形成经济促进教育、教育反哺经济的良性循环。

经济的发展促进产业结构的优化升级和新兴产业的崛起，创造出更多的就业机会和满足市场对不同类型人才的需求。这为教育提供了明确的人才培养方向和目标，引导教育机构调整专业设置、优化课程体系，培养出符合市场需求的高素质人才。例如，京津冀共同打造氢能、生物医药、网络安全和工业互联网等重点产业链，促使教育领域加大对相关专业人才的培养力度。

经济的发展推动教育改革与创新，有发达经济的环境能够吸引更多的科技创新资源和企业研发投入，为教育与科技的融合提供了平台和机遇。教育机构可以与企业开展产学研合作，共同进行科研项目攻关、技术创新和成果转化，推动教育教学方法的改革和创新，培养学生的实践能力和创新精神，提高教育对社会经济发展的适应性和贡献率。

二、教育对经济协同发展的支撑作用

教育是培养人才的重要途径，京津冀教育协同发展能够整合区域内的优质教育资源，提高教育质量和人才培养水平，为区域经济发展提供大量的高素质劳动力和专业技术人才。具备较高的知识水平、创新能力和专业技能的人才，能够在各个产业领域发挥重要作用，推动技术创新、提高生产效率、促进产业升级，成为经济发展的核心动力。

高校和科研机构是教育体系的重要组成部分，也是科技创新的重要力量。京津冀地区拥有众多的高校和科研机构，通过教育协同发展，可以加强高校之间、高校与科研机构之间、高校与企业之间的合作与交流，实现科技创新资源的共享与整合，提高区域的科技创新能力，为经济发展提供科技支撑和智力保障，加速科技成果向现实生产力的转化。科研成果转化是教育赋能经济的另一关键路径，高校科研团队与企业进行产学研合作，将前沿科技成果转化为生产力，如京津冀高校联合攻克环保技术难题，助力区域生态产业发展；高校还通过培训提升企业员工技能，增强企业创新与管理能力，推动经济的高质量发展。

教育的发展能够提升劳动者的素质和技能水平，促进劳动力从传统产业向新兴产业转移，推动产业结构的优化升级。例如，通过发展高等教育，培养出适应现代服务业、高新技术产业等新兴产业需求的人才，引导产业结构向高端化、智能化、绿色化方向发展，提高区域经济的整体竞争力。

教育本身作为一个庞大的产业，其协同发展能够带动教育相关产业的繁荣，如教育咨询、教育技术研发、文化创意等产业的发展，形成新的经济增长点。同时，教育的发展还能够促进人口的流动和聚集，带动房地产、餐饮、零售等相关服务业的发展，对区域经济的增长产生明显拉动作用。

三、京津冀协同发展下的职业教育协同

京津冀协同发展下的职业教育协同呈现出多层面、全方位的良好发展态势，在政策引领与合作机制建设、人才培养模式创新、产教融合深化、师资队伍建设和教育资源共享等方面积极探索，不断形成京津冀区域职业教育协同新范式。

（一）政策引领与合作机制建设

1. 政策引领

政策引领是指政府部门通过制定一系列法律法规、规章制度、规划方案和指导意见等政策文件，对京津冀职业教育协同发展的方向、目标、重点任务和实施路径等进行明确规定和引导。其具有权威性和指导性，是推动该领域发展的重要依据。目前在京津冀职业教育协同发展中京津冀三地的政策主要集中在战略规划、人才培养、产教融合等方面。

（1）战略规划政策

战略规划政策是一种高层次、综合性的政策工具，结合战略规划的前瞻性思维和政策的规范性要求，主要以引导企业、政府机构、非营利组织等组织在较长时期内朝着特定目标前进为目的，通过明确的方向设定、资源分配原则以及行动步骤安排来确保组织的活动与整体战略目标相一致。

京津冀三地政府制定了一系列推进职业教育协同发展的战略规划。2019年1月，为深入贯彻落实京津冀协同发展战略，推动京津冀教育协同发展，北京市教委、天津市教委、河北省教育厅联合印发了《京津冀教育协同发展

行动计划（2018—2020 年)》，明确提出，优化提升教育功能布局，推动基础教育优质发展，加快职业教育融合发展，推动高等教育创新发展。其中在职业教育方面，依托职业教育集团促进院校服务能力升级。在巩固已有跨省职教集团（联盟）基础上，共建实训基地，建设京津冀职业教育对接产业服务平台，推动职业院校、职教园区与产业聚集区融合发展，协同提升高端技术技能人才培养水平。根据产业链需求，重点建设一批职业教育专业群，推进跨省市中高职衔接，对跨省就读的职业教育学生在免学费、助学、培训补贴等方面逐步实行同城同等待遇。该计划明确了一定时期内京津冀教育协同发展的目标和任务，推动了京津冀三地在教育领域的合作，为职业教育协同发展奠定了基础，如在职业教育资源共享、人才联合培养等方面进行了初步探索和实践，形成了目标同向、政策协调、优势互补、合作共赢的协同发展工作格局。

"十三五"期间，京津冀教育系统签署各类合作协议达 168 个，京津冀教育协同发展格局"四梁八柱"已基本形成，教育协同发展的局面蔚然成风。职业教育方面，京津冀签署了 41 个合作协议，成立了 10 个京津冀职教集团或职教联盟，建成了 5 个职教合作平台，职业教育合作办学逐步深化。

2021 年 10 月 19 日，京津冀教育部门签署了《"十四五"时期京津冀教育协同发展总体框架协议（2021—2025 年)》，提出了 6 个方面重点任务。协议是京津冀三地教育部门在总结"十三五"时期工作经验基础上，结合新阶段、新形势、新要求，对"十四五"时期京津冀教育协同发展总体的谋篇布局。协议中对进一步深化京津冀教育协同发展，对职业教育的协同发展提出了更高要求并更明确指出了方向，促进职业教育与区域经济社会发展需求的深度对接，推动职业教育在人才培养模式创新、产教融合深化等方面取得更大进展。

2023 年 10 月 8 日，京津冀教育协同发展工作会议在北京会议中心召开。会上，北京市教委、天津市教委、河北省教育厅共同签署了《京津冀教育协同发展行动计划（2023—2025 年)》。在推动高等教育创新发展方面，推进京津冀教育、科技、人才一体化发展，促进高等教育资源集聚优化，实现教育资源与区域发展精准对接。其中，要组建不同类型的高校联盟，实施高校干部教师异地挂职交流计划，强化高等教育协同育人体系建设，联合举办计算机、机器人、人文知识等大学生赛事活动。在加快职业教育融合发展方面，深入开展京冀职业院校跨省"3+2"联合培养，继续举办京津冀职业院校邀请赛，促进师生交流互动等。为提升服务区域经济社会发展能力，该计划提出，健全京津冀高校协同创新机制，联合京津冀高校和企业举办"校企紧握手"系列对接活动，聚焦重点发展的共同产业领域开展技术联合攻关，加快推进高校协同发展。同时，提升科技创新增长引擎能力，增强技术技能人才供给能力。《"十四五"时期京津冀教育协同发展总体框架协议（2021—2025年)》中突出持续推进京津冀教育协同发展，聚焦职业教育领域，在前期合作基础上，进一步拓展合作深度和广度，如推动职业院校之间的专业共建、课程共享、师资交流，加强职业教育与产业的紧密结合，提高职业教育服务区域产业升级的能力。

2024年2月8日，为贯彻落实习近平总书记在深入推进京津冀协同发展座谈会上的重要讲话精神，推进京津冀教育资源共建共享，加快构建区域联动的教育高质量发展新格局，高效支撑中国式现代化先行区、示范区建设，经北京市教育委员会、天津市教育委员会、河北省教育厅研究，决定在固安成立京津冀职教改革示范园区，发布《关于成立京津冀职业教育改革示范园区的通知》。按照"改革先行、聚合创新、协同发展"的理念，构建央地互动、区域联动协同平台，聚合三地优质产教资源要素，布局京津冀职教本科专业，建立京津冀职业教育改革研究中心，推进教育、科技、人才"三位一体"融合发展，以教育协同创新推动京津冀协同发展战略迈向更高水平，培养更多高素质技术技能人才、能工巧匠、大国工匠。园区按照"整体规划、分步实施、协同推进"的原则启动建设，分近期、中期、远期三个阶段，到2035年在园职教本科学生规模3万人，毕业生投身于京津冀三地经济社会发展建设。开展各级各类职业技能培训10万人次，搭建若干个国家级科研创新中心和国际化交流平台，建成产、城、科、教深度融合的京津冀职教城，绘就中国式职业教育现代化先行区、示范区的新图景，形成全国职业教育改革示范新高地。

2024年5月24日，京津冀教育协同发展工作会议在天津师范大学召开。会上，京津冀三地教育部门签署《京津冀职业教育高质量协同发展合作框架协议》，共同拓展职业教育贯通融通新赛道，打造京津冀职业教育协同发展新格局，深入开展京津冀技能人才联合贯通培养，构建中—高—本—硕衔接贯通的职业教育体系。根据该协议，三方将从产教融合发展、人才联合培养、优质资源对接、师资队伍建设、职教模式分享、科研协同联动和京津冀职业教育宣传等七个方面推动职业教育有机融入京津冀"五群六链"产业布局，服务产业链、打造人才链、延伸教育链、支撑供应链、提升创新链，形成教育、科技、人才良性循环，以职业教育的深度融合、广泛对接、高效联动，助力新质生产力加快形成，推动京津冀协同发展战略迈向更高水平。

随着京津冀教育协同逐渐深化，京津冀三地人社部、教育装备等部门均签署相关协同协议，如《京津冀技能人才评价协同发展框架协议》《京津冀教育装备领域协同发展战略框架协议》等，助力区域协同发展。

（2）人才培养政策

人才培养政策是指政府、企业、学校、科研机构等为了满足自身、社会或行业对人才数量和质量的需求而制订的一系列规则、措施和计划。其目的是通过系统、有组织的方式，发掘、培养和提升人才的知识水平、技能、能力和素质，确保人才能够适应经济、社会、科技等各个领域不断发展变化的要求。主体不同，人才培养政策特点也不同。政府人才培养政策具有宏观性和导向性，从国家战略角度出发，通过政策引导教育资源的合理分配，促进教育公平，鼓励人才向重点产业和关键领域流动。如国家出台政策鼓励高校设置战略性新兴产业相关专业，对这些专业给予资金和政策支持，以满足国家产业升级对人才的需求。企业人才培养政策更注重实用性和与企业战略的匹配性。企业根据自身的业务发展需求，培养能够为企业创造价值的人才。学校人才培养政策主要围绕教育教学质量的提升和学生的全面发展。高校侧重于专业知识传授、科研能力培养和社会责任感的塑造；高职院校人才培养政策则是高职院校根据自身的办学定位、社会经济发展需求以及职业教育的总体要求所制定的一系列关于人才培养的规定和措施。其核心目标是培养具有高素质、高技能的应用型人才，以满足行业企业在生产、服务、管理等一线工作岗位的实际需求。

近几年，京津冀地区人才培养政策包括招生、教学、实习实训、毕业就业等人才培养环节的政策。如推动京津高职院校在河北开展跨省单招，以及"3+2"中高职联合培养等政策，旨在打通京津冀职业教育人才培养的通道，构建多层次、多样化的人才培养模式，满足不同层次学生的学习和职业发展需求。

（3）产教融合政策

随着经济的快速发展和产业结构的不断升级，传统的教育模式的滞后与产业需求之间脱节问题逐渐显现。企业面临人才短缺，难以招聘到符合岗位技能要求的员工，而学校培养的学生进入职场后，所学知识与实际工作要求存在差距。为了解决这些问题，产教融合政策应运而生。

产教融合政策是国家为了促进教育和产业深度合作而推行的一系列政策措施，其核心目标是实现教育供给与产业需求的全方位、全要素、全链条深度融合。具体来说，是要培养出适应产业发展需要的高素质技术技能人才，推动教育链、人才链与产业链、创新链有机衔接。鼓励企业参与职业院校的专业建设、实训基地建设，支持职业院校与企业共同开展技术研发、人才培养等活动。在高端制造业，通过产教融合，学校能够为企业输送掌握先进数控技术、工业机器人操作与维护等技能的人才，满足企业对智能制造人才的需求。

2024 年 5 月，在京津冀教育协同发展工作会议上，京津冀三地教育部门、高校、企业共同启动"千团千企融合创新计划"，以解决目前存在的校企融合度不够、企业自主创新能力不足、高校科技成果成熟度不高等问题。通过京津冀高校 1000 个创新团队与 1000 家龙头企业深度对接，实现资源的精准匹配，促成校企共组"科学家+工程师"研发团队，开展以企业需求为导向的项目组织和关键技术攻关。建立校企联合研发平台，共同开展科技研发、成果转化和人才培养等工作，实现产学研深度融合。

2024 年 11 月，天津市教委联合北京市教委、河北省教育厅，在天开高教科创园共同举办京津冀"千团千企"融合创新计划专项推动会暨校企科技对接会，推动教育链、人才链与产业链、创新链有机衔接，实现各类要素资源的有效整合，一体化推进科技创新和产业创新。

2. 合作机制建设

京津冀职业教育协同发展的合作机制建设是指为了实现京津冀职业教育

协同发展，相关政府部门、职业院校、企业等主体之间建立起的一系列稳定的、制度化的合作方式和运行规则。作为保障合作顺利开展的框架体系，其中包括沟通协调机制、资源共享机制、利益分配机制等多个内容。

（1）沟通协调机制

京津冀三地教育部门建立定期的工作推进会制度，如每年召开由主要负责同志参加的会议，共同研究职业教育协同发展的工作思路，协调解决重大事项，调度任务落实情况。作为高层级的沟通协调方式，确保了京津冀三地在职业教育协同发展方向上的一致性。

同时，设立专门的工作机构或协调小组，负责日常的沟通联络工作。这些机构可以及时传递信息，收集各方意见和建议，为京津冀三地职业院校、企业等之间的合作牵线搭桥，有效解决信息不对称等问题。如设立京津冀职业教育协同发展工作机构或协调小组，负责日常沟通联络、信息共享、项目策划与组织实施等工作，加强京津冀三地职业教育协同发展的统筹协调与组织管理。

（2）资源共享机制

资源共享机制是一种系统性的安排和规则体系，主要由共享主体、共享资源、规则与协议、平台与渠道构成。通过共享，促进不同主体之间资源的合理分配与共同使用；通过建立共享机制，可以打破资源的独占性和地域限制，提高资源的利用效率，实现资源的最优配置和价值最大化。

在京津冀职业教育资源共享机制中，共享主体主要包括京津冀地区的职业院校、企业、行业协会、政府部门等，不同主体有着各自的资源优势，例如职业院校有教学设施、师资力量等资源，企业有实践场地、技术和设备等资源，行业协会则拥有行业信息和标准等资源。

共享资源包括人力资源、物力资源、教学资源和信息资源等。人力资源共享主要体现在京津地区的资深教师可以到河北省的职业院校开展教学指导、学术讲座等活动，帮助提升当地的教学质量；河北省的教师到京津地区的学校或企业挂职锻炼，学习先进的教学理念和实践经验。同时，企业的技术骨干和能工巧匠也可以被聘为兼职教师，参与学校的教学活动。物力资源共享包括实训基地、实验室、教学设备等的共享。共建大型的实训基地，模拟真实的生产场景，让不同地区的职业院校学生实习实训，充分利用设备精良、场景真实的设施提升实践操作能力。而教学资源共享主要涵盖课程标准、教材、教案、课件、在线课程等教学材料的共享。通过整合京津冀三地职业院校的优质教学资源，建立共享教学资源库，使更多师生能够获取和使用资源，避免了重复开发，提高了资源的利用效率。行业动态信息、企业用人需求信息、教育政策信息等在京津冀三地的职业院校、企业和政府部门之间流通共享是信息资源共享的主要形式。

共享规则与协议是保障资源共享顺利进行的重要条件。京津冀三地政府部门制定了多部相关政策文件，对资源共享的目标、原则、实施步骤等进行规定。学校与学校之间、学校与企业之间签订合作协议，明确各方在资源共享过程中的权利和义务，包括资源的使用范围、使用方式、费用分担、知识产权归属等内容。

共享平台与渠道可分为实体平台和数字化平台。实体平台多为开展资源共享的实际场所，如共建的实训基地、联合办学机构等，为学校和企业提供了技术交流和合作研发的平台。对于实训基地、实习岗位等资源，天津市的职业院校在京冀地区企业设立校外实训基地，同时京冀地区的职业院校也可以利用天津市的实训设施，实现资源的优化配置。数字化平台包括利用互联网技术搭建的教学资源共享平台、远程教学系统等，以数字化平台整合和传播数字化教学资源，实现远程授课、在线辅导、互动交流等功能，打破地域限制，扩大优质教育资源的辐射范围。搭建区域教育资源公共服务平台，京津冀三地职业院校可以共享优质数字课程、教学课件、试题库等教学资源，降低教育成本，提高教育教学质量。

（3）利益分配机制

在京津冀协同发展背景下，利益分配机制对参与各方所产生的利益进行划分、协调和分配的一套规则、方式和制度安排。各方根据自身的投入、贡献以及承担的风险等因素，公平合理地分享合作所带来的成果，同时激励他方积极参与合作并持续投入资源。针对在资源共享、师资交流、科研合作、人才培养等方面产生的收益，京津冀高职院校可建立合理的分配机制，从而更好地调动各方的积极性，促进区域职业教育资源的优化配置，提升整个京津冀地区的职业教育水平。

在资源共享方面的利益分配主要通过高职院校课程互选共享这个载体，将优质课程通过线上线下相结合的方式开放，其利益分配可以通过学费分成或学分互认实现。师资交流方面的利益分配主要通过京津冀三地互派优秀师资定期讲学或提供专业支持，其利益在于派出方可以获得一定的交流合作资金支持，用于师资队伍的进一步建设，同时，接收方可在教学质量、专业力量方面获得显著提升。科研合作方面的利益分配主要以京津冀三地的高职院校和科研机构联合开展科研项目为主，成果转化后的经济收益按照各方投入的科研经费、人力等资源比例进行分配。同时，京津冀三地可以实现人才培养的利益分配。由京津冀三地政府部门和高职院校共同搭建就业平台，整合区域内的企业资源，建立联合就业服务体系，其利益分配主要体现在就业数据的共享和就业质量提升的回报上。

（二）人才培养模式创新

在京津冀协同发展的大背景下，创新职业教育人才培养模式，不仅是教育领域自身的需求，也是推动区域经济一体化、实现高质量发展的必然选择。

1. 协同发展机制不断创新

加强京津冀三地政府的统筹协调，需制定统一的职业教育发展规划和政策，明确各自的职责和任务，形成协同发展的合力，建立顶层设计机制。2024年2月京津冀三地共同发布《北京市教育委员会　天津市教育委员会　河北省教育厅关于成立京津冀职业教育改革示范园区的通知》，构建央地互动、区域联动协同平台。

2024年2月21日，由北京市教委、天津市教委、河北省教育厅共同组建的京津冀职业教育改革示范园区揭牌成立。京津冀三地教育行政部门将按照"改革先行、聚合创新、协同发展"的理念，合作构建央地互动、区域联动协同平台，聚合三地优质产教资源要素，打造京津冀跨省域产教融合共同体。

京津冀职业教育改革示范园区位于河北省廊坊市固安县，园区立足天津市、北京大兴、河北廊坊、雄安新区等"1小时，都市圈"，面向新一代信息技术、智能制造、数字经贸、航空保障、数字文创五大新兴"产业圈"，联合京津冀高等院校"教育圈"，打造适应区域产业发展的高技能"人才圈"，"四圈融合"推进京津冀产业高质量发展。

2. 联合办学模式创新

探索开展跨省市联合培养，提高人才培养的层次和质量。京津冀三地职业院校通过"3+2""2+1"等模式开展中高职衔接培养，拓宽学生的升学渠道。北京经济管理职业学院、北京市丰台区职教中心学校雄安校区、固安县职教中心、固安县职业中学、天津交通职业学院、河北青龙满族自治县职教中心、雄安新区管委会公共服务局签署合作协议，开展京津冀职业院校跨省市"3+2"联合培养试点项目，联合培养向前迈出重要一步。

细化跨校区、跨省域联合办学机制，建设跨校区共同体，打造"一校多区"新型产教融合共同体，实现职业教育、科技产业发展、人才培养等共享和互联办学模式，创新构建京津冀职业教育深度融合新格局。结合京津冀地区的产业特点和发展需求，整合京津冀三地职业院校的优势专业，共同打造具有区域特色的专业群，如智能制造、数字经贸、航空保障等专业群，提高人才培养的针对性和适应性。

3. 实习实践创新

京津冀地区作为我国重要的经济增长极与协同发展示范区，其职业教育的协同共进对于区域产业升级、人才储备以及经济高质量发展意义非凡。在这一协同进程中，实习实践环节作为职业教育与产业对接的关键纽带，承载着将理论知识转化为实际操作技能、培养学生职业素养与适应能力的重任，是人才培养方案创新的重要内容。

（1）完善协同发展顶层机制下的实习实践布局

①基于互鉴的实习实践理念融合

京津冀三地职业教育实习实践各具优势。北京市凭借首都丰富的产业资源，在高新技术、文化创意等领域为学生提供前沿且多元的实习机会，实习企业往往具备国际化视野与先进管理模式，能让学生接触到行业顶尖技术与理念；天津市在制造业、航运业等传统优势产业方面实习实践体系成熟，在校企深度合作下，学生可在现代化工厂、港口码头等实操环境中锤炼精湛技能；河北省依托庞大的制造业集群与特色农业、资源型产业，实习场景贴近大规模生产一线，侧重于学生对基础工艺流程、成本控制等实际问题的应对。京津冀三地应互相学习，天津市、河北省借鉴北京市实习实践融合前沿科技的方式与创新思维培养模式，引入新领域实习项目拓宽学生视野；北京市、河北省学习天津严谨精细的制造业实习规范流程，强化实践教学的规范性；北京市、天津市吸取河北省在基础产业实习中积累的大规模人才培养经验，提高实习组织管理效率。

②依托互联的实习实践资源整合

一方面，建立跨区域实习实践信息共享平台至关重要。整合京津冀三地企业实习岗位需求、职业院校学生实习意向、专业匹配度等大数据，打破地域信息壁垒，让学生能精准搜索到京津冀范围内心仪的实习岗位，企业也能高效筛选适配人才。例如，河北省职业院校机械制造专业学生可通过平台了解到北京市、天津市相关智能制造企业的实习机会，提前规划职业路径；企业也可面向京津冀三地广纳贤才，找到满足不同技术层次需求的实习生。另一方面，加强实习实践基地跨区域共建。京津冀三地政府、院校、企业联合投入，在北京市打造以科技创新研发实习为主的基地，汇聚头部科技企业；在天津市建设高端装备制造实习基地，凸显产业专长；在河北省完善基础工业与特色产业实习基地，形成层次分明、优势互补的实习网络，京津冀三地学生可根据专业进阶需求跨区域流动实习，实现资源利用最大化。

③凭借互信筑牢实习实践保障根基

由政府主导建立实习实践信用监管体系，涵盖院校、企业、学生三方。将提供虚假实习岗位信息、克扣实习生工资的企业列入失信名单，限制其参与京津冀三地职业教育合作项目；对实习管理松散、输送专业素质不符学生的院校予以通报整改；对违反实习纪律、擅自离岗的学生同样记录在案，这会影响其评优评先及后续实习推荐。同时，通过互信推动实习成果互认。如北京院校认可河北省学生在当地优质企业实习期间取得的技能认证、项目成果，消除学生跨区域实习后顾之忧，促进人才流动顺畅。在互信基础上，京津冀三地共同优化实习安全保障制度，明确企业安全培训责任、院校跟踪管理义务，确保学生在异地实习的人身与财产安全。

（2）探究互相引进、激励机制赋能实习实践

①优质实习资源引进共享

京津冀三地敞开大门，互引实习资源。北京的科研院所、央企总部实习资源向天津市、河北省开放，让外省市学生有机会参与国家级科研项目辅助工作、大型央企运营实践，接触行业最前沿决策流程；天津市的职业教育集团与企业共建实习实训中心，吸引北京市、河北省的院校合作，共享模拟生产线、虚拟仿真实训环境等先进设施，提升实习教学硬件水平；河北省丰富的产业一线实操岗位资源，为京津院校提供让学生"接地气"的实习机会，了解大规模生产实际问题，如河北钢铁企业接收京津冶金专业学生参与高炉炼铁、轧钢等关键工序实习，积累基层实践经验。

②激励实习实践深度合作

设立京津冀职业教育实习实践专项奖励基金，奖励在跨区域实习合作中有突出表现的院校、企业与个人。对积极拓展实习基地、创新实习模式的院校给予资金支持，用于实习教学改革；对为京津冀三地学生提供大量优质实习岗位、深度参与实习指导的企业给予税收优惠、荣誉表彰；对在异地实习时表现卓越、技能提升显著的学生给予奖学金、优先就业推荐等奖励，激发各方参与实习实践热情。同时，职称评定、绩效考核的成功机会向参与跨区域实习实践教学的教师倾斜，鼓励教师跨省市指导学生实习，提升实习教学质量，如规定教师指导外省市学生实习达到一定时长、取得突出成果，在职称晋升中优先考虑。

（3）推动联合办学、跨校区建设中的实习实践创新

①联合办学模式下实习实践一体化

京津冀三地高职院校联合办学专业推行"2+1"或"1+2"实习实践模式，即学生前两年在本地院校夯实理论基础，最后一年根据其专业特色选择跨区域到合作院校所在地的优质企业实习。如京津冀三地高职旅游专业联合办学，学生先在河北省学习旅游文化知识、旅游资源基础课程，后赴北京市、

天津市国际旅行社、高端民宿等实习，接触国际化旅游服务标准与都市旅游运营模式，提升综合服务能力；联合办学院校共同制定实习大纲、考核标准，确保实习教学连贯性与同质化，共享实习指导师资，北京资深旅游行业导师远程指导河北省实习学生，保障实习质量。

②跨校区建设助力实习实践拓展

"一校多区"模式下，合理布局实习实践功能。北京市校区侧重于高端服务业、科技研发类实习资源对接，天津市校区强化制造业、航运物流实习拓展，河北省校区深耕基础产业实习保障。学生可依据专业方向与个人发展规划在不同校区间流动实习，实现实习场景多元化。同时，跨校区共建实习实践社团、兴趣小组，京津冀三地学生线上线下交流实习心得、开展项目协作，如京津冀汽修专业学生跨校区组队，利用假期赴各地汽修厂实习调研，联合攻克新能源汽车维修技术难题，将实习实践从个体行为上升为群体创新活动。

（4）共建评价体系中聚焦实习实践成效

①构建实习实践专项评价指标

在京津冀协同职业教育质量评价体系中，单列实习实践评价板块，涵盖实习岗位对口率、实习技能提升幅度、实习企业满意度、实习成果转化率等关键指标。通过大数据跟踪、企业回访、学生实习报告分析等多个维度收集数据，精准量化实习成效。对比京津冀三地同类专业学生实习前后操作技能测试成绩，衡量实习实践对技能增长的贡献；统计实习学生毕业后入职实习企业比例、实习项目衍生创业项目数量，评估实习对就业与创业的拉动作用，为京津冀三地实习实践优化提供硬数据支撑。

②以评价驱动实习实践持续改进

定期发布京津冀职业教育实习实践质量报告，公开京津冀三地院校、专业实习企业排名，对表现优异者宣传推广，对问题突出者督促整改。依据评价结果，院校调整实习教学策略，如某专业实习岗位对口率低，及时优化实习基地布局；企业改进实习管理，若满意度不高，加强对实习生的人文关怀与培训投入；政府完善政策导向，根据实习实践痛点难点，加大对实习基地建设、实习师资培训等薄弱环节扶持力度，形成评价—反馈—改进的良性循环，推动京津冀职业教育实习实践螺旋式上升发展。

第四章 京津冀基于产学研创的高职产教深度融合的研究

第一节 京津冀高职院校专业调整情况分析

一、京津冀三地职业院校2024年新增专业情况分析

根据对京津冀三地 2024 年在职业院校专业设置上的分析（见表 4-1、表 4-2、表 4-3），可见其呈现出协同发展的趋势。京津冀三地通过区域合作，共享教育资源，优化专业布局，不断提高整体人才培养质量。随着京津冀地区新兴产业的快速发展，如新能源汽车、生物医药、工业互联网等，相关专业的设置也逐渐增多，为新兴产业发展提供了人才支持。

（一）天津市高职院校 2024 年新增专业情况分析

天津市高职院校 2024 年新增 23 个专业，涵盖了工学、管理学、医学等多个学科领域。新增的专业包括石油工程技术、药品生物技术、石油化工技术、智能建造技术、储能材料技术等与天津市的产业发展需求高度契合的专业，体现职业院校与地方产业需求的契合度进一步提升。如石油工程技术、石油化工技术等专业与天津的石油化工产业紧密相关；智能建造技术、工业互联网技术等专业则支持天津的先进制造业和智能科技产业的发展。同时，天津市在一些特色领域也有所发展，如警务指挥与战术、网络安全与执法等

专业，这些专业符合新时代技术发展，为公共安全领域提供了专业人才支持。

表 4-1　天津市 2024 年新增专业情况

序号	专业代码	专业名称	学校名称	年限
1	420406	石油工程技术	天津市职业大学	3
2	470102	药品生物技术	天津市职业大学	3
3	470204	石油化工技术	天津市职业大学	3
4	550112	工艺美术品设计	天津市职业大学	3
5	440304	智能建造技术	天津滨海职业学院	3
6	430504	储能材料技术	天津现代职业技术学院	3
7	580104K	警务指挥与战术	天津公安警官职业学院	3
8	580202K	网络安全与执法	天津公安警官职业学院	3
9	430105	电力系统自动化技术	天津轻工职业技术学院	3
10	510211	工业互联网技术	天津轻工职业技术学院	3
11	530202	金融科技应用	天津商务职业学院	3
12	460704	智能网联汽车技术	天津交通职业学院	3
13	530810	供应链运营	天津交通职业学院	3
14	470208	分析检验技术	天津石油职业技术学院	3
15	510209	人工智能技术应用	天津城市职业学院	3
16	500310	集装箱运输管理	天津铁道职业技术学院	3
17	550103	数字媒体艺术设计	天津工艺美术职业学院	3
18	550116	动漫设计	天津工艺美术职业学院	3
19	510204	数字媒体技术	天津城市建设管理职业技术学院	3
20	510211	工业互联网技术	天津城市建设管理职业技术学院	3
21	510207	信息安全技术应用	天津滨海汽车工程职业学院	3
22	520802	婴幼儿托育服务与管理	天津滨海汽车工程职业学院	3
23	530802	现代物流管理	天津滨海汽车工程职业学院	3

表 4-2　北京市 2024 年新增专业情况

序号	专业代码	专业名称	学校名称	年限
1	500210	汽车技术服务与营销	北京物资学院	2
2	510202	计算机网络技术	北京物资学院	2
3	530206	证券实务	北京物资学院	2

序号	专业代码	专业名称	学校名称	年限
4	530302	大数据与会计	北京物资学院	2
5	530701	电子商务	北京物资学院	2
6	420904	安全智能监测技术	北京工业职业技术学院	3
7	460310	工业互联网应用	北京工业职业技术学院	3
8	510102	物联网应用技术	北京工业职业技术学院	3
9	510212	区块链技术应用	北京信息职业技术学院	3
10	530104	财政支出绩效管理	北京信息职业技术学院	3
11	530704	网络营销与直播电商	北京信息职业技术学院	3
12	590302	智慧健康养老服务与管理	北京信息职业技术学院	3
13	460310	工业互联网应用	北京电子科技职业学院	3
14	490103	食品营养与健康	北京电子科技职业学院	3
15	510209	人工智能技术应用	北京电子科技职业学院	3
16	530401	统计与大数据分析	北京电子科技职业学院	3
17	530704	网络营销与直播电商	北京京北职业技术学院	3
18	470102	药品生物技术	北京交通职业技术学院	3
19	510108	智能产品开发与应用	北京交通职业技术学院	3
20	460306	电气自动化技术	北京联合大学	2
21	500604	城市轨道交通通信信号技术	北京联合大学	2
22	550103	数字媒体艺术设计	北京联合大学	2
23	550103	数字媒体艺术设计	北京城市学院	2
24	530502	国际商务	北京青年政治学院	3
25	590107	政务服务	北京青年政治学院	3
26	540105	研学旅行管理与服务	首钢工学院	3
27	450202	智慧水利技术	北京农业职业学院	3
28	510209	人工智能技术应用	北京政法职业学院	3
29	580603	司法鉴定技术	北京政法职业学院	3
30	440404	建筑智能化工程技术	北京财贸职业学院	3
31	520802	婴幼儿托育服务与管理	北京财贸职业学院	3
32	510209	人工智能技术应用	北京经贸职业学院	3
33	520802	婴幼儿托育服务与管理	北京经贸职业学院	3
34	530202	金融科技应用	北京经贸职业学院	3

续表

序号	专业代码	专业名称	学校名称	年限
35	420901	安全技术与管理	北京经济技术职业学院	3
36	460103	数控技术	北京经济技术职业学院	3
37	530301	大数据与财务管理	北京经济技术职业学院	3
38	560213	融媒体技术与运营	北京经济技术职业学院	3
39	550214	钢琴调律	北京戏曲艺术职业学院	2
40	460702	新能源汽车技术	北京科技经营管理学院	3
41	520601	康复治疗技术	北京科技职业学院	3
42	570204	应用韩语	北京培黎职业学院	3
43	540105	研学旅行管理与服务	北京经济管理职业学院	3
44	500204	道路工程检测技术	北京交通运输职业学院	3
45	490206	药品质量与安全	北京卫生职业学院	5

表4-3 河北省2024年新增专业情况

序号	专业代码	专业名称	学校名称	年限
1	440304	智能建造技术	石家庄职业技术学院	3
2	490202	生物制药技术	石家庄职业技术学院	3
3	530702	跨境电子商务	张家口职业技术学院	3
4	460703	汽车电子技术	河北软件职业技术学院	3
5	510211	工业互联网技术	河北软件职业技术学院	3
6	550107	书画艺术	河北政法职业学院	3
7	570311	体育运营与管理	河北政法职业学院	3
8	500306	港口机械与智能控制	沧州职业技术学院	3
9	510214	工业软件开发技术	沧州职业技术学院	3
10	540105	研学旅行管理与服务	沧州职业技术学院	3
11	550107	书画艺术	沧州职业技术学院	3
12	550221	现代杂技表演艺术	沧州职业技术学院	3
13	560214	网络直播与运营	沧州职业技术学院	3
14	570312	电子竞技运动与管理	河北能源职业技术学院	3
15	440406	建筑消防技术	石家庄工程职业学院	3
16	590302	智慧健康养老服务与管理	唐山职业技术学院	3

续表

序号	专业代码	专业名称	学校名称	年限
17	460304	智能机器人技术	衡水职业技术学院	3
18	490210	智能医疗装备技术	邢台医学高等专科学校	3
19	520701	公共卫生管理	邢台医学高等专科学校	3
20	410305	宠物医疗技术	河北旅游职业学院	3
21	410118	休闲农业经营与管理	石家庄财经职业学院	3
22	510208	虚拟现实技术应用	石家庄财经职业学院	3
23	520202	助产	石家庄财经职业学院	3
24	530304	会计信息管理	石家庄财经职业学院	3
25	530810	供应链运营	石家庄财经职业学院	3
26	560202	广播影视节目制作	石家庄财经职业学院	3
27	590302	智慧健康养老服务与管理	石家庄财经职业学院	3
28	500208	道路运输管理	河北交通职业技术学院	3
29	500603	城市轨道交通机电技术	河北交通职业技术学院	3
30	530801	物流工程技术	河北交通职业技术学院	3
31	470208	分析检验技术	石家庄信息工程职业学院	3
32	490208	药品经营与管理	石家庄信息工程职业学院	3
33	510307	智能互联网络技术	石家庄信息工程职业学院	3
34	550201	音乐表演	河北美术学院	3
35	550206	歌舞表演	河北美术学院	3
36	550210	现代流行音乐	河北美术学院	3
37	550212	音乐制作	河北美术学院	3
38	570302	休闲体育	河北美术学院	3
39	570304	民族传统体育	河北美术学院	3
40	540106	酒店管理与数字化运营	河北科技学院	3
41	460310	工业互联网应用	河北机电职业技术学院	3
42	440105	风景园林设计	廊坊职业技术学院	3
43	520802	婴幼儿托育服务与管理	廊坊职业技术学院	3
44	510209	人工智能技术应用	石家庄邮电职业技术学院	3
45	460304	智能机器人技术	石家庄工商职业学院	3
46	510207	信息安全技术应用	石家庄工商职业学院	3
47	510208	虚拟现实技术应用	石家庄工商职业学院	3

续表

序号	专业代码	专业名称	学校名称	年限
48	530706	商务数据分析与应用	石家庄工商职业学院	3
49	560216	全媒体广告策划与营销	石家庄工商职业学院	3
50	500210	汽车技术服务与营销	石家庄理工职业学院	3
51	510108	智能产品开发与应用	石家庄理工职业学院	3
52	550101	艺术设计	石家庄理工职业学院	3
53	460310	工业互联网应用	石家庄科技信息职业学院	3
54	540111	智慧旅游技术应用	石家庄科技信息职业学院	3
55	460301	机电一体化技术	华北理工大学轻工学院	3
56	550102	视觉传达设计	华北理工大学轻工学院	3
57	550116	动漫设计	华北理工大学轻工学院	3
58	560208	影视多媒体技术	华北理工大学轻工学院	3
59	570306	体育保健与康复	华北理工大学轻工学院	3
60	520505	放射治疗技术	石家庄医学高等专科学校	3
61	520903	视觉训练与康复	石家庄医学高等专科学校	3
62	440304	智能建造技术	冀中职业学院	3
63	430201	热能动力工程技术	石家庄科技职业学院	3
64	430301	光伏工程技术	石家庄科技职业学院	3
65	500212	新能源汽车检测与维修技术	石家庄科技职业学院	3
66	510204	数字媒体技术	石家庄科技职业学院	3
67	510203	软件技术	沧州幼儿师范高等专科学校	3
68	550127	服装陈列与展示设计	沧州幼儿师范高等专科学校	3
69	570112K	舞蹈教育	沧州幼儿师范高等专科学校	3
70	570116K	心理健康教育	沧州幼儿师范高等专科学校	3
71	460704	智能网联汽车技术	宣化科技职业学院	3
72	540105	研学旅行管理与服务	宣化科技职业学院	3
73	500401	民航运输服务	廊坊燕京职业技术学院	3
74	500407	民航空中安全保卫	廊坊燕京职业技术学院	3
75	590302	智慧健康养老服务与管理	廊坊燕京职业技术学院	3
76	530704	网络营销与直播电商	石家庄幼儿师范高等专科学校	3
77	540105	研学旅行管理与服务	石家庄幼儿师范高等专科学校	3
78	550103	数字媒体艺术设计	石家庄幼儿师范高等专科学校	3

续表

序号	专业代码	专业名称	学校名称	年限
79	570114K	特殊教育	石家庄幼儿师范高等专科学校	3
80	590302	智慧健康养老服务与管理	石家庄幼儿师范高等专科学校	3
81	520416	中医康复技术	廊坊卫生职业学院	3
82	460204	新能源装备技术	河北轨道运输职业技术学院	3
83	460305	工业机器人技术	河北轨道运输职业技术学院	3
84	460402	高速铁路动车组制造与维护	河北轨道运输职业技术学院	3
85	500102	高速铁路施工与维护	河北轨道运输职业技术学院	3
86	500111	铁道通信与信息化技术	河北轨道运输职业技术学院	3
87	500301	航海技术	河北轨道运输职业技术学院	3
88	500303	轮机工程技术	河北轨道运输职业技术学院	3
89	510211	工业互联网技术	河北轨道运输职业技术学院	3
90	510207	信息安全技术应用	保定幼儿师范高等专科学校	3
91	520416	中医康复技术	保定幼儿师范高等专科学校	3
92	520803	老年保健与管理	保定幼儿师范高等专科学校	3
93	550101	艺术设计	保定幼儿师范高等专科学校	3
94	550202	舞蹈表演	保定幼儿师范高等专科学校	3
95	570209	中文	保定幼儿师范高等专科学校	3
96	570301	社会体育	保定幼儿师范高等专科学校	3
97	590302	智慧健康养老服务与管理	保定幼儿师范高等专科学校	3
98	550107	书画艺术	唐山幼儿师范高等专科学校	3
99	570209	中文	唐山幼儿师范高等专科学校	3
100	570310	体能训练	唐山幼儿师范高等专科学校	3
101	460304	智能机器人技术	曹妃甸职业技术学院	3
102	510104	电子产品制造技术	曹妃甸职业技术学院	3
103	590301	现代家政服务与管理	曹妃甸职业技术学院	3
104	490103	食品营养与健康	邯郸幼儿师范高等专科学校	3
105	510207	信息安全技术应用	邯郸幼儿师范高等专科学校	3
106	540111	智慧旅游技术应用	邯郸幼儿师范高等专科学校	3
107	540112	会展策划与管理	邯郸幼儿师范高等专科学校	3
108	550122	陶瓷设计与工艺	邯郸幼儿师范高等专科学校	3
109	560213	融媒体技术与运营	邯郸幼儿师范高等专科学校	3

序号	专业代码	专业名称	学校名称	年限
110	570301	社会体育	邯郸幼儿师范高等专科学校	3
111	570304	民族传统体育	邯郸幼儿师范高等专科学校	3
112	590302	智慧健康养老服务与管理	邯郸幼儿师范高等专科学校	3
113	460309	液压与气动技术	唐山海运职业学院	3
114	540204	西式烹饪工艺	唐山海运职业学院	3
115	430109	农业电气化技术	邢台应用技术职业学院	3
116	430301	光伏工程技术	邢台应用技术职业学院	3
117	460102	数字化设计与制造技术	衡水健康科技职业学院	3
118	460302	智能机电技术	衡水健康科技职业学院	3
119	460307	工业过程自动化技术	衡水健康科技职业学院	3
120	520202	助产	衡水健康科技职业学院	3
121	520301	药学	衡水健康科技职业学院	3
122	520504	口腔医学技术	衡水健康科技职业学院	3
123	520508	卫生检验与检疫技术	衡水健康科技职业学院	3
124	520601	康复治疗技术	衡水健康科技职业学院	3
125	520802	婴幼儿托育服务与管理	衡水健康科技职业学院	3
126	430603	复合材料智能制造技术	沧州航空职业学院	3
127	460102	数字化设计与制造技术	沧州航空职业学院	3
128	460605	飞机机载设备装配调试技术	沧州航空职业学院	3
129	460606	航空装备表面处理技术	沧州航空职业学院	3
130	470208	分析检验技术	沧州航空职业学院	3
131	490204	化学制药技术	沧州航空职业学院	3
132	500405	空中乘务	沧州航空职业学院	3
133	500414	航空地面设备维修	沧州航空职业学院	3
134	510211	工业互联网技术	沧州航空职业学院	3
135	530703	移动商务	沧州航空职业学院	3
136	530803	航空物流管理	沧州航空职业学院	3
137	540105	研学旅行管理与服务	沧州航空职业学院	3
138	570202	应用英语	沧州航空职业学院	3
139	520201	护理	邯郸应用技术职业学院	3
140	420807	绿色低碳技术	邢台新能源职业学院	3

续表

序号	专业代码	专业名称	学校名称	年限
141	430301	光伏工程技术	邢台新能源职业学院	3
142	430307	新能源材料应用技术	邢台新能源职业学院	3
143	460301	机电一体化技术	邢台新能源职业学院	3
144	460306	电气自动化技术	邢台新能源职业学院	3
145	460702	新能源汽车技术	邢台新能源职业学院	3
146	510102	物联网应用技术	邢台新能源职业学院	3
147	510203	软件技术	邢台新能源职业学院	3
148	510205	大数据技术	邢台新能源职业学院	3
149	520704	健康大数据管理与服务	邢台新能源职业学院	3
150	530302	大数据与会计	邢台新能源职业学院	3
151	530701	电子商务	邢台新能源职业学院	3
152	530202	金融科技应用	河北地质职工大学	3

（二）北京市高职院校 2024 年新增专业情况分析

北京市在 2024 年新增 45 个专业，包括汽车技术服务与营销、计算机网络技术、证券实务、大数据与会计、电子商务等。新增的专业与北京市的产业需求相匹配。如计算机网络技术、大数据与会计等专业与北京市的互联网和金融产业需求紧密相关；工业互联网应用、人工智能技术应用等专业则支持北京的高科技产业发展。北京市在新兴专业的发展上具有优势，如区块链技术应用、网络营销与直播电商等，这些专业适应了新兴产业发展和市场需求的变化。

（三）河北省高职院校 2024 年新增专业情况分析

河北省在 2024 年新增了大量专业，涵盖了工学、医学、管理学等多个学科领域。新增的专业包括智能建造技术、生物制药技术、跨境电子商务、汽车电子技术、工业互联网技术等，与河北省的产业发展需求高度契合。如智能建造技术、工业互联网技术等专业与河北省的制造业和建筑业发展需求紧密相关；生物制药技术、药品经营与管理等专业则支持河北省的医药产业发展。同时在一些区域特色专业上也有所发展，如休闲农业经营与管理等，这些专业与河北省的农业发展需求相匹配，为相关产业的发展提供了人才支持。

二、京津冀三地专业调整与评价的具体举措

2024 年 7 月，为进一步推动天津市高等职业教育高质量发展与高等职业院校内涵建设，持续优化职业院校专业结构布局，推动专业设置与产业布局精准对接、动态匹配、同频共振，更好地服务产业发展和满足学生多样化成才需要，天津市制定了《天津市优化高等职业教育专业设置的八项举措》，提出加强专业建设制订发展规划、精准对接产业需求优化专业设置、前瞻服务未来新兴产业增设新专业、限制撤销过剩落后专业、推进专业数字化转型升级改造、推动专业集群式发展、制定专业优化调整"三张清单"和充分发挥行业教学指导委员会作用等八项措施，以服务发展为宗旨，以促进就业为导向，对接产业发展和学生多样化成才需要，增强专业设置工作的科学性、前瞻性和有序性，强化高职院校关键办学能力建设，助力教育链、人才链、产业链、创新链贯通共融，持续提升职业教育的契合度、融合度、认可度和贡献度。

根据《北京市教育委员会关于开展北京市职业院校专业设置调整优化工作的通知》（京教职成〔2024〕4 号），监测北京市职业院校近三年新增专业建设质量，推动提升专业人才培养与经济社会发展需求的匹配度。2024 年北京市职业院校近三年新增专业质量监测评价结果（见附录一）表明，近三年新增专业布点契合首都"四个中心"功能定位，适应首都高精尖产业发展、超大城市运行管理、高品质民生需求对技术技能人才的需要，为首都经济社会发展提供了有力的人才支撑。但部分专业仍存在不招生或连续三年招生人数不足 10 人，学校专业设置评议机构发挥作用不够，课程设置不合理、课程标准建设滞后，教师高级职称比例和"双师型"教师比例不达标，对接职业岗位典型工作任务的实践教学条件缺失等问题。要持续加强专业设置管理，根据区域经济社会发展需要、学校办学定位和专业建设规划，定期审议优化专业设置情况，建立专业设置的预警和动态调整机制，切实提升人才培养与首都经济社会发展需求的匹配度。

河北省提出各高职院校要认真落实《河北省职业院校专业设置调整优化

方案》(冀教职成〔2019〕15号),撤销教学管理较差、办学条件不足或重复设置率高的专业;采取调减招生计划、暂停招生等措施,对就业率连续2年低于60%、对口就业率连续2年低于50%的专业进行整改。拟暂停专业在专业备案时请勿在平台中删除,将拟招生数填"0"即可,暂停三年后学校应自动在平台中撤销,再次开设时按新增专业对待。在职教本科的专业设置上,要求各职业本科学校要结合办学条件达标情况,重点围绕本省先进制造业和战略性新兴产业以及先进钢铁、绿色化工、新材料、高端装备、现代轻纺等九大工业主导产业以及民生紧缺领域相关专业,规划增设本科层次职业教育专业,科学安排招生计划。

京津冀三地在职业院校专业设置上需进一步加强合作与共享,建立跨区域的专业联盟,共同制订专业建设标准和发展规划;注重专业与区域特色产业的结合,培养更多符合产业需求的高素质人才;推动专业与产业深度融合,深化产教融合,提高学生的实践能力和就业竞争力,增强京津冀三地职业院校服务区域经济的职业适应性。

第二节　京津冀基于产学研创的高职产教深度融合的现状分析

一、京津冀协同与产教融合的关系分析

(一)京津冀区域联系和协同形成机制

随着京津冀协同发展的"走深走实",京津冀之间的区域产业链建设不断发展,区域联系逐渐加强,进一步推动了京津冀一体化进程(见图4-1)。区域联系包括经济联系、交通联系、政治联系和文化联系,它们之间相互联系[1]。

---

[1] 陈睿山,叶超,蔡运龙.区域经济联系测度方法述评[J].人文地理,2013(1):43-47.

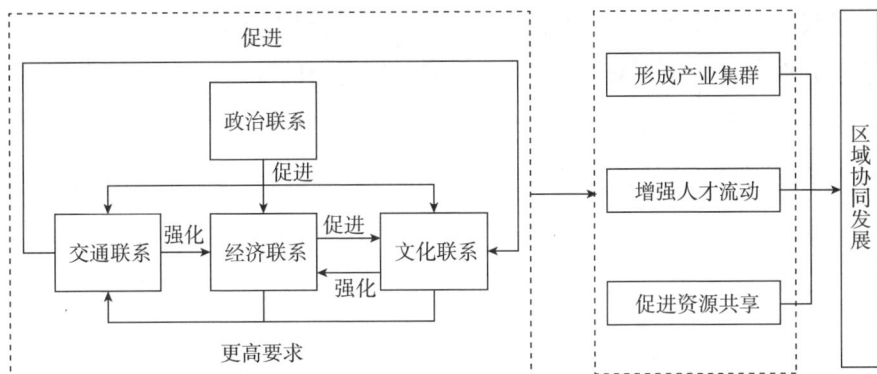

图 4-1　京津冀区域联系和协同形成机制

经济联系是指由于地区间的经济活动所产生的地区间联系,主要表现为经济发达地区对周边地区的带动作用。这一过程并非简单的产业转移,而是通过优势互补进行产业对接与合作。[①] 京津冀在疏解北京非首都功能的过程中,根据各自的区域定位不断梳理产业发展方向,使相关生产要素在各地区不断集聚,在各自专业化生产中形成产业集群,通过产业集群不断强化地区间的分工定位,在保证共同利益的基础上,协同推进京津冀的梯度化产业链衔接。

交通联系是指地区之间由于交通运输所建立起来的联系。京津冀三地之间的交通网络越发达,联系就会越紧密。[②] "轨道上的京津冀"建设和便捷高效的公路网建设缩短了地区间的运输时间,降低了地区之间的运输成本,使京津冀区域之间的人才、资源、产品流通运输更加便利,在产业合作、资源输出、人员流动、产品运输上发挥着重要作用,京津冀协同发展离不开交通联系的保障与助力。

政治联系是指因政府的干预性政策带来的地区间联系。京津冀是政治联系的典型实例,是政策导向型的区域联系。在促进京津冀协同发展上,不仅成立了京津冀协同发展领导小组及其办公室,京津冀三地也在各自领域不断

---

① 张贵,梁莹,郭婷婷. 京津冀协同发展研究现状与展望 [J]. 城市与环境研究,2015 (1):76-88.

② 杨玉霞. 京津冀区域价值链与制造业产业升级研究 [D]. 北京交通大学,2022. DOI:10.26944/d.cnki.gbfju.2022.000345.

出台各类方案政策推动一体化进程，这些举措有利于削弱行政壁垒，统筹区域发展，促进资源和人员流动，深入推动京津冀协同发展。

文化联系主要体现为知识和专业技术人员的流动。京津冀地区与其他地区相比具有更为丰富的教育资源，具有绝对的教育优势，培养出的高技术人才由于通达的交通网络具有高度流动性，高技术人才的流动促使信息、技术等资源得以传播，从而加强了各地区之间的联系，同时有利于区域间的资源整合。

（二）京津冀协同发展与区域产教深入融合的应然关系

由于本书所研究的高职产教融合是在京津冀协同发展的背景下，因此将从区域协同形成机制角度分析京津冀协同发展与该地区高职产教深入融合之间的应然关系（见图4-2）。

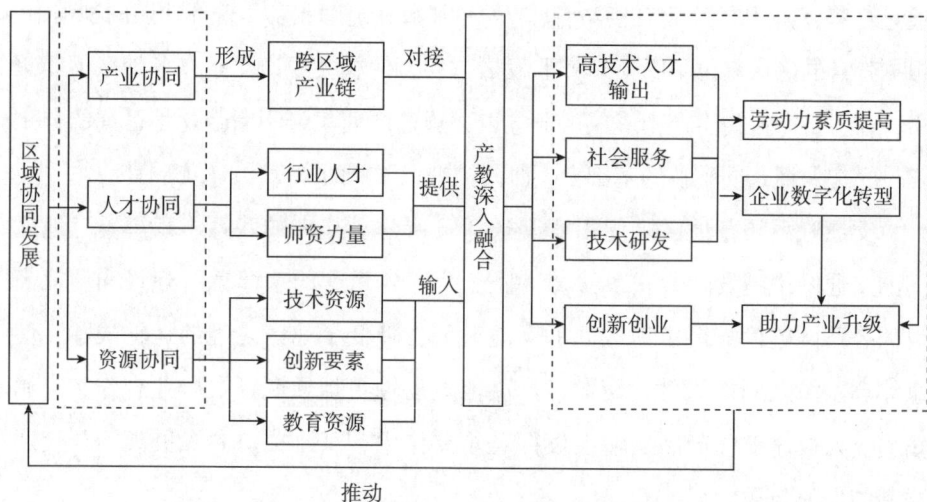

图4-2 京津冀协同发展与区域产教深入融合的应然关系

1. 产业协同与产教融合

京津冀三地根据各自的资源禀赋和经济优势进行专业化生产，形成各自的产业集群，分别构成了产业链上的不同环节，然后各环节通过市场相互联系，共同构成一个完整的跨区域产业链。高职院校的产教融合从宏观角度来看是根植于区域产业经济发展特点，在多元主体不同程度的参与下，为区域经济发展提供教育支撑的社会组织。因而京津冀区域的产业协同有利于突破地区高职产教融合的地域局限，不拘泥于产业链上的某一部分，而是对接整条产业链进行人才培养、技术研发和创新。

2. 人才协同与产教融合

京津冀地区丰富的教育资源使其在人才培养上具有独特优势，人才相较于其他生产要素体现出更强的流动性，由于京津冀交通联系的紧密，大批高技术人才能够以较低运输成本在地区间自由地流动，为产教融合提供丰富的行业人才和强大的师资力量，人员的流动带来了信息、技术、知识等资源的流动，有利于产教融合中专业技术体系的更新。

3. 资源协同与产教融合

高职院校的产教融合从微观角度来看是将教育与产业结合，多元主体通过资源整合、优势互补来促进数字经济时代下数字技术创新发展和形成技术技能人才培养的新型合作范式。通过人才协同，区域内包括技术、创新在内的其他资源也被带动着整合与共享，有利于区域内多元主体开展不同形式的合作，促进区域高职产教融合。

综上所述，京津冀协同发展可以从不同角度促进高职产教深入融合，而产教深入融合带来的高技术人才输出、社会服务、技术研发、创新创业从供给端为区域产业升级、人才聚集、技术创新注入活力，为区域"产业链—人才链—创新链"对接与整合提供助力，进一步推动了京津冀协同发展和一体化进程，因而京津冀协同发展与区域产教深入融合的应然关系为互推互促的良性大循环。

二、京津冀高职教育产教环境分析

（一）京津冀高职教育资源配置现状

1. 京津冀高职（专科）学校分布状况

区域内的高校数量是衡量该地区高等教育资源的保有量的重要指标。根据《中国教育统计年鉴（2023）》数据，到 2022 年，我国共有高职（专科）

学校 1489 所，京津冀地区共计 114 所，占全国总数的 7.7%，其中，北京市高职（专科）学校共计 25 所，天津市高职（专科）学校共计 26 所，河北省高职（专科）学校共计 63 所，就京津冀地区内部而言，学校分布数量差距较大，河北数量最多，是北京、天津数量的 2 倍多。

2. 京津冀高职（专科）教育人力资源配置情况

在师资方面，京津冀三地的高职（专科）学校专任教师数量分别为北京市 4408 人，天津市 7539 人，河北省 32919 人，这与河北地区高校众多密切相关。从高职（专科）学校专任教师的学历来看，全国拥有博士研究生学历的专任教师数量占比为 2.5%，京津冀整体的数量占比为 2.34%，略低于全国总体水平，而京津冀三地拥有博士研究生学历的专任教师数量占本省市专任教师数量的比重分别为 11.62%、2.15%、1.23%；全国拥有硕士研究生学历的专任教师数量占比为 40.14%，京津冀三地整体的数量占比为 40.78%，略高于全国总体水平，而京津冀三地拥有研究生学历的专任教师数量占本省市专任教师数量的比重分别为 48.39%、41.21%、39.74%。从上述数据中可以看出，北京市拥有研究生及以上学历的专任教师数量占比远超全国平均水平，天津市基本持平，河北省则相对较低。

从高职（专科）学校专任教师的职称来看，全国拥有副高级及以上职称的专任教师数量占比为 29.01%，京津冀整体的数量占比为 32.4%，高于全国总体水平，而京津冀三地拥有副高级及以上职称的专任教师数量占本省市专任教师数量的比重分别为 43.12%、36.16%、30.2%。从上述数据中可以看出，京津冀三地拥有副高级及以上职称的专任教师数量占比均超全国平均水平。

整体而言，京津冀三地的教师资源质量在全国各地区中处于中游偏上水平，研究生三地在教师资源的质量分布上呈现不均衡局面，北京市在教师质量方面占据绝对优势，掌握着大量的优秀教师资源，在全国名列前茅，是京津冀地区名副其实的优质教师资源"高地"。

3. 京津冀高职（专科）教育物力资源配置情况

随着信息技术的飞速发展，数字化已成为当代教育活动的重要特征。京津冀地区作为中国经济的重要区域，其高职（专科）教育在信息资源配置上展现出鲜明的数字化特征。职业教育仿真实训资源量京津冀三地分布有所不同，北京市为 2464 套，天津市为 2789 套，河北省为 8618 套，从数据上看，河北省在职业教育仿真实训资源量上明显领先，这可能与河北省高职（专科）院校数量众多有很大关系。在数字终端数量上，截至 2022 年，北京市高职（专科）院校共计 69895 台，天津市 63391 台，河北省 176223 台，其中北京市的学生数字终端数为 56776 台，天津市为 53380 台，河北省为 130249 台，占三地数字终端总数的比重分别为 81.2%、84.2%、73.9%，数字终端的高普及率表明三地高职（专科）教育已广泛采用数字化教学手段。其中，天津市的学生数字终端占比最高，显示出其对学生数字化学习环境的重视。在网络多媒体教室的数量上，北京市高职（专科）院校为 2526 间，天津市为 1776 间，河北省为 8643 间，分别占其教室总数量的 63.8%、53.6%、72%，网络多媒体教室的高占比反映出三地高职（专科）教育在推动信息化教学方面做出的积极努力。河北省在网络多媒体教室的建设上表现尤为突出，这有助于提升当地高职（专科）教育的整体教学质量。

（二）京津冀数字经济发展与就业现状

京津冀地区作为我国数字经济发展的前沿阵地，近三年来在数字经济就业结构上展现出显著的变化与优化。根据北京市统计局的数据，截至 2023 年，北京数字经济增加值达到 18766.7 亿元，同比增长 8.5%，占全市国内生产总值的比重为 42.9%，显示出数字经济对北京市经济的强大推动力。这一增长不仅促进了新兴产业的蓬勃发展，也带动了就业结构的深刻变革。在就业结构上，北京市统计局的数据表明，信息传输、软件和信息技术服务业，租赁和商务服务业，科学研究和技术服务业成为吸纳就业的主要行业，这些行业中对高技能人才的需求持续增长。例如，2023 年，北京市法人单位从业人员中，上述三大行业占比达 36%，较 2013 年提高了 8.7 个百分点，显示出数字经济对高技能人才就业的显著促进作用。

天津市和河北省作为京津冀地区的重要组成部分，也在数字经济就业结构上取得了显著进展。根据天津市发布的《天津市促进数字经济发展行动方案（2019—2023 年）》及后续相关政策文件，天津市通过加快数字化发展，推动智能制造和高端装备产业的转型升级，有效促进了就业结构的优化。例如，天津市高端装备和智能制造人才创新联盟自 2020 年底成立以来，已成功转化 45 项科研成果，有力推动了京津冀三地产业链、创新链以及人才链的深度融合，为就业市场提供了大量高端技术岗位。河北省则依托其丰富的劳动力资源和地缘优势，积极承接京津科技溢出效应和产业转移，大力发展数字经济相关产业。根据河北省统计局的数据，近年来，河北省高技术产业和高新技术产业增加值占规模以上工业增加值的比重持续提高，带动了就业结构的优化和升级。特别是在数字服务业领域，河北省通过培育一批数字经济领军企业，为就业市场提供了大量新机遇。

整体来看，京津冀地区高职院校的教育资源数量和质量均处于全国领先地位，显示出在职业教育方面的资源集中优势，同时，京津冀地区作为我国数字经济发展的前沿阵地，数字产业的发展有助于推动高职院校不断提升其数智化水平，以匹配不断优化的人才市场需求。

三、京津冀高职院校产教融合现状

为全面把握京津冀地区高职院校产教融合面临的现状与挑战，本书采用了问卷调查法，旨在通过广泛收集第一手数据，深入分析产教融合实施过程中存在的主要问题及其根源。

（一）调查样本的选取与问卷设计

考虑到产教融合涉及的核心利益相关者，包括学生、教师、院系/专业负责人、高职院校管理层以及参与合作的企业中高层管理者，他们对产教融合的效果拥有最直接且深刻的感受与评价，因此，本书的核心分析将围绕这些群体的反馈展开。

本书选取了京津冀地区内与行业产业有深度合作、产教融合成效显著的 16 所高职院校作为研究对象，样本覆盖在校生、毕业生以及上述提及的各关键岗位人员，确保了样本的代表性和广泛性。调研采用线上与线下相结合的方式发放问卷，利用专业统计软件进行数据整理与分析，并结合深度访谈法，对所选高职院校的各类利益相关者进行面对面交流，以期全面揭露产教融合实施中的亮点与不足，为后续改进提供实证基础。本次调研共计投放问卷 800 份，回收 768 份，实现了 96% 的高回收率。随后，对回收的问卷进行了细致的甄别与筛选，去除填写不完整或明显失真的问卷后，最终保留了 720 份有效问卷，有效回收率高达 90%。

问卷设计的科学性与实用性是确保研究质量的关键。在设计之初，我们先确保了问卷内容紧贴时代发展脉搏，反映产教融合的真实需求。具体设计流程如下：首先，基于国内外相关研究成果与文献资料，梳理出产教融合的关键要素与潜在问题，构建了问卷的基本框架；其次，通过预调研，与 30 位来自教育界、产业界的专家学者及一线工作者进行深入交流，根据反馈对问卷内容进行了多轮调整与优化，确保问题的针对性和有效性，最终形成问卷（见附录二）。

（二）问卷结果分析

1. 京津冀高职院校产学研合作情况

对于"您所在的专业/企业是否参与了以下形式的产教融合活动？"的调查，结果显示各类受访者的选择呈现出一定的差异性和共性（见图 4-3）。

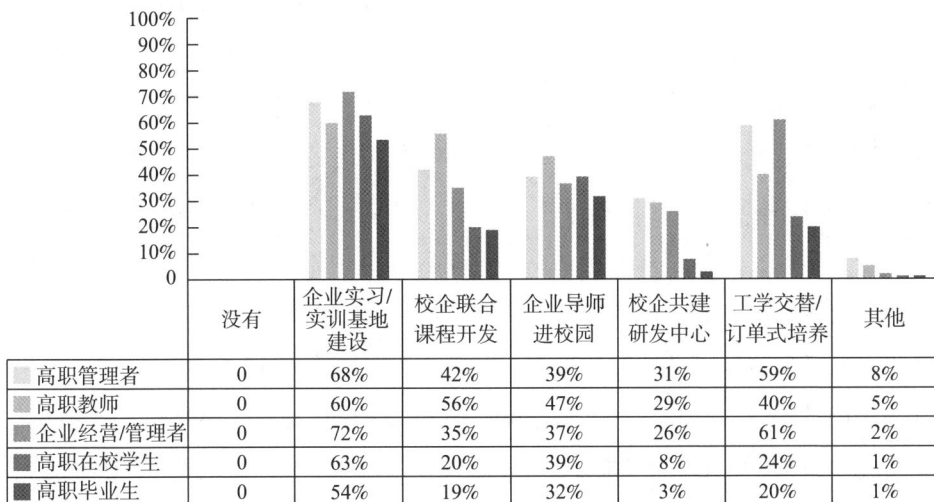

	没有	企业实习/实训基地建设	校企联合课程开发	企业导师进校园	校企共建研发中心	工学交替/订单式培养	其他
高职管理者	0	68%	42%	39%	31%	59%	8%
高职教师	0	60%	56%	47%	29%	40%	5%
企业经营/管理者	0	72%	35%	37%	26%	61%	2%
高职在校生	0	63%	20%	39%	8%	24%	1%
高职毕业生	0	54%	19%	32%	3%	20%	1%

图 4-3 参与的产教融合活动调查结果

高职管理者中，有68%选择了企业实习/实训基地建设，59%选择了工学交替/订单式培养，显示出高校对实践教学模式的重视；而校企共建研发中心的选择比例仅为31%，相对较低。

高职教师中，56%参与了校企联合课程开发，47%有企业导师进校园的经历，这体现了教师在产教融合中的积极参与，但同样，选择校企共建研发中心的比例仅为29%。

企业经营/管理者中，72%选择了企业实习/实训基地建设，61%选择了工学交替/订单式培养以直接对接人才需求，而校企共建研发中心仅占26%。

高职在校学生中，63%选择了企业实习/实训基地建设，39%提到了企业导师进校园，而对于校企共建研发中心的经历或认知，仅有8%的高职在校生表示有所了解。

综合分析，可以看出企业实习/实训基地建设、工学交替/订单式培养以及校企联合课程开发是当前产教融合活动的主要形式。相比之下，校企共建研发中心虽然被视为深化产教融合的关键途径，但由于其复杂性和资源需求较高，实际参与度普遍较低。这反映了在当前阶段，推进产教融合还需进一步探索更加灵活多样的合作模式，同时加强政策支持和资源投入，以促进校企共建研发中心等深层次合作形式的发展。

"您所在的专业/企业是否组织或参与了跨省市的产教融合活动？"这一问题的调查结果（见图4-4）显示如下。

高职管理者中，有39%表示没有组织或参与跨省市产教融合活动，这可能与院校的地域性限制、资源分配以及合作网络的构建有关。然而，选择"有，在京津冀地区"的比例达到了38%，显示出京津冀地区内部的产教融合活动较为活跃。选择"有，包括京津冀地区和其他地区"的比例为18%，表明部分院校已经突破了地域限制，开展了更广泛的合作。仅有5%的高职管理者表示在其他地区有产教融合活动，但未涉及京津冀地区。

高职教师中，没有组织或参与跨省市产教融合活动的比例略低，为38%，这可能与教师个人研究兴趣、学术交流的需求有关。选择"有，在京津冀地区"的占29%，显示出教师群体对京津冀地区产教融合活动的积极参与。同

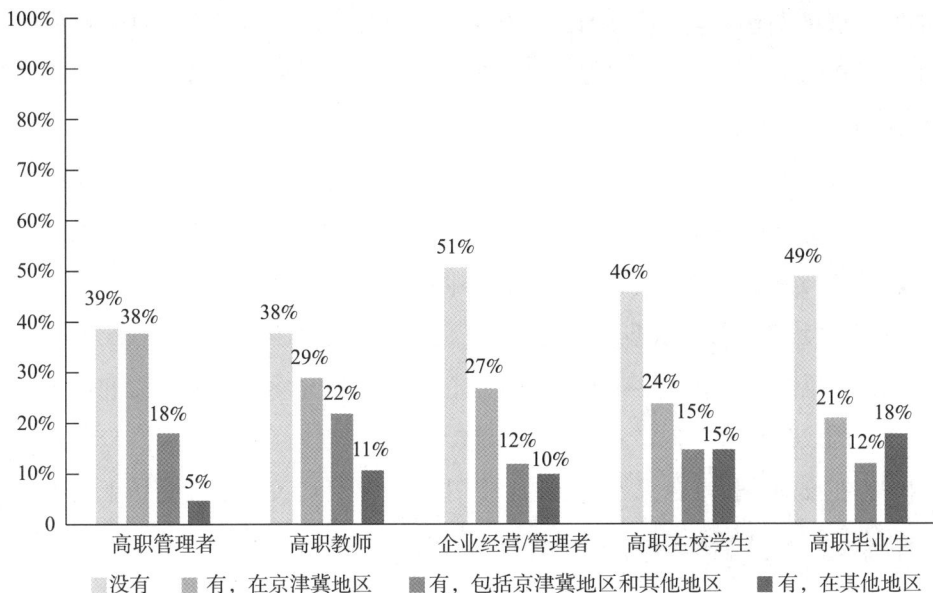

图 4-4　组织或参与了跨省市的产教融合活动调查结果

时，有 22% 的教师表示参与了包括京津冀在内的多地产教融合活动，体现了教师在跨区域合作中的桥梁作用。选择"有，在其他地区"的比例为 11%。

企业经营/管理者中，没有组织或参与跨省市产教融合活动的比例最高，达到了 51%，这可能与企业的市场定位、业务范围以及合作成本有关。选择"有，在京津冀地区"的比例也相对较高，为 27%，表明京津冀地区的企业在区域合作中扮演了重要角色。仅有 12% 的企业经营/管理者表示参与了包括京津冀在内的多地产教融合活动，而 10% 的企业经营/管理者则在其他地区有活动。

高职在校学生和高职毕业生的回答呈现出相似的特征。高职在校学生中，没有组织或参与跨省市产教融合活动的比例为 46%，而选择"有，在京津冀地区"的占 24%。高职毕业生中，没有组织或参与的比例为 49%，而在京津冀地区有活动的比例为 21%。这两类受访者中选择"有，包括京津冀地区和其他地区"的比例均较低，分别为 15% 和 12%，表明学生在校期间参与跨省市产教融合活动的机会相对有限。

从整体比较分析来看，选择"没有"组织或参与跨省市产教融合活动的比例都是最高的，这反映了当前跨省市产教融合活动仍面临诸多挑战和障碍。

同时，京津冀地区作为重要的区域合作平台，在推动产教融合活动方面发挥了积极作用。然而，真正实现区域内的产教融合广泛深入合作，还需要进一步加强政策引导、资源共享和机制建设。

在"您所在的专业/企业组织或参与的京津冀地区的产教融合活动包括哪些？"的调查中，从图4-5中可以看出，各类受访者对于京津冀地区产教融合活动的参与情况呈现出一定的共性，即企业实习/实训基地建设和工学交替/订单式培养是最受欢迎的活动形式，而校企共建研发中心的选择比例普遍较低。这反映了当前京津冀地区产教融合活动在提升学生实践能力和促进就业方面的成效显著，但在科研合作、技术创新方面的合作仍需进一步加强。同时，在推动产教融合深入发展的过程中，需要更加关注各类受访者的需求和特点，构建更加多元化、深层次的合作机制。

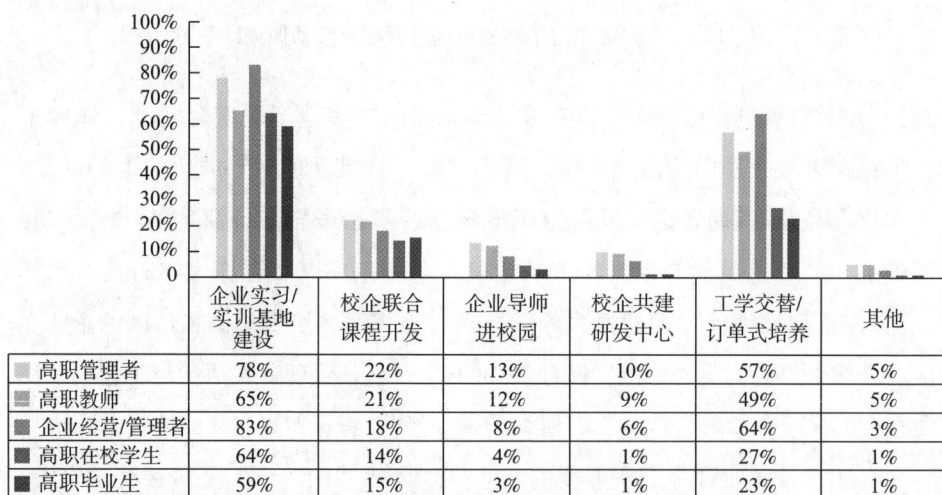

	企业实习/ 实训基地 建设	校企联合 课程开发	企业导师 进校园	校企共建 研发中心	工学交替/ 订单式培养	其他
高职管理者	78%	22%	13%	10%	57%	5%
高职教师	65%	21%	12%	9%	49%	5%
企业经营/管理者	83%	18%	8%	6%	64%	3%
高职在校学生	64%	14%	4%	1%	27%	1%
高职毕业生	59%	15%	3%	1%	23%	1%

图4-5　组织或参与的京津冀地区的产教融合活动调查结果

"您认为现有产教融合活动对提升学生专业技能和实践能力的帮助如何"的调查结果（见图4-6）显示，高职管理者中，72%认为现有产教融合活动对提升学生专业技能和实践能力"非常有帮助"，另有24%认为"有一定帮助"，仅有4%表示"帮助不大"，无人选择"没有帮助"。这表明高职管理者普遍对产教融合活动持积极态度，认为其在提升学生能力方面发挥了重要作用。

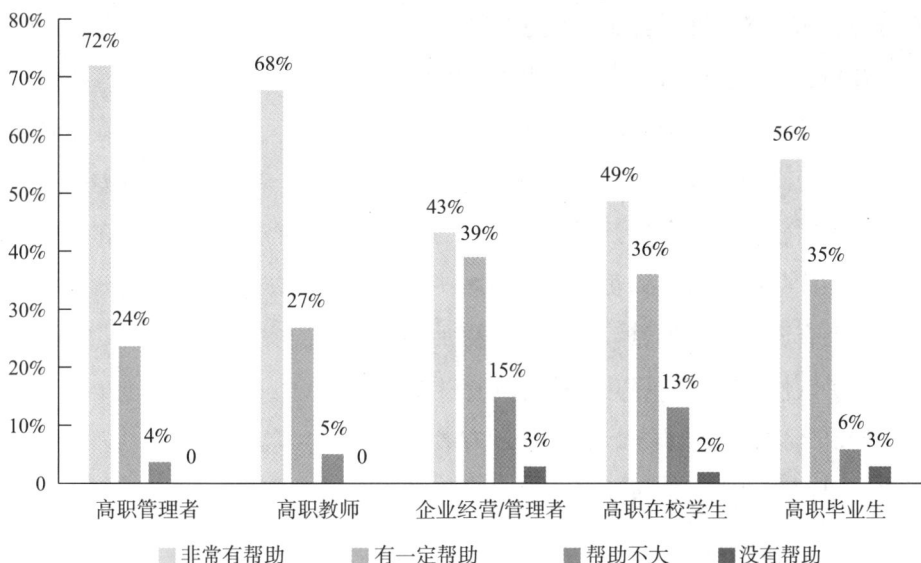

图 4-6　现有产教融合活动对提升学生专业技能和实践能力的帮助调查结果

　　高职教师的看法与高职管理者相似，但略有不同。68%的教师认为产教融合活动"非常有帮助"，27%认为"有一定帮助"，而认为"帮助不大"的比例为5%，同样无人选择"没有帮助"。教师作为直接参与教学和学生培养的人员，对产教融合活动的实际效果有更直接的感受，因此其高认可度进一步证实了活动的有效性。

　　企业经营/管理者的态度则相对保守一些。43%的企业经营/管理者认为产教融合活动"非常有帮助"，39%认为"有一定帮助"，但也有15%表示"帮助不大"，3%选择了"没有帮助"。这反映了企业在参与产教融合活动时，可能更关注活动的实际效益和与企业的直接关联性。

　　49%的高职在校学生认为产教融合活动"非常有帮助"，36%认为"有一定帮助"，有13%表示"帮助不大"，2%选择了"没有帮助"。这表明学生作为产教融合活动的直接受益者，普遍感受到了活动对提升自身能力的积极作用。

　　高职毕业生的看法则更为实际。56%的毕业生认为产教融合活动"非常有帮助"，选择"有一定帮助"的比例为35%，同时有6%表示"帮助不大"，3%选择了"没有帮助"。这可能与毕业生在就业市场中的实际体验有关，他们可能更加关注活动对就业和职业发展的直接帮助。

各类受访者普遍认为现有产教融合活动对提升学生专业技能和实践能力有一定帮助，其中高职管理者和高职教师的认可度最高，企业经营/管理者相对保守，而高职在校学生和高职毕业生的看法则较为积极，但略有差异。这反映了产教融合活动在提升学生能力方面得到了广泛认可，但也存在一些需要改进和优化的地方，以更好地满足各类参与者的需求和期望。同时，在推动产教融合深入发展的过程中，需要更加注重活动的实效性和与企业、学生的直接关联性，以不断提升活动的质量和效果。

针对"您认为影响产教融合活动有效性的主要因素有哪些？"这一问题，结果（见图4-7）及分析如下。

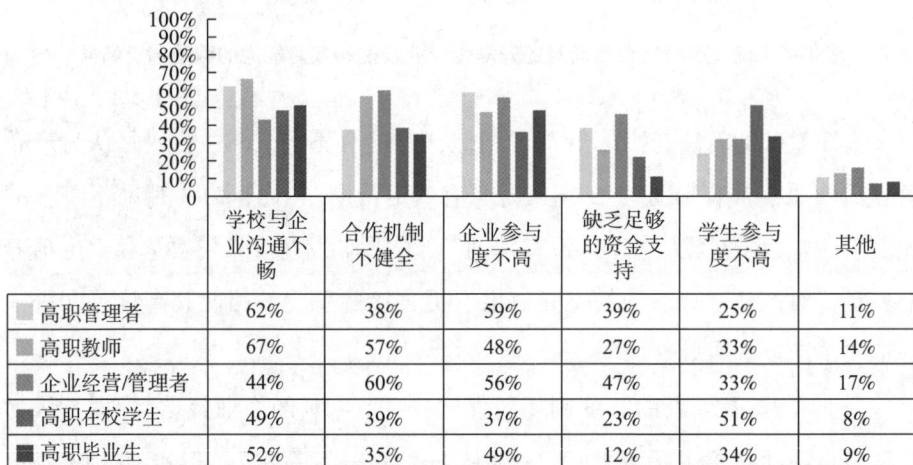

	学校与企业沟通不畅	合作机制不健全	企业参与度不高	缺乏足够的资金支持	学生参与度不高	其他
■ 高职管理者	62%	38%	59%	39%	25%	11%
■ 高职教师	67%	57%	48%	27%	33%	14%
■ 企业经营/管理者	44%	60%	56%	47%	33%	17%
■ 高职在校学生	49%	39%	37%	23%	51%	8%
■ 高职毕业生	52%	35%	49%	12%	34%	9%

图 4-7 影响产教融合活动有效性的主要因素调查结果

高职管理者中，多数认为影响产教融合活动有效性的主要因素包括：学校与企业沟通不畅（62%）、合作机制不健全（38%）、企业参与度不高（59%）以及缺乏足够的资金支持（39%）。此外，有11%的管理者选择了"其他"，并主要提及了政策引导不足和双方目标不一致等问题。

高职教师的看法与高职管理者相似，但侧重点略有不同。他们普遍认为学校与企业沟通不畅（67%）、合作机制不健全（57%）是影响活动有效性的主要因素。同时，也有相当比例的教师认为企业参与度不高（48%）和学生参与度不高（33%）是重要原因。选择"缺乏足够的资金支持"的教师占27%。另外，有14%的教师选择了"其他"，主要提到了教学资源分配不均和教师负担过重等问题。

企业经营/管理者的反馈中，合作机制不健全（60%）、企业参与度不高（56%）以及缺乏足够的资金支持（47%）被频繁提及。同时，他们也认为学校与企业沟通不畅（44%）是一个重要问题。选择"其他"的企业经营/管理者占17%，主要提到了知识产权保护和企业利益难以保障等担忧。

高职在校学生的调查中，学生参与度不高（51%）被认为是影响产教融合活动有效性的一个重要因素。同时，他们也认为学校与企业沟通不畅（49%）、合作机制不健全（39%）以及企业参与度不高（37%）是主要原因。选择"缺乏足够的资金支持"的学生占23%。有8%的学生选择了"其他"，主要提到了活动内容与专业不符和缺乏实践机会等问题。

高职毕业生的看法则更加实际，他们认为学校与企业沟通不畅（52%）、企业参与度不高（49%）是影响产教融合活动有效性的主要因素。同时，他们也提到了合作机制不健全（35%）和学生参与度不高（34%）的问题。选择"其他"的毕业生占9%，主要提及了就业导向不明确和职业规划不足等。

针对"哪些能力是产教融合中应重点培养的?"这一问题，调查结果见图4-8。高职管理者在调查中普遍认为，专业技能、实践操作能力和数字素养是产教融合中应重点培养的能力。他们强调，专业技能是学生的核心竞争力，实践操作则能将理论知识转化为实际应用，而数字素养则是学生未来在职场中不可或缺的技能。

高职教师的选择与高职管理者相似，但部分教师还提到了创新思维与问题解决能力的重要性，认为这有助于学生面对复杂多变的工作环境，并找到创新的解决方案。

企业经营/管理者在调查中更加看重实践操作能力、数字素养和行业规范与职业素养。他们认为，实践操作能力能直接反映员工的工作效率，数字素养则关乎团队的整体效能，而行业规范与职业素养则是员工融入企业文化、遵守行业规则的基础。

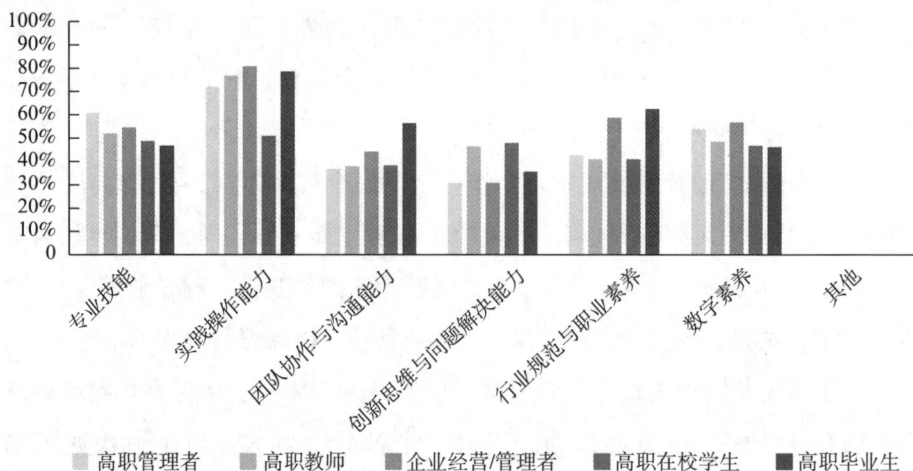

图4-8 产教融合中应重点培养的能力调查结果

高职在校学生的选择相对分散，但多数集中在专业技能、实践操作能力和创新思维与问题解决能力上。他们希望在校期间能够掌握扎实的专业技能，通过实践操作提升动手能力，并培养创新思维以应对未来的挑战。

高职毕业生的选择与高职在校学生有所不同，他们更加看重实践操作能力、团队协作与沟通能力和行业规范与职业素养。经过实习和工作的洗礼，他们深刻体会到这些能力在实际工作中的重要性，特别是对于提升工作效率和融入职场环境至关重要。

针对"您认为产教融合活动对高职学生的就业和职业发展有何影响？"这一问题，从各类受访者的反馈来看，普遍认为产教融合活动对高职学生的就业和职业发展具有正面影响（见图4-9）。其中，高职管理者和教师的认可度最高，他们多数认为活动对学生的就业和职业发展非常有正面影响。企业经营/管理者的态度相对保守，但仍有大部分认为活动具有积极影响。高职在校学生和高职毕业生的看法则较为一致，他们普遍期待并认可活动带来的就业和职业发展优势。

综合来看，产教融合活动在提升学生就业竞争力和职业发展潜力方面得到了广泛认可。然而，也存在部分受访者认为活动的影响不大，这可能与活动的实施效果、执行力度以及与学生专业课程的融合度等因素有关。因此，

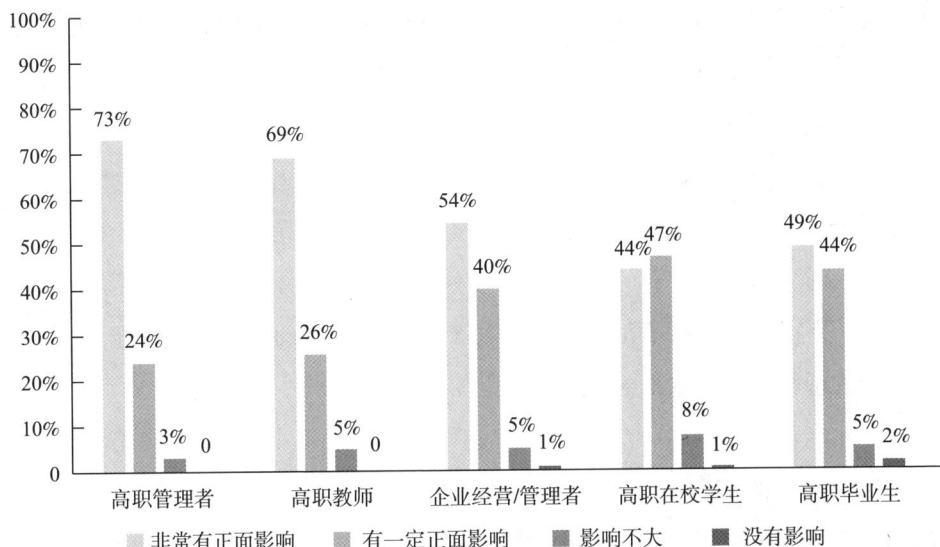

图 4-9 产教融合活动对高职学生的就业和职业发展的影响调查结果

在未来的产教融合活动中，需要更加注重活动的实效性和针对性，以满足各类参与者的需求和期望。

2. 产教融合效果评价

根据高职院校产教融合机制与深层次内涵，在问卷中重点设置了与产教融合密切相关的问题，以判断高职院校产教融合的践行情况（见图 4-10）。

高职管理者对产教融合的实施情况普遍持较为肯定的态度。他们认为学校重视与企业合作，共同制定人才培养方案（4.5 分），课程内容与行业需求

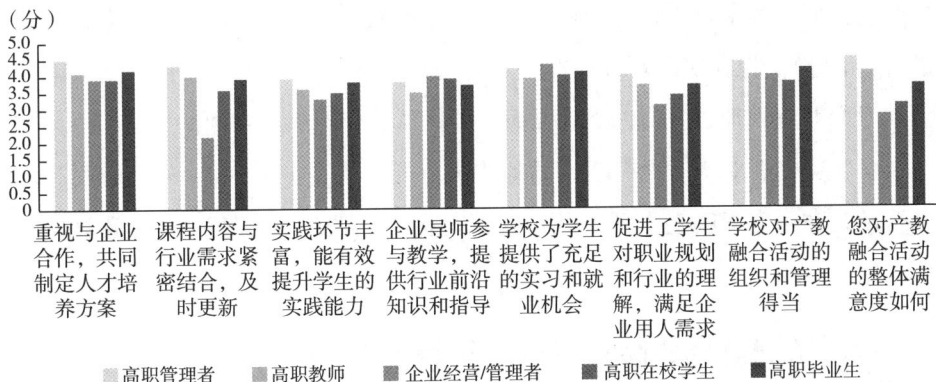

图 4-10 产教融合效果评价调查结果

101

紧密结合，及时更新（4.3分），且学校对产教融合活动的组织和管理得当（4.4分）。但在实践环节丰富度（3.9分）和企业导师参与度（3.8分）方面，认为仍有提升空间。

高职教师对产教融合实施情况的评价略低于管理者。他们认可学校重视与企业合作，共同制定人才培养方案（4.1分）和课程内容与行业需求紧密结合，及时更新（4.0分），但认为在实践环节（3.6分）和企业导师参与教学（3.5分）方面存在不足。此外，对于产教融合活动促进学生对职业规划和行业的理解方面，教师给出的评分为3.7分。

企业经营/管理者对产教融合的实施情况认可度不高。他们认为学校为学生提供了充足的实习和就业机会（4.3分），但在共同制定人才培养方案（3.9分）、课程内容与行业需求紧密结合（2.2分）、产教融合活动对企业人才需求满足度的贡献（3.1分）、实践环节丰富度（3.3分）方面，他们认为仍有很大的改进空间。

高职在校学生对产教融合的实施情况评价相对较低。他们认可学校重视与企业合作，共同制定人才培养方案（3.9分），但对课程内容与行业需求结合度（3.6分）和实践环节丰富度（3.5分）表示不满。此外，他们认为产教融合活动在促进职业规划理解方面的程度不足（3.4分），但对企业导师参与教学给予较高评价（3.9分）。

高职毕业生对产教融合的实施情况评价介于高职在校学生和其他受访者之间。他们认为学校重视与企业合作（4.2分），且对提供实习就业机会有帮助（4.1分）。但在实践环节（3.8分）、企业导师参与（3.7分）和产教融合活动对职业规划理解（3.7分）方面，他们认为仍有提升空间。

各类受访者对产教融合活动的整体满意度平均得分为3.64分，表明产教融合活动在一定程度上得到了认可，但仍需不断改进和完善，以提升整体实施效果。

四、京津冀高职院校发展科教融汇条件

一是京津冀协同发展战略为科教融汇提供广阔舞台。自2014年《京津冀

协同发展规划纲要》(简称《纲要》)发布以来,京津冀地区已成为国家推动区域协同发展的重要引擎。根据《纲要》要求,京津冀地区将打造"以首都为核心的世界级城市群",其中,教育、科技和人才的协同发展是关键一环。数据显示,截至2023年,京津冀地区拥有高职院校共114所,为科教融汇提供了丰富的教育资源和实践平台。

二是政策引导下的科教融合路径清晰。近年来,京津冀三地政府相继出台了一系列政策文件,如《京津冀协同发展教育专项规划》《北京市职业教育改革实施方案》等,均明确提出要深化职业教育改革,促进教育与科技、产业的深度融合。特别是《北京市职业教育改革实施方案》中指出,要"探索建立职业教育与科技产业深度融合机制,推动职业院校与科研机构、企业共建产教融合实训基地",为科教融汇提供了明确的政策导向和实践路径。

三是产业升级对高技能人才需求激增。随着京津冀地区产业结构的不断优化升级,特别是高端制造业、现代服务业、数字经济等领域的快速发展,对高素质技术技能人才的需求日益迫切。2023年,《京津冀产业协同发展实施方案》印发,提出"到2025年,京津冀产业分工定位更加清晰,产业链创新链深度融合""现代化产业体系不断完善,培育形成一批竞争力强的先进制造业集群和优势产业链""产业协同发展水平显著提升,对京津冀高质量发展的支撑作用更加凸显"。其中重点任务包括"提升产业基础高级化和产业链现代化水平""增强区域产业创新体系整体效能""协同打造数字经济新优势"等,这一趋势要求高职院校必须加强与科技产业的融合,通过科教融汇培养更多符合市场需求的高素质技术技能人才。[①]

五、京津冀高职院校专创融合的可行性

(一)政策引领下的专创融合机遇

近年来,随着京津冀地区产业结构的持续优化升级,对具备创新精神和

---

① 李雁争.京津冀产业协同发展实施方案发布提出八大重点任务[N].上海证券报,2023-05-24(005).DOI:10.28719/n.cnki.nshzj.2023.002222.

技术技能复合型人才的需求日益迫切。据《中国人才发展报告（2022）》，京津冀区域在高技能、复合型人才领域的缺口持续扩大，预计至2025年，该区域高技术技能人才短缺量将接近400万人。为应对这一挑战，国家层面连续出台了一系列政策，为高职院校专创融合提供了坚实的政策支撑。2015年，《国务院办公厅关于深化高等学校创新创业教育改革的实施意见》明确提出，要将创新创业教育融入人才培养全过程，强化专业教育与创新创业教育的有机融合，为高职院校专创融合指明了方向。教育部《关于深化职业教育教学改革全面提高人才培养质量的若干意见》进一步强调，要"推动创新创业教育与专业教育的深度融合，将创新创业教育贯穿于人才培养的全过程"。2015年《纲要》中也明确指出，要"加强职业教育与产业发展的对接，推动产教融合、校企合作，培养一批高素质技术技能人才和创新型人才"。这些政策的密集出台，不仅体现了国家对高职院校专创融合的高度重视，也为京津冀地区高职院校探索专创融合路径提供了明确的政策导向和强大的动力。

（二）资源互补下的专创融合基础

一方面，高职教育作为专业知识传授、技能锤炼以及学生创新能力孵化的重要平台，其核心任务在于通过专业教育奠定学生的行业基础。与此同时，创新创业教育的着力点在于点燃学生的创新火花、涵养创业意识并强化其实践能力，两者在促进学生全面发展这一目标上展现出高度的一致性。尽管它们侧重点各异，但最终汇聚于一点，即为社会输送既懂专业知识又具创新精神的复合型人才，为完成高职教育的使命提供了强有力的支撑。基于岗位创业的视角，创新创业教育所孕育的"专业+创业"型人才，其独特优势在于能够将深厚的专业知识与技能转化为工作中的创新实践，为所在企业带来实质性的价值增长和创新动力。

从实际操作的角度看，高职院校已普遍将创新创业教育纳入教学体系，旨在培养学生的创新思维与创业技能。然而，在推进过程中，仍面临一系列挑战，如专业教育与创新创业教育之间的融合不够紧密、存在"两张皮"现象，以及院校层面对专创深度融合战略意义的理解尚不充分等。这些问题在一定程度上阻碍了高职院校在培养高素质创新型技术技能人才方面的步伐，亟须通过深化教育改革，促进专业与创新创业教育的有机融合，以更好地适应经济社会发展对人才的需求。

另一方面，创新创业教育扮演着桥梁角色，将学生与行业动态、企业最新技术及未来趋势紧密相连，为专业教育体系引入了鲜活的教学理念与实践技能。同时，深厚的专业教育积累为创新创业教育提供了坚实的理论基础与实践平台，两者在资源获取与环境构建上形成了紧密的相互依赖与促进关系。通过资源共享与优化配置，高职院校的专业教育与创新创业教育能够各取所需、相得益彰，共同促进创新型高技术技能人才培育体系的升级。这一过程不仅强化了高职院校的竞争力与适应力，更为其走更加注重质量与内涵的发展路径注入了强大动力，有力推动了高职教育的整体跃升与可持续发展。

第三节　京津冀基于产学研创的高职产教深度融合问题样态

一、规划定位模糊

职业教育作为一种"类型教育"，产教融合是其本质属性，这让职业教育与社会产生一种天然的联系。然而从实际情况来看，一方面，高职院校在制订院校发展规划时往往忽略将产教融合作为执行载体来解决高职院校高质量发展问题，而是将其作为执行目的进行规划，作为表现形式而非发展手段的结果为当下的高职产教融合普遍浮于表面，缺乏层次性和全面性。另一方面，目前京津冀地区高职院校仍普遍存在"独角戏"思维惯性，容易忽略产教融合的外延和范畴，从院校内部来看，在长期规划中多为抽象性的规划文本，缺少细化的目标任务和内容，"产学研创"的相关规划过于分散，未成体系，没有形成完整闭合的内容链、任务链和责任链，因而与其他参与主体的合作规划呈现短期性和碎片化特征，导致社会资源整合的弱化，不利于产教深入融合；从外部合作来看，高职院校缺少与区域内其他高职院校或本科院校合作共研发展的思维意识，导致区域高职产教融合呈现同质化趋势，无法与京津冀区域产业链形成良好衔接。因此高职院校的产教融合从规划伊始就无法真正融入社会环境中，呈现出高职院校与区域发展"若即若离"甚至割裂的情况，进而出现校企合作不深入、课程设置不合理、人才培养不符合行企需求等衍生问题，陷入内卷式发展的怪圈。

高职院校对于产教融合规划和定位的模糊，使得京津冀区域高职院校的产教融合严重脱离与京津冀协同发展的应然关系，在实然状态下，京津冀协同带来的相关效应未能实现最大化利用与整合，产教融合尚未形成预期内的正反馈机制。

二、科研能力薄弱

数字经济时代背景下，区域产业亟须向数字化、智能化转型升级。从实践角度看，新质生产力的进阶要求经济发展以智能化、数字化为方向，瞄准新兴产业、未来产业，坚持自主创新，培育创新型人才。这进一步要求各类技能要随着产业的数字化转型升级生产技术新工艺、新要求的推陈出新而不断更新迭代，职业教育走科教融汇发展的新路径成为必然；深化产教融合，在产学研创模式中促进与京津冀区域产业链紧密结合、加大技术技能的研发和创新投入，更是技能前瞻性发展的有效实践途径。然而从当前情况来看，高职院校在产学研创模式中始终存在突出问题。

1. 科研定位模糊

高职院校缺乏科教融汇的实际经验和新视域下有效的科研规划，导致科研定位不准确，科研方向不明晰，科研经费分配不合理。高职院校大多是学校层面要求科研考核指标，但对科教融汇平台下的有组织的科研内容、科研项目与专业的适配性要求极低，教师大多处于自发、分散的科研状态，且由于专业的技能研究耗费时间长、成果难保证，主要围绕容易取得科研成果的职业教育理论进行研究，因此难以形成专业性的团队科研合力，学生在这一过程中无法参与。同时，由于高职院校对企业实际技术技能需求不关注以及企业对于高职院校科研水平不信任，造成大多数校企科研合作演变为"走过场"，为了完成任务而科研，科研流于形式。

2. 科研动力不足

高校林立的地市级或经济发达地区，政府、科研机构更倾向于与本科院校进行科研合作，对高职院校专业技能方面的科研资源投入非常有限，并且由于高职院校仍普遍停滞在理论研究的思维，且科研评价方式大多是显性的、易考核的，导致高职院校压缩科研资源或挪用科研资源。内外因素的综合影响导致高职院校在产学研创过程中科研动力明显不足。

3. 科研成果转化能力不足

高职院校在科研成果的转化上，一方面，囿于产学研三方的体制机制的限制，加之缺乏市场化意识和运营手段，创新性运用科研成果进行孵化并转化为产业化效应的基础薄弱，科研成果转化产出的生产能力和先导技能的传导能力不足；另一方面，科研成果转化的成果基础与建立在产业需求角度的，以"用"为出发点的新技术、新工艺、新材料、新产品的快速变化存在一定的滞后性，无法满足新产业的发展。成果转化与生产要素的低效互动影响院校产学研创中科研成果转化能力的有效运用。

三、数字转型滞后

高职院校的产学研创模式需要以数字化为驱动，推动跨学科交叉联动，深度整合产学研创各个环节，充分利用数字资源和数字技术打造数字化产教融合协同平台，实现信息交融共享。然而，高职数字化转型还存在转型条件不充分、职业教育数字治理不到位、教师数字素养有待提升的现实困境。

1. 转型条件不充分

数字基础设施是数字化转型的技术基础，健全的基础设施是培养学生数字技能、提升高职院校数智化治理水平的重要条件。然而，目前数字化转型的基础设施不完善，条件不足。

一是数字化软硬件设备滞后。大部分高职院校受经费限制，设备更新不及时，系统老旧无法满足实训室教学需求，容易出现使用卡顿、教学平台无法正常运行的窘境。二是数据共享不足，存在数据重复录入和重复采集的现象，各部门之间的数据互联互通性低，影响信息的正确性和数据使用的效率。三是数据处理水平亟须提高。相关人员数据分析处理能力不足，导致各主体间的信息不对称情况加剧，无法及时满足师生在不同教学场景下的差异化需求，不利于高职院校的数字化转型。

2. 职业教育数字治理不到位

京津冀区域内的高等职业院校均已认识到，学校的高质量发展与数字化转型的密切相关性，然而数据多但利用率低、平台多但不兼容的两大突出问题成为高职院校数字化转型的痛点。

一方面，高职院校经常收集内部教育管理数据或参与外部产业数据的收集，但数据收集的全面性远远不足以支撑高职院校的科学管理与决策。同时，高职院校的管理模式本质仍未发生变化，在产教融合相关决策中仍然存在"经验主义"，未考虑数字化的智力支撑，数据采集往往只用于统计而非分析，利用率极低。另一方面，教育行政部门、高职院校等机构或组织所建设的在线教育平台数量多且种类繁多，然而各平台间缺乏统一的数据采集、存储和操作标准，使得数据难以互通，数字治理通道闭塞。

3. 教师数字素养有待提升

一是教师提升数字素养的主动性和积极性较低，缺乏数字化、信息化教学意识；二是培训内容与数字教育脱节，培训工作普遍被教师甚至高职院校视为一种工作任务，在培训内容的把控和培训成果的检验上缺少针对性，对于教师队伍的数字素养提升无益；三是教师缺乏数字化应用和创新能力，这里的应用能力泛指对于教学内容在数字化上的开发和创新能力，在课堂教学中和教学管理中难以将数据或数字工具充分利用，对数字技术普遍表现出疏离感。

四、协同机制缺失

1. 目标定位不协同：主体认知和利益诉求不一致

数字经济下，产教融合想要实现可持续、高质量发展，必须考虑到不同主体的利益，但各主体在产教融合过程中存在利益诉求不同，甚至冲突的情况，进而产生治理矛盾。其本质在于各主体之间的本位主义价值观不同而导致各主体对高职教育产教融合协同目标的认识不足。高职院校作为肩负着培养高素质数字化技能人才的核心主体，其产教融合的目标更多聚焦于育人层面，即培养学生的数字化素质和职业素养，提高学生就业质量，发挥产教融合的实践育人功能；政府作为我国公共事务权威管理主体，在产教融合中更为注重产教融合对产业的支撑价值，即服务区域数字经济产业链，推动区域数字经济发展；企业则希望通过产教融合获得符合企业需求的高素质数字化技术技能人才，同时，大部分企业特别是中小企业处于数字化转型的初级阶段，希望能够依托高职院校的智力、师资等资源助推企业转型升级，协助攻克企业技术难题。综上来看，各主体利益导向有较大差异，造成多元主体协同合作多浮于表面。

2. 过程管理不协同：资源整合利用度和配合度不高

党的二十大报告提出"统筹职业教育、高等教育、继续教育协同创新，推进职普融通、产教融合、科教融汇，优化职业教育类型定位"，再次明确了职业教育的发展方向，产教融合也是职业教育区别于其他教育类型的根本特征。虽然目前高职院校意识到多元主体参与的必要性，但过程中往往流于形式，经常出现"走过场"现象，即在过程中选择性地、完成任务性地开展产教融合，造成产教"融"而"不合"，忽视了层次性和系统性，导致资源整合利用能力不高。具体表现在以下两个方面。一是缺少层次性，中小企业缺失。当前我国市场结构中，中小企业在所有经济主体中占比超过95%，提供了超过80%的城市就业岗位。中国工业互联网研究院发布的《中小企业数字化转型发展报告（2023年)》显示，目前超七成企业数字化水平进入局部优化及以上阶段，中小企业开展数字化转型的主观意愿、基础条件、能力水平持续向好，成为数字经济发展的重要力量。仅在天津经济技术开发区，数字经济核心产业企业已超过4000家，涵盖数字产品制造业、数字产品服务业、数字技术应用业、数字要素驱动业等领域。然而，在产教融合过程中，高职院校往往寻求知名企业或行业龙头企业进行合作，与大型企业合作成为衡量学校办学实力的重要标准，从而忽视了与中小企业合作的可能。二是缺乏系统性。学校作为育人主体，对当前数字经济市场下产业结构、人才需求、最新数字化技术和产业发展趋势敏感性不足，然而高职院校在开展产教融合的过程中主观上仍然依赖学校自身决策，在人才培养方案制定、课程设置、师资培养等方面往往是"先决策后调研"，而非在充分调研基础上进行系统性决策，其他相关主体未能充分发挥其作用，将其利益诉求深度融入高职院校产教融合发展规划之中，导致院校决策具有一定的滞后性，造成多元主体在产教融合过程中出现"貌合神离"，甚至割裂的情况，实质上是高职院校资源整合和利用能力不足的结果。

由于缺乏统一的实体化组织配置和协调，各主体间缺乏有效配合，尤其是企业作为产教融合的关键参与主体，在过程中协同意识较为淡薄，配合程度普遍不高。从应然状态来看，在数字经济背景下，高职院校与企业通过在人才培养、联合技术攻关、协同创新、社会服务等方面开展合作，可以实现互利共赢。然而在实际产教融合过程中，出现资源供需错位的现象，对于民营企业，特别是中小企业来说，其精力和资源大多用于企业的生产经营当中，无法完全满足院校以学生为中心，多形式、全方位培养的合作模式要求。同时，高职院校也难以提供完全匹配中小企业数字化转型的技术服务和高素质数字化技能人才。因而企业在产教融合过程中难以获得预期的收益，从而失去参与协同办学的动力。

3. 监督评价不协同：主体间权责和成效检验不明确

在校企合作"双元"育人过程中，想要培养数字经济背景下符合市场需求的高素质技术技能人才，离不开校企深度合作的成果实效。然而，我国当前大部分高职院校的"双元"育人停留在浅层阶段，大部分企业认为参与产教融合、协同育人等的过程，主要任务是接纳学生实习、给高职院校提供实训基地，最终成果服务于学校，对于产教融合提高企业自身员工素质，改善生产效率，协助企业进行数字化转型等方面所持的态度是不积极的。因而在学生进企实习实训时，企业不予大量时间和精力进行"因材施教"的指导，且学生实习的岗位工作技术含量较低，普遍为单调、重复性的内容，在提升学生技术技能方面影响有限，逐渐使校企协同育人流于形式，究其原因在于缺少有效合理的监督机制，同时各主体通过参与产教融合，最终获得多少实践成效也缺少合理的评价方式。

当前产教融合相关文件政策中对政、校、行、企各主体的职责没有明确细化，各主体在管理时均具有高度的独立性，主体间联结关系不强，由于缺乏必要的协调和监督机制，在产教融合过程中经常出现责任界定模糊、权责划分不清的问题，使得产教融合无法进一步深化。

4. 改善不协同：教育教学改革及信息共享不足

产教融合作为职业教育的本质特征，涉及"产""教"两大领域，在"产业"层面，数字经济背景下，高职院校产教融合重点在于对接区域数字经济产业链，服务社会经济发展，使职业教育的人才培养与数字经济下的产业结构、人才需求相匹配；在"教育"层面，当前各类数字技术迅猛发展，高职院校在人才培养模式上应逐步朝着数字化、信息化改革。但是在实际产教融合过程中，各主体间缺乏有效沟通和信息共享机制，经常出现"挂羊头卖狗肉"的情况，举例来说，2021年教育部更新职业教育专业目录，紧跟数字经济时代产业发展趋势，随后高职院校据此对各自专业名称进行变更，然而专业名称虽然改变，在人才培养方案、课程设置上却仍然存在"换汤不换药"的情况，究其原因，是由于高职院校被动接受政策文件，没有深入理解专业名称变更的背景和深刻内涵，对数字经济下的产业发展趋势、人才需求特点了解不足，导致在人才培养模式、课程体系改革上浅尝辄止，数字化教学资源建设滞后。从根本上来看，是由于各主体间沟通内容片面、沟通渠道单一、沟通效果不佳，导致信息无法有效共享而出现理解偏差、实施成效大打折扣的结果。目前，尚未建成多元主体参与的区域产教数据共享平台，因而高职院校与政府、行业、企业仍然处于"点对点"沟通的状态，无论是各主体间还是院校内部，数据信息孤岛现象依然存在，产教融合的数字化改革缺乏系统性指导和一体化建设。

五、"专创融合"不足

国家创新驱动发展战略及相关政策引导使高职院校逐渐重视"双创"教

育，然而，高职院校的人才培养目标目前仍主要聚焦于提升学生的专业技术技能，对以实现区域协同发展和推动产业升级为导向，增强学生创新创业发展能力的重视程度不足，因此"专创融合"仍存在很多亟须解决的问题。

1. 培养目标与京津冀区域产业链转型升级的需求脱节

一是随着京津冀区域协同发展的"走深走实"，跨地区协同创新成为推动京津冀一体化的重要特征，京津冀高职院校创新型技术技能人才培养目标趋于同质化；二是随着数字经济时代的到来，新兴产业以及未来产业的崛起推动融合创新发展的新浪潮，对高职院校的复合型高技术人才培养也提出了更高的要求。

目前京津冀区域面临区域产业链转型升级的新需求，急需新质生产力的参与，然而高职人才培养目标设定的滞后以及缺少对于岗位群适应能力、创新能力和综合素质进行相关设置的人才培养体系不利于推动区域产业发展。

2. 专业课程与创新创业培养融合不足

目前，多数高职院校在专业人才培养方案中开设了"大学生创新创业"的公共基础课程，同时鼓励教师指导学生参加诸如"互联网+创新创业大赛""挑战杯"等各类创新创业大赛。然而从整体角度看，高职院校对于学生创新素质的培养与专业教学课程衔接度严重不足，呈现割裂状态，在专业教学课堂中忽视对于学生创新意识的培养、创新思维的开拓以及创新能力的提升，因此"专业+创新创业"无法融会贯通，造成人才培养体系难以承担培养创新型技术技能人才的重任。

3. 实践平台设置缺乏联动机制

高职院校当前已构建多样化的实践平台，然而各平台之间缺乏联动机制，且学生更多为被动参与，资源缺乏且指导不足，同时各平台未能充分整合区域产业与行业企业实践资源，从而制约了学生专业技能与创新创业能力的综合性发展。

第五章 京津冀协同发展背景下高职院校基于产学研创的产教深度融合的实现路径

第一节 协同整合：使体制机制成为产学研创强支撑

一、协同整合遵循的原则

（一）适应性演进原则

适应性演进原则强调京津冀地区高职院校在产教融合过程中，应展现出一种从初步对接到深度整合，再到持续优化升级的动态演进路径。此原则要求职业教育体系不仅须紧密贴合当前区域产业布局的具体需求，还须具备前瞻性视野，能够准确预判并灵活适应未来产业转型与技术革新的发展趋势。

京津冀地区作为中国经济发展的重要引擎，其产业结构复杂多变，涵盖了从传统制造业到高新技术产业的广泛领域，因此，高职院校的办学机制、科研方向及人才培养模式必须随之动态调整，确保教育链、人才链与产业链、创新链的有机衔接，形成一种动态平衡与持续优化的耦合机制。

（二）差异化协同原则

基于京津冀地区内部经济发展的不均衡性和产业布局的差异性，差异化协同原则成为推动高职院校产教融合的关键。该原则借鉴了区域经济学中的比较优势理论，强调各地应根据自身资源禀赋、产业特色及发展阶段，制定差异化的产教融合策略。例如，北京市作为科技创新中心，其中的高职院校应侧重于技术研发与创新型人才培养；天津市应依托港口经济和先进制造业，强化相关专业建设与实训基地建设；河北省则可根据地方产业需求，重点发展现代农业、环保技术等领域的职业教育。这种差异化定位不仅有助于提升各地区的核心竞争力，还能促进区域内的资源互补与协同合作，形成优势互补、错位发展的产教融合新格局。

（三）市场机制主导与政府引导并重原则

在京津冀高职院校产教融合的实践中，市场机制的主导作用不可忽视。市场机制能够有效配置资源，促进知识成果的高效转化与技术的快速迭代，是推动产教深度融合的内在动力。高职院校应积极探索工学交替、订单式培养等市场化运作模式，让企业在人才培养过程中发挥更积极作用，实现人才供给与市场需求的有效对接。然而，完全依赖市场调节也可能导致资源配置的盲目性和短期行为，影响产教融合的深度与质量。因此，政府部门的宏观指导与政策支持显得尤为重要。政府应通过制订发展规划、提供财政补贴、优化营商环境等措施，引导和支持高职院校与行业企业的深度合作，特别是在战略性新兴产业上，政府的引导性政策激励能够弥补市场机制的不足，确保产教融合的可持续发展。

（四）开放共享与互利共赢原则

开放共享是京津冀高职院校产教融合深入发展的必要条件。在全球化背景下，京津冀地区应树立开放合作的理念，鼓励高职院校与国内外知名企业、研究机构广泛地建立合作关系，共享优质教育资源、科研平台和技术成果。通过建立产学研用协同创新联盟、产业技术研究院等，促进知识、技术、人才等创新要素的跨区域流动与高效配置，加速技术成果的产业化进程。同时，互利共赢是维系这种合作关系的基石。高职院校应注重提升服务区域产业发展的能力，为企业提供定制化的人才培养和技术支持，而企业也应积极参与人才培养过程，通过实习实训、共建实验室等方式，为学生提供真实的职业环境和实践机会，实现教育链、人才链与产业链、创新链的深度融合与共赢发展。

（五）创新驱动与持续发展原则

创新驱动是京津冀高职院校产教融合的核心战略。面对日益激烈的国际竞争和快速变化的市场需求，高职院校应将创新作为引领发展的第一动力，不断探索产教融合的新模式、新路径。这包括但不限于：建立产学研深度融合的创新平台，促进科技成果的快速转化；推行项目制、问题导向的教学模式，激发学生的创新思维与实践能力；加强与行业领军企业的合作，共同开展前沿技术研究与应用推广。同时，持续发展原则要求高职院校在产教融合过程中，不仅要关注短期的经济效益和社会效益，更要着眼于长远，构建可持续发展的职教体系与产业生态，确保产教融合的成果能够持续服务于区域经济的转型升级和社会进步。

二、政策维度：深化政策协同机制，强化京津冀高职教育产教深度融合的政策导向

（一）构建系统化的区域高职教育产教融合政策框架

1. 确立区域政策的主导地位与战略导向

在京津冀协同发展的战略框架下，高职产教融合的深入推进需依托层次分明、协同联动的政策体系。国家层面的宏观指导政策为产教融合奠定了基调，指明了高职教育与产业深度融合、服务国家经济转型与产业升级的总体方向。在此背景下，京津冀地区作为我国经济发展的重要引擎，其高职产教融合的推进更需精准对接区域经济社会发展需求，确立区域政策的主导地位与战略导向。京津冀三地应共同编制区域层面的高职产教融合协同发展规划，该规划应成为连接国家宏观指导与地方具体实践的桥梁。规划需深入分析区

域产业结构特点、人才需求趋势及高职教育现状，明确产教融合的目标体系、实施路径与重点任务。通过政策引导，促进教育链、人才链与产业链、创新链的有机衔接，形成产教深度融合的区域特色与优势。

同时，京津冀三地政府应强化政策协同，建立跨区域政策沟通机制，确保政策导向的一致性与互补性。地方层面的具体实施细则应紧密围绕区域协同发展规划，结合本地实际，细化政策措施，增强政策的可操作性与针对性。通过构建一套层次分明、协同联动的政策体系，在明确的战略指引下，京津冀地区的高职产教融合将得以高效有序地推进，为区域经济社会发展提供坚实的人才支撑与智力支持。

2. 强化京津冀三地政策的差异化与互补性

鉴于京津冀三地经济发展水平、产业结构布局及教育资源禀赋的显著差异，需在高职产教融合政策制定上，秉持差异化与互补性原则，以实现区域教育链、人才链与产业链、创新链的深度融合与协同发展。北京市应充分利用其科技创新高地和高端产业集聚的优势，出台政策鼓励高职教育与科研机构、高新技术企业的紧密合作，推动教育教学改革与科技创新的深度融合，为首都经济高质量发展提供高技能人才支撑。天津市则应依托其深厚的制造业基础，特别是先进制造业和智能制造领域，制定政策引导高职教育向这些关键领域聚焦，通过校企合作、工学交替等方式，培养符合市场需求的高技能制造人才。河北省在高职产教融合政策设计上，需紧密结合自身传统产业转型升级和现代农业发展的实际需求，出台政策激励高职教育与传统产业深度融合，推动传统产业技术革新与人才升级，同时加强农业职业教育，为乡村振兴战略提供坚实的人才保障。

通过京津冀三地政策的差异化定位与互补性安排，京津冀地区不仅能够实现高职教育资源的优化配置与共享，还能促进区域内产教融合的深度发展，形成各具特色、优势互补、协同共进的高职教育发展新格局，为京津冀协同发展注入强劲的动力。

3. 优化政策体系以破解协同发展难题

京津冀高职产教融合在推进过程中，遭遇了诸多共性与个性并存的难题，诸如体制机制不畅、资源配置失衡、人才流动受阻等，严重制约了协同发展的步伐。为此，政策体系的优化成为破解上述难题的关键所在。

一是通过政策创新打破行政区划界限，构建跨区域的教育资源共享与合作机制。政策应鼓励和支持京津冀三地的高职院校、科研机构及企业开展深度合作，实现教育资源、科研平台与产业资源的互联互通，形成协同发展的新格局。二是需充分利用财政补贴、税收优惠等经济杠杆，激发企业参与高职教育的积极性与主动性。政策应明确企业在产教融合中的主体地位，通过税收优惠、资金扶持等措施，引导企业深度融入教育过程，共同培养符合市场需求的高素质技能型人才。三是优化人才流动政策，促进师资队伍与科研人员的跨区域交流与合作。政策应放宽人才流动限制，建立灵活的人才引进与培养机制，鼓励优秀教育人才在京津冀地区自由流动，为高职产教融合提供坚实的人才支撑。

通过政策体系的优化与创新，京津冀高职产教融合将得以在更加开放、协同、高效的政策环境中深入推进，为区域经济社会的高质量发展贡献力量。

（二）建立专项的高职产教融合政策体系

1. 构建系统化的高职产教融合协同发展政策架构

京津冀地区的高职院校产教融合实现协同发展，需要构建一个全面且系统的政策架构，以强化政策间的协同性和连贯性。相较于其他区域，京津冀在地理、经济、文化等方面具有独特的优势，因此，其关于高职院校的产教融合政策应更加注重区域特色的体现。尽管当前京津冀已出台多项政策支持高职教育发展，但在产教深度融合方面，专项政策的完备性、衔接性和可操作性仍有待加强。为此，一方面需要细化政策内容，明确产教融合的具体目标、实施路径及保障措施，形成一套涵盖规划、执行、评估与反馈的闭环政策体系。此体系应充分体现京津冀区域特色，紧密对接区域经济社会发展需求，为高职产教融合提供精准的政策导向。另一方面，需强化政策间的协同与整合，打破部门壁垒，促进跨部门、跨地区的政策联动。通过政策协同机制，确保各项政策在目标设定、资源配置、措施实施等方面的相互衔接与补充，形成政策合力，避免政策碎片化。

2. 制定差异化的高职产教融合政策策略

京津冀地区内部各省市在经济发展水平、产业结构、教育资源等方面存在显著差异，这要求在制定高职产教融合政策时，必须充分考虑地区差异，实施差异化的政策策略。一方面，要根据各省市的实际情况，制定体现当地特色的产教融合政策，如针对北京市的高端服务业、天津市的先进制造业、河北省的传统产业升级等，分别制订与之相匹配的人才培养方案、实训基地建设规划等。另一方面，要注重政策的前瞻性和创新性，鼓励和支持高职院校与行业企业在人才培养模式、课程设置、技术研发等方面开展深度合作，探索产教融合的新模式、新路径。同时，要加强政策对产教融合过程中可能出现的风险和挑战的预判和应对，确保产教融合的顺利推进和可持续发展。

此外，还应建立健全政策评估与反馈机制，定期对产教融合政策的实施效果进行评估，及时调整和优化政策内容，确保政策的有效性和针对性。通过构建系统化、差异化的政策架构和策略，为京津冀地区高职院校产教深度融合提供有力的政策保障。

三、组织维度：优化组织结构与平台，强化产教融合的组织保障

（一）提升高职产教融合协同组织平台的效能与扩大覆盖面

1. 构建多元化资源共享平台

京津冀地区高职院校众多，但相关平台在促进资源共享方面仍有提升空间，为突破资源共享的瓶颈，需依托现代信息技术，构建一个涵盖实体与数字资源的多元化资源共享平台，以实现资源的高效配置与利用。一是构建一个跨区域的资源共享网络，该网络需打破地域界限，将京津冀地区的高职院校、科研机构及企业紧密联结。在此基础上，对资源共享在层次与类型上进行细致划分。对于基础教学资源，诸如课程资料、图书文献等，应通过数字化手段实现全面开放与无障碍共享，降低获取成本，提高资源利用率。而对

于高级资源，如高端实验设备、实训基地等，则需通过校际合作、校企共建等模式，避免资源的重复建设，进而提升资源的使用效率。二是探索建立一套科学的资源使用评价与反馈机制。该机制应能够准确反映资源的使用情况、效果及用户需求，为资源的优化配置与动态调整提供数据支撑，确保资源共享的可持续性与有效性，从而推动京津冀地区高职产教融合的深度发展。

2. 细化各要素协同平台的功能定位

针对当前产教融合平台功能单一、协同不足的问题，京津冀地区需积极推动平台功能的整合与创新，构建功能互补、指向明确的组织体系。一是明确各协同平台的职责边界，避免职能重叠导致的资源浪费与效率低下。在此基础上，鼓励建立专注于产教融合特定领域的专业平台，如实习实训管理平台、技术研发合作中心、产教融合信息服务中心等，以实现责任的具体化、专业化落实。实习实训管理平台应聚焦于学生实习实训的组织与管理，确保实习实训活动的规范性与实效性；技术研发合作中心则应致力于校企合作项目的研发与成果转化，推动技术创新与产业升级；产教融合信息服务中心则须提供全面的信息服务，促进信息资源的共享与利用。二是加强各平台间的协调与合作，建立常态化的沟通机制，形成合力，共同应对产教融合过程中的挑战与问题。通过细化各要素协同平台的功能定位，京津冀地区的高职产教融合将得以在更加明确、高效的平台支撑下深入发展，为区域经济社会的高质量发展贡献力量。

（二）打造高职院校集群以发挥集群效应

1. 加强内涵建设，夯实高职院校集群发展根基

京津冀协同发展战略下，高职院校作为技能型人才培养的重要基地，其内涵式建设显得尤为关键。各高职院校需以提升教育质量和增强服务能力为核心，深化教育教学改革，强化特色专业发展，构建与区域产业发展紧密对接的专业体系。同时，应加大师资队伍建设力度，引进和培养一批高水平教师，提升教学科研能力，为集群发展奠定坚实的人才基础。此外，还需加强实践教学环节，构建校企合作、工学结合的实践教学体系，提升学生的实践

技能和创新能力，为集群内的高职院校提供源源不断的优质人才资源。

2. 构建高职院校集群，促进产教融合深度发展

京津冀地区应借鉴国内外高职院校集群发展的成功经验，积极探索构建高职院校集群的新路径。通过政府引导、市场运作的方式，推动区域内高职院校形成紧密的协同合作关系。建立高职院校联盟或集团，实现资源共享、课程互选、学分互认，促进优质教育资源的优化配置和高效利用。同时，深化产教融合，推动高职院校与行业协会、龙头企业等建立深度合作关系，共同开展技术研发、成果转化和人才培养等活动，形成产学研用紧密结合的创新生态。此外，还需加强集群内部的治理机制建设，明确各方权责，建立有效的沟通协调机制，确保集群内高职院校能够协同有序地发展，共同推动京津冀地区高职教育的提质增效和产业的转型升级，为区域经济社会发展贡献更大的力量。

四、保障维度：促进各主体参与，提升创新在高职产教融合协同发展中的引领作用

（一）拓宽信息交流渠道，强化活动引领与促进作用

1. 多元化信息获取与传播机制

信息的高效流通是京津冀高职院校产教深度融合的基石。为打破数据信息孤岛，须构建多层次、立体化的信息获取与传播网络。一方面，须充分发挥大数据技术的优势，对纷繁复杂的政策信息进行智能化处理。通过精准筛选与深度解读，提炼出对京津冀高职院校具有直接指导价值的政策精髓，转化为具体可行的操作指南，为高职院校的产教融合实践提供明确的方向指引。另一方面，应构建线上线下相融合的信息交流平台，以拓宽信息传播的渠道。线下，可定期举办产教融合高峰论坛、研讨会等活动，邀请区域内高校、企业、政府等多方主体参与，促进面对面的深入交流与合作。线上，则应建立信息共享平台，实现政策文件、行业动态、成功案例等信息的即时发布与共享，确保信息传递的时效性与准确性。

除此之外，鼓励京津冀高职院校间建立常态化的互访与交流机制，通过实地考察、经验分享、联合研讨等多种形式，相互增进了解，挖掘合作潜力，为产教融合的深度发展奠定坚实的基础。

2. 创新活动形式以提升协同实效

活动是推动产教深度融合的重要载体。为打破传统合作模式的局限，应积极探索富有创意与实效性的活动形式，如产教融合项目路演会、校企合作创新大赛等，以活动促交流，以交流促合作。同时，在活动设计上，应注重实效性与针对性，避免形式主义与资源浪费。通过设立产教融合专项基金、提供技术研发支持等措施，激励高职院校与企业携手举办具有实质内容的活动，如联合研发项目、技术攻关竞赛等，将活动成果直接转化为生产力与教育资源，实现产学研用的无缝对接。

同时，应建立健全活动效果评估与反馈机制，对活动的筹备、实施、参与及成果进行全面、客观的评估。通过评估，及时发现活动中存在的问题与不足，调整优化活动方案，确保每一项活动都能精准对接产教融合的需求，有效推动京津冀地区高职产教融合的深度发展与协同实效的提升。

（二）激发多元主体活力，构建协同生态系统

1. 提高高职院校协同管理参与度

高职院校是产教深度融合的核心主体，其参与管理的积极性与主动性直接影响协同的成效。京津冀地区应构建高职院校协同管理联盟，设立专门的协同管理岗位，以制度化的方式强化高职院校的参与意识与责任担当。同时，建立健全高职院校间的沟通协商机制，通过定期召开协同管理会议、设立线上交流平台等方式，确保各高职院校在协同管理过程中能够充分表达意见、提出建议，形成共商共建共管的良好局面。针对发展水平相对滞后的高职院校，应实施差异化的政策扶持与资源倾斜策略。通过提供管理培训、分享成功经验、引入外部专家指导等措施，帮助其提升协同管理能力，缩小与先进院校的差距，实现京津冀地区高职院校的协同发展与共同进步。

2. 鼓励多主体协同参与

产教深度融合是一个涉及政府、高职院校、企业、社会等多方主体的复杂系统。京津冀地区应积极构建政府引导、高职院校主导、企业参与、社会支持的协同生态系统。政府应发挥引导作用，出台鼓励政策，提供资金支持与制度保障，为产教深度融合奠定坚实基础；高职院校作为主导力量，应依托自身教育资源与科研优势，主动对接区域产业发展需求，深化教育教学改革，推动人才培养与产业转型升级的紧密融合；企业应成为产教融合的积极参与者，通过提供实习实训岗位、技术支持与研发合作等方式，深度融入人才培养过程，实现教育链、人才链与产业链、创新链的有机衔接；社会则应营造支持产教融合的舆论环境，通过媒体宣传、公益活动等形式，提升公众对产教融合的认知与认可度，形成全社会共同关注、支持产教融合的良好氛围。通过多方主体的共同参与与协作，形成产教深度融合的强大合力。

（三）建立全面保障机制，确保持续健康协同发展

1. 构建公平合理的资源配置体系

京津冀地区应充分考虑各高职院校的实际情况与发展需求，构建公平合理的资源配置体系。通过设立产教融合专项基金、实施差异化资源配置策略等方式，确保各高职院校在产教深度融合中能够获得与其发展相匹配的资源支持。同时，应加强对资源配置的监管与评估，确保资源的有效利用与高效配置。

同时，如经济理论所强调的，有效的治理结构需与不同属性和成本的交易活动相匹配，以实现资源的最优配置。在这一框架下，我国高职院校的产教融合发展中，各参与主体因其角色各异，所承担的成本与预期收益往往并不均衡。这种成本与收益的不对等性，可能会引发多元治理主体间的利益摩擦，进而削弱它们之间的合作动力。

因此，要确保高职院校产教融合的高效推进，除了构建利益共生机制以激发参与热情外，更需确立一套成本共担的机制。这一机制的核心在于，让所有治理主体都能公平合理地分担产教融合过程中的各项成本，从而成为增强多元治理主体间协同合作的重要基石。成本共担，不仅能有效缓解因成本分担不均导致的利益冲突，还能进一步提升各主体间的协作效率，共同推动

高职院校产教融合的深入发展。

2. 建立健全协同监督机制

为确保产教深度融合的顺利进行与持续健康发展，京津冀地区应建立健全协同监督机制。通过设立专门的监督机构，并制定详尽的监督方案，对产教融合的规划、实施、评估等各个环节进行全方位、全过程的监督与检查。同时，应拓宽监督渠道，鼓励社会监督与公众参与的融入，构建包含政府监管、第三方评估、社会监督在内的多元化监督体系。通过信息公开、社会调研、公众反馈等方式，增强协同过程的透明度与公信力，确保产教融合的公正合理与高效推进。对于监督过程中发现的问题与不足，应建立快速响应与整改机制，及时进行调整与优化，确保协同目标的有效达成。

3. 完善法律法规体系

法律法规是产教深度融合顺利进行的重要保障。为明确各方主体在产教融合中的权利、义务与责任，应加快制定与修订相关法律法规，构建系统完备、科学规范的制度体系。法律法规应详细规定产教融合的实施原则、操作流程、监督评估等内容，确保融合过程的合法合规与高效有序。同时，应加大对违法违规行为的惩处力度，如虚假宣传、资源挪用等，以儆效尤，维护产教融合的公平竞争环境与良好秩序。此外，法律法规的制定与完善应充分考虑京津冀地区的实际情况与协同发展需求，注重政策的连贯性与可操作性，确保法律法规能够有效落地实施，为高职产教融合的深化发展提供有力的法律支撑与制度保障。

第二节　数智融合：将数智赋能融入产学研创全过程

一、建立数智深度融合的高职教育教学体系

（一）依托大数据分析进行个性化教学标准的研制

依托大数据分析技术进行个性化教学标准的研制，是当前教育改革与信息化融合的重要趋势。为确保教学标准研制的有效性，建议成立高职教育大

数据研究中心，该中心不仅是技术研究与技术创新的孵化器，还应有效链接教育链以及产业链。通过与华为、阿里、京东等产业龙头企业的深度合作，能够直接获取行业前沿的人才需求信息，共同打造产业人才大数据平台。这一平台能够实时追踪并分析区域数字产业的人才缺口与技能需求变化，确保人才培养与市场需求的高度契合，从而有效提升毕业生的就业竞争力和社会适应性。

在校内层面，构建学情分析平台是实现个性化教学的重要环节。该平台集成先进的数据挖掘与机器学习算法，为每位学生精准绘制数字画像。这些画像涵盖了学生的学习轨迹、不同学科间的差异分析、对专业潜能的深度挖掘以及综合素质的全面评估，为教师提供了丰富且精准的数据支持。基于此，高职院校能够定制化地设计个性化人才培养方案与课程标准，不仅满足了学生多样化的学习需求，还促进了教育资源的优化配置，最终提升了教学质量与学习成效，为社会输送更多符合时代需求的高素质技能型人才。

（二）创新"云实一体"教学环境和教学模式

高职院校数字化转型作为新时代教育改革的重要议题，其首要条件在于加速数字化环境基础设施的构建与优化。随着信息技术的飞速发展，传统教育模式已难以满足社会对高素质技术技能人才的需求。因此，加快数字化环境基础设施建设，不仅是为了跟上技术进步的步伐，更是为了提升教育质量，增强教育的适应性与前瞻性。在此过程中，打造绿色安全的网络环境至关重要。这不仅能保障教育数据的安全与隐私，还能促进教育资源的共享与交流，为师生创造一个健康、高效的数字化学习空间。同时，强化系统升级与多媒体设备的优化，是确保数字化教学顺畅进行的基础，也是提升教学效果的关键。

在此基础上，面对区域经济一体化进程中产业结构的优化升级和技术迭代加速的挑战，高职院校需主动适应，精准对接行业企业的数字化转型需求，动态调整专业设置与课程体系，革新传统教学范式，以确保所培养的技术技能人才不仅掌握扎实的专业知识，还具备卓越的数字应用能力和创新思维。

高职院校应以学生为中心，依托云计算、大数据等现代信息技术，加速构建集学习支持、教学辅助、科研促进、合作交流于一体的数字赋能教育生态。通过智能化教学平台的搭建，实现教学资源的云端共享与个性化学习路径的定制，创设线上线下融合的混合式学习环境，优化学习活动的设计与实施，促进知识的深度内化与技能的高效习得。同时，推进数字化管理工具的应用，实现教学管理与评价的精准化、智能化，构建起"云实一体"的数字化"教""管""评"体系。

此外，高职院校还应积极探索产教融合的新路径，依托京津冀区域内的产业优势，促进与行业龙头企业的深度合作，通过科教融汇的协同育人机制，共同开发前沿技术课程，以项目驱动教学，让学生在真实的产业环境中历练成长，从而培养出既符合市场需求又具备高数字素养与创新能力的复合型人才，为京津冀协同发展贡献力量。

（三）提升师资队伍数字素养

基于建构主义学习理论，教师作为知识的构建者而非被动接受者，其数字素养的提升需嵌入持续的专业发展与实践中，强调情境性、协作性和反思性。因此，高职院校应构建一套多维度、多层次的数字素养提升策略，以适应教育信息化2.0时代的需求。

一是构建情境化、分层次的数字素养培训体系。通过深度调研，理解不同教师群体的数字技能基础、学习偏好及职业发展目标，采用问卷调查、教学展示、同行评价等多种方式，精准描绘教师数字素养的现状图谱。基于此，设计分层递进的培训内容：初级层面聚焦于数字工具的基础操作与高效运用，如智能教学平台的熟练运用、在线资源的检索与整合；中级层面则深入专业软件的高级功能、数字课程的设计与制作；高级层面则探索人工智能、大数据分析等前沿技术在教育中的应用，以及虚拟现实（VR）、增强现实（AR）等技术在实践教学中的融合。同时，依据学科特性，定制培训内容，确保培训的针对性和实用性。培训形式应灵活多样，结合线上自学、线下研讨、工作坊实操、师徒制等，形成线上线下融合的混合式学习生态，促进理论与实践的深度交融，激发教师的创新教学思维。

二是构建全面而精准的激励机制，激活教师提升数字素养的内在驱动力。依据目标设置理论，明确教师数字素养提升的具体目标，与教师个人职业规划相挂钩，设定既具挑战性又可达成的发展路径，增强教师的目标导向性和自我效能感。建立一套公正、透明、多元的评价体系，不仅关注教师数字技能的提升幅度，更重视其在教学中的应用成效与学生反馈，确保评价的全面性和客观性。评价结果应及时反馈，作为教师自我反思与持续改进的依据。此外，设立数字素养提升专项基金、教学创新项目资助、优秀数字教学案例奖励等，通过物质奖励、荣誉表彰、增加职业发展机会等多种激励手段，激发教师的积极性和创造力。同时，引入适度的负向激励，对数字素养提升较慢的教师进行个别辅导与督促，形成正向激励与负向约束相结合的激励机制，全面推动教师队伍数字素养的整体跃升，为京津冀协同发展背景下的职业教育数字化转型提供坚实的育人资源支撑。

（四）丰富数字化教学资源供给

一是深化专业资源的内涵建设，不仅涵盖权威教材、学术论文、行业报告等静态知识资源，还应融入行业专家讲座、企业案例研究等动态知识更新，为师生提供深度学习与专业成长的丰富土壤。课程资源则需创新性与实用性并重，开发涵盖微课、慕课、翻转课堂等多种形式的教学视频，以及与之配套的互动习题、案例解析等，助力教师教学方法的创新与学生学习方式的转变。同时，加强实验实训资源的数字化改造与虚拟仿真资源的开发，通过数字化模拟、虚拟现实等先进技术，构建集教学、实训、考核于一体的数字化实验实训环境，既提升了学生的实践操作技能，又拓宽了学习体验边界。

二是深化在线教学平台与智慧学习空间的融合创新。高职院校应自建或参与共建区域性在线教学平台，集成课程管理、教学资源分享、在线互动、学习数据分析等功能，为教师提供便捷高效的在线教学工具，同时也为学生创造灵活多样的学习路径。智慧教室、数字工坊、智能学习伴侣等新型学习空间的打造，应结合人工智能、物联网等前沿技术，实现学习环境的智能化、个性化与交互性，满足不同学习风格与层次的学生需求。此外，引入智能化评价系统，通过大数据分析技术，对学生的知识掌握、技能提升、情感态度等进行全方位、多维度的评价，促进评价的精准化与个性化。

为实现数字化教学资源的最大化利用与区域共享，高职院校应积极构建资源共建共享机制，通过校际合作、校企合作、区域联盟等多种途径，促进优质资源的引进、开发与交流，形成资源互补、优势互通的良好生态，为京津冀地区职业教育的协同发展注入强劲动力。

二、培养适应区域数字化产业链发展的学生数字素养

（一）明确学生数字素养的培养目标和培养内容

高职院校需将数字素养视为人才培养的核心要素，纳入学校发展的战略规划之中，与专业知识教育、职业技能培训并重，形成"数字素养+专业技能"的复合型人才培养模式。在人才培养方案的制定中，应深度融合《中国数字素养与技能框架》等国际国内标准，明确数字素养的培养目标、内容体系与评价标准，确保学生数字能力的全面发展。

培养适应区域数字化产业链发展的学生数字素养，首先高职院校需要明确其培养数字素养的学生目标定位。高职院校培养的是能够适应区域产业链岗位群需求的复合型高技术技能型人才，因此对于学生的数字素质培养应定位于能够熟练掌握相关数字化技能且能够根据实际情况予以应用的学生。培养内容包含数字意识思维培养、数字通用技能培养、数字专业技能培养三大方面。

数字意识思维培养注重在公共基础课和专业技能课中提升学生对于数字技术和数字工具的认识和在持续学习中提升数字素质的主动性，增强学生在解决问题时主动运用数字工具的意识，强化学生在使用数字产品和数字服务时的数据安全和个人隐私保护意识。数字通用技能培养注重在计算机应用基础课中增强学生对于数字资源获取和使用的能力，提升利用基础数字工具进行数据加工、数据分析的能力，提高进行数字协作、数字交流和数字共享的

能力以及能够对于软硬件数字工具进行基础维护的能力。数字专业技能培养注重在专业技能课程中针对产业链中岗位群的专业化数字技能需求提升学生的数字专业特定能力和数字专业综合能力。数字专业特定能力泛指对于某一行业领域的特定数字工具、数字技术、数字产品或服务的应用能力，相较于数字通用技能更具专业性和高阶性；数字专业综合能力泛指能够适应岗位群需要的数字化发展和变化的能力以及一定的数字创新能力。

（二）推动专业建设对接区域数字产业链需求

高职院校需紧密跟踪区域数字化产业链的动态发展，通过深度调研、校企合作等方式，精准把握行业企业对数字化人才的需求特征，将数字素养的培养与职业岗位的实际需求紧密结合，确保人才培养的针对性和有效性。在此基础上，制订分阶段、分层次的数字素养培养计划，从入学教育到专业学习，再到实习实训、就业指导，全程贯穿数字素养的培育，促进学生职业素养的全面提升，高标准满足企业用人需求。

一方面，通过与区域内的行业企业合作，针对原有专业推进数字化改革，同时共同研究有利于区域数字产业链发展的相关专业设置，以更好地服务区域数字产业链的发展，构建适应经济发展的数字人才体系。另一方面，京津冀三地高职院校在专业构建上需积极对接"产学研用"多维度，将课程规划、教学内容与行业发展趋势、企业实际需求、科研创新项目、应用技能标准等深度融合，并不断灵活优化，以确保对学生数字技能的培养既贴合实际又具有前瞻性。在课程设置上，优化数字素养培育的课程体系，高职院校应开设数字素养通识课程，如"数字时代的基本素养""数据科学与大数据技术基础"等，增强学生的数字意识、提升数字思维与数字技能。同时，结合专业特色，开发具有行业针对性的数字素养课程，如智能制造、电子商务、数字媒体等领域的数字技术应用课程，将数字素养的培养融入专业教育的全过程。在培养方式上，高职院校应根据具体的培养内容进行差异化选择。对于数字意识、思维培养可以以视频或实际项目应用案例的形式进行，对于数字通用技能培养则通过课堂实际演练和鼓励学生考取计算机等级证书的方式进行，对于数字专业技能培养应在专业技能课程中将其有机融入，也可以通过产学研创平台对接企业真实系统或项目实操进行，争取以灵活多样的形式促使数字素质培养融入课堂教学中。

三、形成高职院校数字治理生态

（一）高职院校内部数字治理闭环生态的构建

随着信息技术的飞速发展，高职院校面临着管理效率低下、信息孤岛现象严重等问题，这严重制约了教育资源的优化配置和教育教学质量的提升。构建高职院校内部数字治理闭环生态，旨在通过升级数字管理系统，加强数字校园建设，实现管理的扁平化、一体化，从而提高治理效能。这一举措不仅是为了响应国家关于《教育信息化2.0行动计划》的号召，更是为了满足新时代教育现代化对高职院校管理提出的更高要求。构建数字化校园一体化平台是实现这一目标的关键，该平台集教学管理、学生服务、行政办公、资源管理等功能于一体，实现数据的互联互通和智能分析，通过整合行政管理系统、教务系统、学生管理系统等，可以打破部门壁垒，促进信息共享，为师生提供更加便捷、高效的服务，同时还能有效支撑学校的战略规划与决策制定，基于数据分析的洞察能力，帮助学校及时调整教学策略和管理措施，促进学校的可持续发展，提升学校的整体管理水平和决策能力。

（二）产教融合参与主体数字协同链条生态的构建

产教融合作为提升职业教育质量的有效途径，其深度与广度直接影响到高职院校的人才培养质量和社会服务能力。然而，传统产教融合模式中存在信息不对称、资源分配不均、合作机制不健全等问题，限制了产教融合效能的发挥。构建产教融合参与主体的数字协同链条生态，旨在通过数字技术吸引更多有效资源参与，实现高效、精准的管理和评价，同时解除数据共享障碍，推动"各自为政"向"数字共治"的转变。这不仅是为了适应数字经济时代对人才培养的新要求，也是为了促进教育链、人才链与产业链、创新链的有机衔接。

1. 积极引入区块链技术协助多元主体治理

在过去很长一段时间，高职院校产教融合的进程主要由政府强力主导，高职院校往往只是被动执行上级指令，这种情况随着高职院校自主权的增强及内部章程的确立而逐步改善。随着更多元化的治理主体的参与，高职院校产教融合的管理模式逐渐向更加开放和协同的治理结构过渡，政府在这一过程中的角色也由主导者转变为众多治理主体中的一员。由于各治理主体掌握的信息和资源存在差异，它们在高职院校产教融合治理体系中的地位和影响力也不尽相同，政府因其信息和资源优势通常处于核心位置，而其他如高职院校、行业协会、企业等则围绕其形成不同层次的参与格局。这种不均衡的状态可能抑制其他治理主体的积极性和参与度，甚至导致政府在某些方面的决策失效。

引入区块链技术，可以为高职院校产教融合的治理结构带来革新性的变化。一方面，区块链的去中心化特性重塑了治理主体的互动模式。通过构建一个分布式的数据共享平台，区块链打破了区域间政府、高职院校、行业企业之间的信息壁垒，实现了底层数据的透明共享。政府能够更精准地掌握产教融合的发展动态，提升决策的科学性和服务的针对性，同时，各治理主体也能在平等的基础上获取所需信息，促进了彼此间的深度融合与合作。对于市场而言，区块链的不可篡改性增强了信息的可信度，降低了交易成本，保障了交易的公平与安全，促进了治理主体间的信任建立和价值共创。对于高职院校、行业、企业等治理主体，区块链技术使它们能够以更加主动和权责明确的方式参与到产教融合的决策和执行中，提高了治理效能和参与度。另一方面，区块链技术促进了高职院校产教融合命运共同体的构建。在区块链的支撑下，共同的数据治理理念成为各治理主体行动的共识，信息的共享与协作成为常态。主管部门的信息垄断被打破，多元治理主体间的智慧汇聚成为推动产教融合发展的重要力量。每个治理主体都能在这个开放的生态系统中找到自己的定位，发挥独特作用，形成互补互促的治理格局。智能合约的应用进一步强化了治理主体间的协议执行力，提高了资源配置率，使得治理责任与成果由全体治理主体共同承担，真正实现了高职院校产教融合的共治共享。

2. 鼓励多元主体共同建设产学研创平台

为鼓励多元主体积极参与产学研创平台的建设，京津冀三地应率先探索数字治理框架下的政策制度激励与项目资助机制。政府层面，应出台一系列支持政策，如税收优惠、资金补贴、项目立项优先等，为参与平台建设的各方提供实质性的激励。同时，设立专项基金，对具有创新性、示范性的产学研创项目进行重点资助，引导资源向优质项目倾斜。此外，通过数字平台发布政策信息、项目申报指南等，提高政策透明度与申报效率，减少信息不对称，激发对社会资本的投入热情。在数字治理的推动下，高职院校应携手政府与企业，共同构建集教学管理、实训操作、管理服务于一体的数字协同平台。这一平台应具备统一的在线教学管理门户，提供丰富多样的在线课程资源，支持跨地域、跨校际的选课与学分互认，打破地域限制，促进知识的广泛传播与深度交流。同时，建立在线实训平台，利用虚拟现实、增强现实等先进技术，模拟真实工作环境，提升学生的实践能力与创新思维。管理服务平台则负责整合各方资源，实现管理数据与教学资源的云端共享及访问，提高资源利用率，促进产学研用的无缝对接。

构建产教融合参与主体的数字协同链条生态，将极大促进区域产教融合的均衡发展。一是数字技术能够有效解决教育资源分布不均的问题，通过云平台、大数据分析等技术手段，将优质教育资源精准推送至资源匮乏地区的高职院校，缩小教育差距，提升整体教育质量。二是数字协同链条将促进产学研用的深度融合，加速科技成果的转化与应用。企业可以实时了解高校的科研成果，高校也能快速响应企业的技术需求，形成产学研用的闭环，为区域经济发展注入新的增长点。三是数字生态的构建还将推动教育治理体系的现代化，形成政府引导、学校主体、企业参与的多元共治格局。通过数字平台，各方可以实时沟通、协同决策，提高治理效率与响应速度，共同推动京津冀三地产教融合的深度发展。

第三节　强强联合：以多元合作打造产学研创宽领域

从合作的角度看，高职产教深度融合是一个囊括多方产教融合主体的复杂合作过程，合作贯穿于产教融合的各个层面。

一、建立产教供给同步体系

高职院校的产教融合从宏观角度来看是根植于区域产业经济发展特点，在多元主体不同程度的参与下，为区域经济发展提供教育支撑的社会组织。从微观角度来看，高职院校的产教融合是将教育与产业结合，多元主体通过资源整合、优势互补来促进数字经济时代下数字技术创新发展和技术技能人才培养的新型合作范式的形成。从这两个层面来看，结合利益相关者理论，在产教融合当中，需要构建平衡互补的供给同步体系才能充分解决产教融合利益相关者的利益诉求。

教育侧供给层面，高职院校应聚焦技术技能人才培养的核心任务，依托校内实训基地与校外合作企业，构建"双师型"师资队伍，即既有深厚理论功底又有丰富实践经验的教师团队。同时，加强技术研发与创新能力培养，积极参与企业技术改造与产品创新，将最新科研成果转化为教学内容，提高教育的实用性与前瞻性。此外，通过提供社会服务，如技能培训、技术咨询等，增强与区域社会的互动与融合，拓宽教育服务的边界；高职教育的需求层面包含了实习与就业岗位需求、企业实践教师、校外实训基地、真实项目案例以及行业发展动态情况。

产业侧供给层面，企业应主动开放实习与就业岗位，接纳学生参与真实项目实践，同时选派企业高级技师与一线员工担任校外导师，将企业实践经验带入校园。通过共享实训环境与设备，企业提供真实项目案例，不仅丰富了教学资源，也促进了学生对行业发展动态情况的深入了解。此外，企业应定期向高职院校反馈行业发展数据与趋势，助力学校调整专业设置与课程内容，确保教育供给与产业需求的高度契合；区域产业的需求层面包含了高技术技能人才需求、产业转型升级需求、产业创新需求和产业劳动力技能素质提升需求。

产教供给同步体系见图 5-1，在产教供给同步体系的构建中，双方均以服务区域经济社会发展为目标，供需互补为产学研创模式的有效运行提供了条件基础。通过供需两侧的精准匹配与动态调整，不仅能够有效提升技术技能人才的培养质量，还能促进产业转型升级与区域经济的持续健康发展，实现教育与产业的共赢共生。

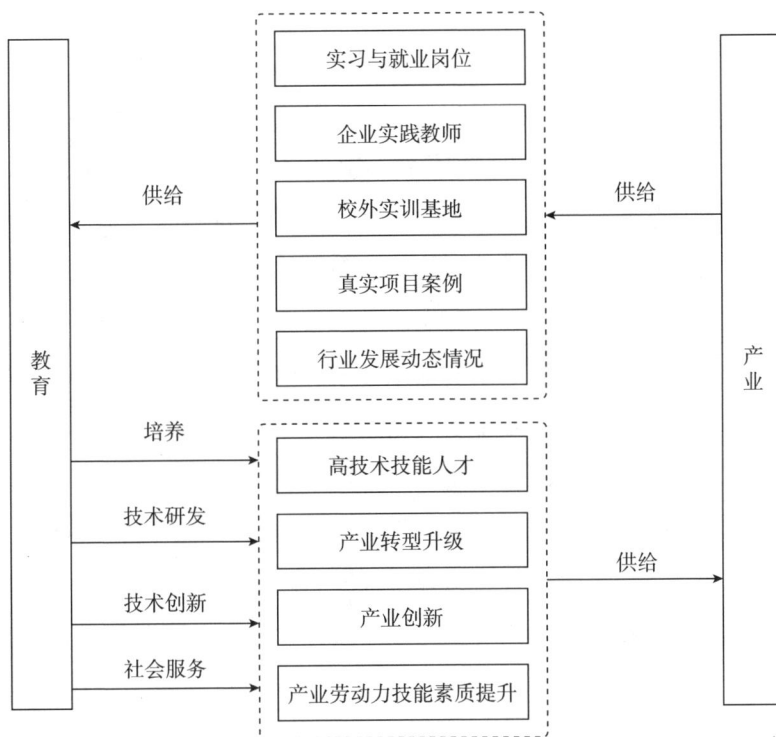

图 5-1　产教供给同步体系

二、界定多主体参与的权责边界

在推进高职院校产教深度融合的进程中，需要平衡各参与方的权责界限。从整体治理视角出发，过分强调任何一方在产教融合中的主导权，都可能引发碎片化管理的问题。为了确保高职院校产教融合的稳健推进，需要对各参与主体的权责进行整合与协调。然而，当前高职院校的多元治理架构与个体治理实体间尚缺乏足够的联动性和稳定性，这使得产教融合虽名义上采取了全面治理，但实际执行效果却不尽如人意。同时，高职院校产教融合的推进并非单一治理模式所能全然覆盖，每个参与主体都在其中扮演着不可替代的角色。因此，未来一段时间内，促进多元治理主体间的协同合作，不仅是构建高职院校产教融合新机制的重要基石，也是确保这一机制顺畅运行的核心驱动力，是提升教育链、人才链与产业链、创新链融合度的关键所在，对于增强区域教育生态系统的活力与提高效率具有不可估量的价值。

清晰界定各参与主体的角色与功能定位。政府应扮演规则制定者与促进者的角色，既要从宏观层面制订战略规划，又要通过立法、财政激励及平台建设等手段，为产教融合创造良好环境。中央政府负责顶层设计与政策导向，地方政府则具体实施，通过政策细化与项目驱动，促进校企合作项目落地，并有效调解合作中出现的利益冲突；高职院校作为教育的直接实施者，其角色定位为核心驱动者，基于其教育使命与产教融合目标的内在一致性，高职院校需主动引领合作进程，确保教育活动紧密贴合产业需求，同时维护教育的公益性与学术性，防止商业化倾向偏离教育本质；企业作为产教融合的重要参与方与受益者，其角色是深度合作者与反馈提供者，应积极参与教育过程，不仅限于提供实习岗位，更应参与到课程设置、教学内容调整及实训基地建设等核心环节，确保教育输出与市场需求的高度契合。同时，企业应利用其市场敏锐度，对人才培养质量进行直接评估，并将反馈作为改进教育教学的宝贵资源，形成闭环反馈机制。

与此同时，合理配置高职院校多元治理主体的权责，应当综合考虑各主体的功能定位以及法律赋予的地位，以此为基础，推动形成权责清晰、协同高效的高职院校产教融合治理体系。在具体权责划分上，政府需强化政策引导与资金支持的系统性，建立跨部门的协调机制，确保政策的有效落地与资源的精准配置。高职院校则需聚焦于提升教学质量与科研能力，加强与区域经济的紧密联系，通过校企合作项目促进知识向生产力的转化。企业应充分利用其行业资源，与院校共享最新技术动态与市场需求信息，共同开发适应未来产业发展趋势的课程体系与教学模式，同时承担起对学生实践能力与职业素养的综合评价责任，为政府和教育机构提供决策依据。

综上所述，京津冀协同背景下高职院校产教融合的深化，要求政府、院校与企业三者间基于共同目标建立责任明确、利益共享的合作关系，通过精细化的权责划分与高效的协同机制，推动教育链与产业链的深度对接，为区域经济社会的持续健康发展提供坚实的人才支撑。

三、提升各主体治理意愿

提升高职院校产教融合各主体的治理意愿，关键在于构建坚实的信任基础，以促进各方积极投身于共同目标的实现。信任，作为合作行动的润滑剂，其深化不仅依赖于外部制度的刚性约束，还植根于内部认知的自觉认同。

一方面，强化外部制度保障，为信任构建提供坚实的框架。政府作为规则制定者与监督者，应发挥引领作用，构建一套全面而细致的激励与保障机制。其一，实施效益共享与风险共担机制，确保企业参与产教融合的投入得到合理回报。对于因人才流失导致的企业投资风险，政府可通过设立专项基金等政策，作为对企业前期投入的补偿，降低其参与门槛与风险感知。其二，完善产权保护体系，明确界定合作中各类资源的权属与流转规则，特别是针对无形资产的科学评估与合理流转机制，保障双方权益不受侵害。此外，建立透明的信息披露平台与严格的监管体系，结合第三方评估机制，确保产教融合项目的公开、公正与高效运行，增强各主体对合作过程的信任感。

另一方面，深化内部认知认同，激发各主体内生动力。这要求从文化层面入手，营造有利于产教融合发展的社会氛围。一方面，通过政府、媒体及社会各界的多渠道宣传，增强公众对产教融合重要性的认识，特别是强调其在促进区域经济转型升级、提高人才供给质量方面的积极作用。另一方面，树立典型示范，表彰在产教融合中表现突出的企业与个人，通过正面激励树立榜样，激发更多企业和社会力量的参与热情。同时，倡导以公共利益为导向的价值观，鼓励各主体超越短期利益，共同追求长远的社会效益与经济效益，形成互利共赢的合作文化。

四、构建有效的各主体协调机制

高职院校产教融合的深化并非单纯依靠行政驱动，而是市场机制自然演化的结果。其融合成效的高低，并不直接由政府推动的强度决定，而在于多元参与主体间能否实现利益的共享与共赢。类似于其他合作体系，高职院校产教融合的理想图景是各参与方在各自的专业领域内各司其职、各展所长。然而，当前面临的问题是，多元主体间存在职能重叠的现象，且合作意愿不强，竞争心态较为突出。协调机制不仅旨在拓宽产教融合的广度，还着重于通过协商与谈判解决合作中的矛盾与冲突，确保合作过程顺畅无阻，并使其贯穿于产教融合治理的每一个环节。

为实现这一目标，首先需从项目制治理政策的优化入手，将协调机制深度嵌入政策设计与执行的全链条。政府应逐步从"全能型"向"服务型"转变，促进形成高职院校产教融合的多元共治格局。针对当前项目制中存在的资源分配不均、"马太效应"加剧以及项目重复建设等问题，政策设计需要更高的灵活性，借鉴柔性管理理念，避免以资金扶持为唯一杠杆的"指挥棒"式政策导向。具体而言，应剥离项目制政策中的资源绑定与权力赋予，回归其荣誉激励的本质，激发院校基于社会责任与荣誉感的自发合作动力，而非单纯追求资金扶持。

在政策制定的初期，应摒弃传统的"理性模式"，转而采用"协调模式"，广泛吸纳院校、企业、行业协会等多方代表的意见与建议，通过充分的对话、协商与讨论，确保政策内容能够反映各方利益诉求。项目制政策应聚焦于促进不同主体间的知识、技能、资金等要素的流动与共享，构建以"临时"组织为载体的合作模式，强化产教融合的实效性。同时，简化项目审批流程，提高透明度，减少院校申报负担，确保资源配置的公平性与均衡性，对不同层级与类型的院校给予差异化支持，既关注优势院校的进一步提升，也重视薄弱院校的扶持与发展。

在项目实施与监管环节，应建立多元化评价体系，结合院校自评、同行评议与政府审核，确保考核结果的客观性与公正性。引入第三方评估机构，如行业协会，以减少行政干预，增强评估的专业性与独立性。此外，政府应设立专项基金，增加对产教融合的常态化财政支持，并鼓励民办高职院校通过税收减免等创新方式获得资金支持。高职院校自身也应减少对单一政策扶持的依赖，积极寻求与企业等社会主体的多元合作，增加资源获取渠道。

最终，构建由政府主导的产教融合协调平台，该平台应承担信息收集、政策建议征集、矛盾调解及合作促成等多重职能，通过汇总院校与企业的合作需求与资源供给信息，为双方搭建精准对接的桥梁，促进产教融合项目的高效落地与持续发展。通过这一系列政策与机制的优化与创新，京津冀地区的高职院校产教融合将步入一个更加协同、高效、可持续的发展轨道。

五、全方位优化深化校企合作

随着京津冀区域经济一体化进程的加速，产业结构的优化升级对高技能人才的需求日益迫切，这要求高职院校必须深化校企合作模式，实现教育资源与产业需求的全方位对接。

（一）合作对象的选择：从单一到多元，强化与新经济企业和中小企业的联动

京津冀三地随着新经济、新业态的蓬勃兴起，诸如互联网+、大数据、人工智能等领域的新经济企业正逐渐成为技术创新和产业升级的主力军。这些企业以其灵活的市场响应能力、强大的技术创新力，以及对新兴技术应用场景的快速捕捉，为校企合作提供了广阔的空间。相较于传统大型企业，新经济企业更擅长于技术匹配与资源整合，能够有效促进科技成果向现实生产力转化。同时，中小企业作为区域经济的"毛细血管"，不仅数量众多，而且是吸纳就业、激发市场活力的重要力量。因此，高职院校在校企合作中应打破传统思维定式，不仅要继续巩固与龙头企业的合作，更要积极拓展与新经济企业和中小企业的合作，形成多元化合作格局。

高职院校可通过建立校企合作信息平台，拓宽合作渠道，主动对接新经济企业和中小企业的技术需求与人才需求。同时，构建一套科学合理的合作

企业评价体系，综合考虑企业的技术创新能力、发展潜力、社会责任感等因素，确保合作质量。此外，建立灵活的进出机制，对于合作效果不佳的企业及时调整，保持合作生态的动态优化。

（二）合作机制的构建：从单一引入到递进式合作，打造产教融合新生态

传统的校企合作往往停留在企业资源引入层面，如实习实训基地建设、企业专家进校园讲座等。而在京津冀协同发展的新阶段，高职院校需探索更深层次、领域更宽的合作机制，实现从引入企业到孵化企业再到共创企业的递进式合作模式。

一是引入企业。在原有基础上，进一步拓宽合作范围，通过举办行业论坛、技术交流会等形式，吸引更多企业参与校企合作，同时建立企业库，为企业提供展示平台，增强校企间的信息交流与资源共享。

二是孵化企业。依托高职院校的科研优势与人才资源，与企业共同开展技术研发、产品创新，解决企业技术难题。通过建立校企联合研发中心、技术创新联盟等形式，推动科研成果的转化应用。同时，高职院校可提供员工培训、项目孵化等服务，帮助企业提升竞争力。

三是共创企业。借鉴"校中企""企中校"模式，探索建立混合所有制的产业学院或创新中心，实现教育资源与产业资源的深度融合。通过产学研用一体化运作，促进教育链与产业链的无缝对接，共同培育新兴产业，推动区域经济转型升级。

（三）合作内容的创新：从资源对接到体系融合，构建校企合作新范式

在合作内容的深度创新上，高职院校需围绕人才培养、技术研发、社会服务三大功能，实现与企业需求的精准匹配。

一是资源对接与共享。首先，通过校企合作开发课程、企业案例入库等方式，将行业最新技术、标准融入教学内容，使学生在学习过程中就能接触

到真实的工作环境。其次，建立校企人员互聘机制，通过企业专家进校园授课，教师到企业挂职锻炼，促进知识与技能的双向流动。

二是职业技能等级认定与企业定岗定薪体系衔接。高职院校应积极对接国家职业技能等级认定制度，将职业技能等级证书考试内容与专业课程紧密结合，实现课程标准与职业技能标准的融通。同时，与企业合作建立基于技能水平的薪酬体系，通过"三元"激励模式（职业激励、技能补助、学业奖励），激发学生提升技能的积极性，促进高职学生职业技能与岗位需求的无缝对接。

三是共建共享服务平台。高职院校与企业联合建立技术创新服务平台、创业孵化平台、技能培训平台等，为区域经济发展提供全方位服务。通过平台化运作，不仅服务于在校学生，也面向企业员工和社会人员，形成开放共享的职业教育生态体系。

六、多层次交流构建校际合作机制

（一）多层次交流：增加合作维度，深化合作内涵

1. 建立跨区域高职院校联盟，促进资源高效流动

京津冀三地高职院校众多，各具特色，但资源分布不均、合作深度不足是普遍存在的问题。为此，应建立跨区域的高职院校联盟，打破行政区划壁垒，实现教育资源的优化配置与共享。联盟内院校可基于各自的专业优势与行业需求，开展师资互派、课程互选、学分互认等深度合作，形成优势互补、资源共享的教育共同体。同时，利用现代信息技术手段，如云计算、大数据、人工智能等，构建虚拟教研室、在线课程平台，实现教学资源的数字化、网络化，拓宽交流渠道，提升合作效率。此外，联盟还应定期组织学术论坛、教学研讨会，促进教育理念、教学方法的交流与碰撞，共同提高教育教学质量。

2. 深化与普通本科院校的"产学研创"融合，提升科研创新能力

高职院校与普通本科院校在人才培养目标、科研定位上虽有所差异，但

两者在科研创新、技术应用方面存在广泛的合作空间。高职院校应主动对接区域内普通本科院校，特别是与自身专业紧密相关的院校。双方可围绕区域主导产业和新兴产业，共同设立科研创新平台，联合申报国家级、省部级科研项目，开展联合攻关，推动科研成果的产业化应用。同时，鼓励高职院校教师参与本科院校的科研项目，本科院校教师到高职院校担任客座教授或实践导师，促进理论与实践的深度融合，提升双方的科研水平与社会服务能力。这种合作模式不仅有助于提升高职院校的学术影响力，更能为区域经济社会发展提供强有力的技术支撑和人才保障。

（二）持续完善校际合作机制：确保合作长效性与质量

1. 优化合作收益分配机制，确保公平公正

校际合作中的收益分配机制是稳定合作的基石。京津冀地区高职院校在推进产教深度融合时，应首先明确合作的目标定位与预期收益，通过协商确定公平、透明、可操作的收益分配方案。此方案需综合考虑显性成果（如联合科研项目、共同发表的学术论文、专利申请等）与隐性收益（如品牌影响力的提升、管理经验与教学模式的借鉴、学生就业质量的改善等），确保合作双方根据贡献得到合理认可与回报。同时，建立动态评估与调整机制，根据合作项目的进展、双方的投入与贡献变化，适时调整收益分配比例，避免因利益分配不均导致合作裂痕。此外，引入第三方评估机构，对合作成效进行客观评价，为收益分配提供科学依据，增强合作双方对彼此的信任与满意度。

2. 强化资源共享与转化，提升合作质量

资源共享是校际合作的基础，而资源的高效转化则是合作目标实现的关键。京津冀三地高职院校应依托区域优势，构建开放共享的数字化资源平台，整合优质教学资源、科研设施、实习实训基地等资源，实现跨区域、跨院校的互联互通。通过定期举办教学资源交流会、科研合作论坛等活动，促进资源与信息的流动，激发合作潜能。在资源共享的基础上，应着重于资源的转化应用，鼓励合作双方围绕区域主导产业与新兴产业，联合开展技术研发、

产品创新、成果转化等活动，将资源优势转化为实际的生产力与社会效益。在合作过程中，高职院校应展现积极主动的态度，提供必要的支持与便利，降低合作成本，增强合作双方对彼此的信任与默契。

3. 建立长效沟通机制，保障合作顺畅

有效的沟通是校际合作成功的关键。京津冀高职院校应建立多层次、多维度的沟通体系，包括领导层面的战略对话、部门间的对口协作、教师与学生的日常交流等，确保合作信息的及时传递与反馈。利用现代信息技术手段，如视频会议、在线协作平台等，打破地域限制，提高沟通效率。同时，应重视对信任文化的培育，通过定期的互访交流、联合举办文化活动等方式，增进彼此了解，建立深厚的情感纽带。在合作过程中，倡导开放包容、互利共赢的合作理念，鼓励合作双方坦诚沟通，共同面对挑战，解决合作中遇到的问题，确保合作项目的持续稳定运行。

4. 强化合作评估与反馈机制，确保合作质量持续改进

为确保校际合作的长效性与质量，必须建立健全合作评估与反馈机制。京津冀高职院校应共同制定合作项目的评估标准与流程，定期对合作成效进行评估，包括合作目标的实现程度、资源利用效率、科研成果的质量与转化情况、学生就业与职业发展情况等。评估结果应及时反馈给合作双方，作为调整合作策略、优化资源配置的重要依据。同时，建立合作双方的反馈机制，鼓励师生、管理人员等利益相关方提出对合作的意见与建议，促进合作机制的不断完善与优化。通过持续的评估与反馈，推动校际合作向更深层次、更宽领域发展，形成良性循环的合作生态。

第四节　优化组合：用实践中心构建产学研创新范式

高职产教融合实为教育与产业系统在其余社会系统的制约与支持下，展开的跨越系统的多元主体协同。为充分发挥产教融合各主体的合作积极性并协调其合作关系，需根据现实状况与约束条件建立恰当的合作模式及治理机制，打破系统间的界限与壁垒，激发各要素活力，共享产教深入融合所带来

的潜在价值。

一、建立产教融合实践中心

2023 年,《教育部办公厅关于加快推进现代职业教育体系建设改革重点任务的通知》中提到 "各地要面向国家重大战略和区域经济发展,对标产业发展前沿,建设一批集实践教学、社会培训、真实生产和技术服务功能为一体的学校实践中心、企业实践中心和公共实践中心"。并在《开放型区域产教融合实践中心建设指南》中指出开放型区域产教融合实践中心(以下简称实践中心)的重点任务包含学生实习实训、社会培训以及技术服务三大方面。实践中心作为多主体共建、多资源融通、多功能融合的平台,是产学研创深度嵌入,产科教资源互补融合,推动产教融合联合体以及产教融合共同体建设的重要载体和平台①。学校实践中心结构见图 5-2。

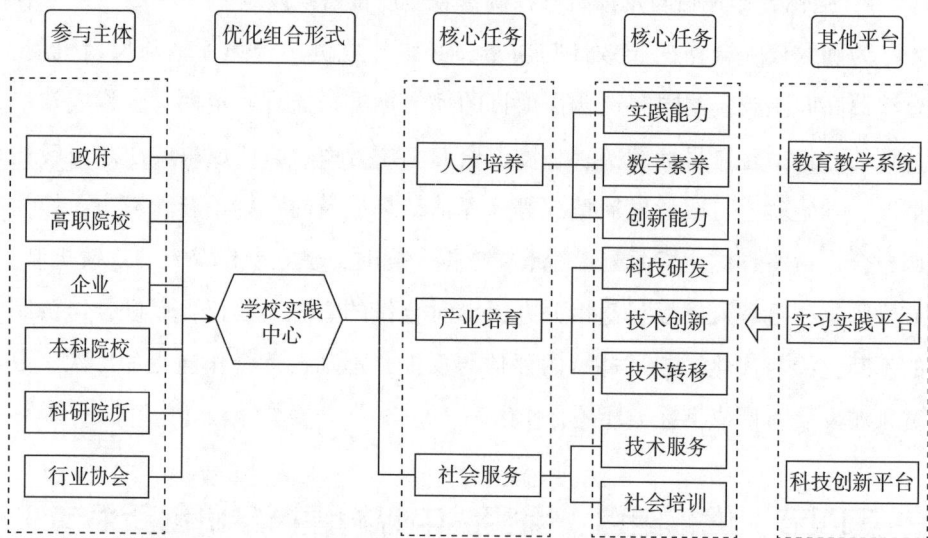

图 5-2　高职院校基于产学研创模式的学校实践中心结构

在全球经济一体化与区域协同发展并行的今天,京津冀三地正面临着前

---

① 冷虹雨. 基于共生理论的开放型区域产教融合实践中心建设框架与路径研究 [J]. 中国职业技术教育, 2023 (31): 41-46+73.

所未有的国内外市场竞争与合作机遇。因此，深化产教融合，特别是构建开放型的区域合作机制，对于增强区域产业的国际竞争优势、吸引外资与高端技术流入、加速产业结构的高级化与合理化进程，具有深远的战略意义。高职院校应充分利用其学术与地缘优势，与国内外教育机构、科研机构及领军企业建立紧密合作关系，引入前沿教育理念与先进技术资源，以产教融合为纽带，驱动人才培养模式的创新与科技研发的加快，为区域经济的稳健增长提供坚实的人才与智力支撑。

更为重要的是，产教融合实践中心的建立，为教育质量的跃升开辟了新天地。通过深化校企合作、工学交替等灵活多样的教学模式，学生得以直接投身于企业的真实项目之中，不仅实践技能与创新能力得到显著提升，而且对专业知识的理解与应用能力也得以深化。同时，企业作为教育过程的积极参与者，能够根据自身需求定制化培养专业人才，实现人才培养与市场需求的无缝对接，进一步提升了教育的社会适应性与服务产业发展的能力。高职院校作为学校实践中心的牵头建设单位，应主动争取各参与主体的支持，形成"产业—教学—科研—创新—实践"的协同生态链体系。

（一）筑基固本：构建多层次、立体化的协同治理网络

1. 确立多元主体协同委员会的核心地位

高职院校实践中心的协同治理首先应设立一个由政府、学校、企业、行业协会及社会各界代表组成的多元主体协同委员会。该委员会应作为治理结构的顶端，承担宏观战略规划、利益协调与资源配置的核心职责。其角色不仅限于政策制定与监督执行，更在于促进各方主体间的沟通与协作，确保治理体系的开放性与包容性。委员会应定期召开会议，就实践中心的发展目标、重大项目、资源分配等关键议题进行充分讨论与决策，确保治理方向的正确性与前瞻性。同时，应建立常态化的信息反馈机制，及时收集并响应各方诉求，不断调整优化治理策略，以适应外部环境的变化与内部需求的演进。

2. 强化高职院校的核心责任与引领作用

高职院校作为实践中心的主要建设者与运营者，其引领作用与核心责任

不容忽视。高职院校应基于区域产业发展需求，设计并实施具有前瞻性与实用性的人才培养方案，注重提升学生的专业技能、职业素养及创新能力，为区域经济社会发展输送高素质技术技能人才。在协同治理体系中，高职院校应积极参与协同委员会的决策过程，主动对接政府政策、企业需求与行业标准，确保教育资源的优化配置与高效利用。同时，高职院校还应负责实践中心日常运营的管理与协调，建立健全内部管理制度，确保各项教学活动的顺利进行与实习实训项目的有效实施。此外，高职院校应不断探索与产业转型升级相适应的教育教学模式，如现代学徒制、工学交替等，以增强学生的实践能力与就业竞争力。

3. 构建结构化与流程化并重的协同网络

协同治理网络应涵盖决策层、执行层与保障层三个层次，以及方案制定、决策、执行与评估四个流程阶段。决策层由协同委员会及其下设的专项工作组构成，负责战略方向的把握与重大决策的制定；执行层则由高职院校、企业及行业协会等主体组成，负责决策的具体实施与项目的落地；保障层则提供技术支持、法律咨询、资金管理等全方位服务，确保治理机制的顺畅运行。在流程设计上，应注重科学性与高效性，确保从方案构思到成果评估的每一个环节都能充分反映各方利益，实现决策的科学化与民主化。

4. 强化协同文化的培育与信任机制的建立

协同治理的成功不仅依赖于制度设计与流程优化，更在于协同文化的培育与信任机制的建立。高职院校实践中心应重视协同文化的培育，通过定期举办交流活动、共建共享平台等方式，增进各方主体间的了解与信任，形成共同的价值观念与行动准则。同时，应建立信任机制，通过签订合作协议、明确责任边界、建立奖惩机制等方式，确保各方主体在协同治理中的权益得到保障，增强合作的稳定性与可持续性。

（二）促进协同：明确治理框架与方式创新

1. 构建横向协作与垂直管理相结合的治理框架

京津冀协同发展为高职院校实践中心的治理提供了新的视角与机遇。在此背景下，实践中心应打破地域与行业的壁垒，构建跨区域的横向协作机制，实现资源的共享与互补。这要求各参与主体，包括政府、学校、企业、科研院所、行业协会等，在平等协商的基础上，共同制定治理规则，明确权责边界，形成既分工明确又相互协同的治理格局。同时，保持垂直管理的高效性，确保上级政策与指导能够迅速传达至基层，基层的实践反馈也能及时上传至决策层，形成上下联动、响应迅速的治理体系。通过签订跨区域合作协议、建立信息共享与协同工作平台等方式，促进资源的高效流动与优化配置，确保治理目标的顺利实现。

2. 探索多样化的合作平台与协商机制

为促进多元主体间的深度交流与合作，高职院校实践中心应积极探索多样化的合作平台与协商机制。在合作平台方面，除了传统的校企合作、产教融合项目外，还应积极拓展创新创业孵化基地、技术研发中心、技能竞赛平台、产业联盟等新型合作载体，以满足不同主体的多元化需求，激发协同创新的活力。这些平台不仅应成为技术交流与成果转化的桥梁，也应成为人才培养与就业创业的摇篮，为京津冀区域的经济社会发展提供强有力的人才支撑与智力支持。

在协商机制方面，应建立灵活高效、多层次、多维度的沟通渠道。定期召开联席会议，邀请政府代表、学校校长、企业高管、行业协会专家等共同参与，就实践中心的重大事项、合作项目、政策调整等进行深入讨论与决策。同时，设立专项工作组，负责具体项目的推进与协调，确保各方意见得到充分表达与尊重，促进共识的形成与问题的解决。

（三）追求善治：构建公平合理的利益分配机制

1. 秉持共享理念，确保整体利益与个体利益的和谐统一

在多元主体参与的协同治理中，利益分配的公平性与合理性直接关系到治理体系的稳定性与可持续性。因此，必须秉持共享发展的理念，将确保整体利益的最大化作为治理的首要目标，同时充分尊重和保障各参与主体的合理诉求与个体利益。鼓励各方积极参与治理决策，共同制定利益分配方案，

确保治理过程的公开透明与治理成果的公平共享。

2. 构建科学、公正、动态的利益分配与再分配机制

为实现利益分配的合理化与科学化，实践中心应建立一套完善的利益表达、分配与再分配机制。在利益表达环节，应拓宽表达渠道，确保各参与主体的声音能够被充分听取和尊重。这包括设立多元化的反馈机制，如在线调查、意见箱、公开论坛等，以及建立常态化的沟通机制，促进信息的双向流动与共享。在利益分配阶段，应遵循市场原则、贡献原则与公平原则，根据各方的投入、贡献与风险承担情况，制定合理的分配方案。这要求实践中心在评估各方贡献时，既要考虑物质资源的投入，也要重视知识、技术、管理等非物质资源的贡献，确保分配结果的公正性与合理性。与此同时，在利益再分配阶段，建立定期评估与动态调整机制，对利益分配方案进行适时调整与优化，以适应外部环境的变化与内部需求的演进，确保治理机制的长期稳定运行与各方利益的持续增加。

3. 强化监督与评估，保障利益分配机制的有效性与公正性

为确保利益分配机制的有效性与公正性，实践中心应建立健全监督与评估体系。这包括设立独立的监督机构或引入第三方评估机构，对治理过程与成果进行全面、客观的评估与监督。评估内容应涵盖治理目标的实现程度、资源利用效率、利益分配的公平性、治理机制的响应性与适应性等多个维度。通过公开透明的评估结果，不仅可以促进各参与主体的自我反思与改进，提升治理效能与水平，还可以增强治理体系的公信力与凝聚力，为实践中心的持续健康发展奠定坚实基础。同时，应建立健全问责机制，对违反治理规则、损害他人利益的行为进行严肃处理，确保治理体系的权威性与公正性。

二、搭建多平台系统联动的整体架构

在京津冀协同发展的宏观指引下，高职院校实践中心应致力于构建一个集教育教学、实习实训、科技研发与创新创业于一体的综合性平台体系，实现各平台间的无缝对接与高效协同。这一整体架构的搭建，需遵循以下原则与路径。

（一）明确平台定位，强化功能互补

需清晰界定各平台的定位与功能，确保它们既各自独立又相互依存。教育教学平台应聚焦于专业知识的传授与技能的培养，为学生奠定扎实的理论基础；实习实训平台则侧重于实践技能的锻炼与工作经验的积累，通过校企合作、工学交替等形式，让学生在实际工作环境中得到锻炼；科技研发平台则致力于技术创新与成果转化，推动科研成果向现实生产力转化；创新创业平台则激发学生的创业热情与创新能力，提供创业指导与资源支持。各平台之间应形成良性互动，共同支撑起实践中心的全面发展。

（二）打破壁垒，促进资源共享

为实现多平台系统的联动，必须打破传统上各平台间的孤立状态，促进资源、信息、人才等要素的共享与流通。这要求建立统一的资源共享机制，通过信息化手段将各平台的资源进行有效整合与优化配置。例如，可以建立共享数据库，实现教学资源、科研项目、实习岗位等信息的互联互通；也可以建立跨平台的合作机制，鼓励师生在不同平台间流动与合作，促进知识与技能的交叉融合。

（三）构建协同机制，强化系统联动

多平台系统联动的关键在于构建有效的协同机制。这包括定期建立的沟通与交流机制，确保各平台间的信息畅通与决策协调；建立联合项目研发与成果转化机制，鼓励跨平台合作开展科研项目，共同推动技术创新与产业升级；建立人才培养与就业联动机制，通过实习实训平台与企业对接，为学生提供更多就业机会与职业发展路径。此外，还应建立绩效评估与激励机制，对各平台的工作成效进行定期评估，对表现优异的平台与个人给予表彰与奖励，激发各参与主体的积极性与创造力。

（四）依托京津冀协同发展，拓展合作空间

京津冀协同发展为高职院校实践中心的多平台系统联动提供了广阔的合

作空间。应充分利用这一战略机遇，加强与区域内企业、科研机构、高校及政府部门的合作与交流，共同探索产学研创深度融合的新模式与新路径。例如，可以联合开展跨区域的科研项目合作、共建实习实训基地、共享教育资源与科研成果等，推动实践中心成为京津冀地区产教融合、科技创新与人才培养的重要高地。

三、履行对标核心任务的重要职能

（一）人才培养：聚焦数字素质、实践能力与创新能力的全面提升

在京津冀协同发展的战略框架下，高职院校实践中心作为连接教育与产业、理论与实践的重要桥梁，其使命在于培养具备数字素质、实践能力与创新能力的高素质技能型人才，以满足区域经济发展对人才的需求。为实现这一目标，实践中心需从人才培养目标的科学设定、创新创业课程体系的完善以及"梯度化"高技能人才培养选拔制度的实施三方面入手，构建一套系统化、层次化的人才培养体系。

1. 科学动态调整人才培养目标，与产业发展同频共振

面对京津冀三地产业结构的不断优化升级和新兴产业的蓬勃发展，高职院校实践中心应建立一种灵活响应机制，紧密跟踪区域经济发展趋势和产业发展动态。通过与政府、行业协会、领军企业及研究机构建立深度合作关系，实践中心可以定期举办产业发展论坛、行业技术研讨会，共同分析产业链上对各环节技能人才的需求变化，特别是数字技能、跨领域融合能力等新兴职业素质要求。基于这些分析，实践中心应编制详尽的产业、职业与专业对接图谱，明确各专业的人才培养目标与规格，确保人才培养与产业发展需求的高度契合。

特别地，针对数字经济、智能制造、大数据、人工智能等新兴领域，实践中心应快速调整专业设置，开发新课程，如"数字经济与大数据分析""智能制造技术与应用"等，以适应产业发展的新趋势。同时，通过引入行业专家参与课程设计，确保课程内容既前沿又实用，学生能够掌握最新的行业知

识与技能，为未来的职业生涯打下坚实的基础。

2. 完善创新创业课程体系，激发创新创业活力

创新创业教育对于培养学生的实践能力与创新精神至关重要。实践中心应构建一套多层次、多维度的创新创业课程体系，让创新创业教育贯穿人才培养的全过程。一方面，开设"创新创业基础"等通识课程，普及创新创业知识，激发学生的创新意识和创业兴趣。另一方面，结合专业特色，开发"专业+创新创业"融合课程，如在机械工程专业中融入"智能制造创新创业实践"，在电子商务专业中开设"数字营销与创业"等，使学生在掌握专业知识的同时，跨学科整合能力和创新思维得到培养。

此外，实践中心还应建立创新创业项目实践平台，鼓励学生参与真实项目的策划、实施与管理，通过"学中做、做中学"的方式，提升实践操作能力和问题解决能力。同时，举办创新创业大赛、创业沙龙、路演展示等活动，为学生提供展示自我、交流思想的舞台，营造浓厚的创新创业氛围，激发学生的内在创新潜能。

3. 实施"梯度化"高技能人才培养选拔制度，强化实践创新能力

为更有效地提升学生的实践创新能力，实践中心应设计并实施一套"梯度化"的高技能人才培养选拔制度。这一制度包括基础技能训练、专业技能提升、创新能力培养三个层次。在基础技能训练阶段，通过校企合作，为学生提供真实的职业环境，进行基础技能的实操训练，确保每位学生都能掌握扎实的专业技能。在专业技能提升阶段，通过定期的技能考核，选拔出表现优异的学生，进入专业技能提升班，接受更深层次的专业技能培训，同时引入行业导师，进行一对一指导，提升学生的专业技能水平。在创新能力培养阶段，实践中心应选拔具有创新潜力的学生，组成创新团队，参与科技研发、技术创新项目，如"智能制造生产线优化""大数据应用创新"等，通过项目驱动，提升学生的创新能力和团队协作能力。同时，实践中心还应建立创新创业孵化基地，为有志创业的学生提供场地、资金、法律、市场等全方位的支持，帮助学生将创新成果转化为实际产品或服务，让学生实现从学生到创业者的跨越。

（二）产业培育：加大应用型研究投入，推动科技研发、技术创新及技术转移

为更好地服务于区域产业发展，推动科技进步与产业升级，实践中心需进一步增加应用型研究投入，强化科技研发、技术创新及技术转移的能力，构建高效协同的创新生态系统。

1. 精准定位，聚焦区域产业需求

实践中心应深入调研京津冀区域产业发展现状，尤其是聚焦于重点产业的核心工艺、关键技术和共性问题，明确研究方向与重点。通过构建"产学研创"深度融合的合作网络，与区域内企业、科研院所、政府机构及行业协会建立紧密合作关系，实现创新链上下游的有效衔接。实践中心应主动对接区域产业发展规划，如《京津冀协同发展规划纲要》及各地市的产业发展指南，确保研究方向与区域产业发展布局高度契合，为产业升级提供精准的技术支持。

2. 强化科研团队建设，提升创新能力

科研创新团队是实践中心开展应用型研究的基石。实践中心应实施"科研团队培育计划"，通过引进高水平科研人才、鼓励内部教师跨学科交叉组建团队、聘请行业专家作为特聘研究员等方式，构建多元化、高水平的科研团队。同时，建立科学合理的激励机制，如科研项目奖励、成果转化收益分享等，激发团队成员的创新活力。此外，实践中心还应加强团队成员的技能培训与国际交流，提升团队的科研素养与扩大国际视野，为开展高水平的应用型研究奠定坚实基础。

3. 推动科技研发，加速技术创新

实践中心应成为科技研发的策源地。通过与企业联合申报科研项目、共建研发中心或实验室，如"京津冀智能制造协同创新中心""京津冀数字金融产教融合联盟"，开展前瞻性、应用性的技术研究。在研发过程中，实践中心应充分利用高校的学术优势与企业的市场洞察力，实现理论与实践的深度融合，加快技术从研究中心到市场的转化过程。

4. 构建技术转移平台，促进成果转化

技术转移是科技成果产业化的关键环节。实践中心应建立专业的技术转移平台，提供技术评估、法律咨询、市场分析、融资对接等一站式服务，降低技术转移的交易成本与风险。通过举办科技成果展示会、技术对接会等活动，为供需双方搭建有效的沟通桥梁，促进科技成果的快速转化与广泛应用。同时，实践中心还应加强对知识产权的保护与管理，建立健全知识产权管理体系，确保科研成果的合法权益得到有效保护，激发科研人员的创新积极性。

5. 加强国际合作，开阔创新视野

在全球化背景下，国际合作是提升创新能力的重要途径。实践中心应积极参与国际科技合作项目，如"一带一路"科技创新行动计划，与海外高校、科研机构建立合作关系，共同开展跨国界、跨领域的技术研发。通过引进国际先进技术、管理经验与创新理念，结合本土产业需求进行二次创新，形成具有自主知识产权的核心技术，提升京津冀三地产业的国际竞争力。

（三）社会服务：强化技术服务与社会培训，助力区域经济社会发展

1. 提供技术服务，支持中小微企业发展

中小微企业作为激发区域经济活力与提供就业的重要载体，往往因技术创新能力有限而面临发展瓶颈。高职院校实践中心可以充分发挥自身在技术研发和应用方面的优势，构建一套全方位的技术服务体系，为中小微企业提供技术服务。实践中心应聚焦于技术创新中的共性问题开展应用研究，通过组建跨学科、跨领域的专家团队，针对中小微企业在生产工艺优化、产品迭代升级、智能化改造等方面的具体需求，开展定制化的应用研究与技术开发。同时，积极搭建技术转移与成果转化平台，加速科技成果在企业应用中的转化进程，有效缩短技术创新周期，提升企业的市场响应速度与核心竞争力。

特别是在推动中小微企业数字化转型方面，实践中心可以利用大数据、云计算、人工智能等现代信息技术，为企业提供智能化诊断、系统集成、人才培训等一站式服务，助力企业构建数字化管理体系，拓宽市场渠道，实现生产模

式与商业模式的双重革新。通过这一系列精准高效的技术服务，不仅可以促进中小微企业的技术进步与产业升级，还能够有效推动产学研创的深度融合。

2. 开展社会培训，提升区域产业劳动者整体技能水平

社会培训是高职院校实践中心履行社会服务职能的重要途径。实践中心紧扣区域产业发展脉搏，通过深度调研与合作企业紧密对接，精准识别不同行业、不同岗位的技能缺口与培训需求。在此基础上，设计并实施一系列分层次、跨领域的培训课程体系，旨在覆盖从初级到高级的全方位技能提升路径，既满足企业在转型升级中对高技能人才的迫切需求，也促进劳动者个人职业能力的持续提升。为进一步增强培训的针对性和实效性，实践中心应持续强化与企业的双向互动机制，定期举办行业论坛、技术研讨会，及时捕捉行业动态与前沿技术，确保培训内容与企业生产实际紧密贴合。同时，应坚持对外开放其先进的实验实训资源，依托校企合作项目，引入真实工作场景教学，实现理论知识与实践操作的深度融合，有效提升培训的实用性和吸引力。通过为社会劳动者提供高质量的培训服务，实践中心能够助力提升区域产业劳动者整体技能水平，为区域经济社会发展提供有力的人才支撑。

3. 深化校企合作，促进技能人才流动与共享

实践中心应依托区域产业特色，与京津冀区域内的龙头企业构建长效合作机制，通过"双师互聘、双向挂职"等形式，实现人才资源的灵活配置。一方面，院校选派骨干教师深入企业生产一线，参与技术研发与项目攻关，不仅可以有效提升教师的实践技能与增加行业经验，还能够为企业带来最新的科研成果与理论指导；另一方面，企业高管与资深技师被聘为院校的兼职教授或实践导师，他们将丰富的实战经验和行业洞察融入课堂教学与实训指导，可以极大地丰富教学内容，增强教学的实践性和针对性。此外，实践中心应建立技能人才共享数据库，涵盖区域内各行业的技能人才信息，通过大数据分析与智能匹配技术，为校企双方提供精准的人才对接服务。这一平台不仅能够促进技能人才在区域内的有序流动，还能激发人才的创新活力，为京津冀产业协同发展提供强大的人才支撑。

通过深化校企合作，实践中心不仅可以构建开放共享的人才生态系统，还可以进一步促进教育与产业的深度融合，实现技能人才流动与共享的双赢局面。

附录一

2021—2023 年北京市职业院校新增专业质量监测评价结果

序号	学校名称	专业名称	备案年份	结论	等级
1	北京北大方正软件职业技术学院	康复治疗技术	2023	通过	A-
2		传播与策划	2021	黄牌，限期整改	C-
3	北京财贸职业学院	人工智能技术应用	2021	通过	A+
4		大数据与财务管理	2023	通过	A
5		供应链运营	2022	通过	B
6	北京电子科技职业学院	无人机应用技术	2022	通过	A
7		智能网联汽车技术	2022	通过	A-
8		展示艺术设计	2023	通过	B+
9		游戏艺术设计	2021	通过	B
10		信息安全技术应用	2021	通过	C
11		现代魔术设计与表演	2023	通过	C+
12		航空地面设备维修	2023	通过	C
13	北京工业职业技术学院	无人机测绘技术	2022	通过	A+
14		智能建造技术	2022	通过	A+
15		数字化设计与制造技术	2022	通过	A
16	北京汇佳职业学院	空中乘务	2021	通过	A
17		机场运行服务与管理	2022	通过	B+
18		软件技术	2021	通过	B
19		网络营销与直播电商	2022	通过	B-
20		护理	2023	通过	B-
21		电子商务	2023	通过	B-
22		影视制片管理	2021	通过	C+
23		舞台艺术设计与制作	2021	通过	C+
24		婴幼儿托育服务与管理	2023	通过	C
25		早期教育	2021	黄牌，限期整改	C-
26		人物形象设计	2022	黄牌，限期整改	C-
27		戏剧影视表演	2022	黄牌，限期整改	C-

续表

序号	学校名称	专业名称	备案年份	结论	等级
28	北京交通运输职业学院	智能网联汽车技术	2023	通过	A+
29		港口与航运管理	2021	通过	A
30		飞机电子设备维修	2021	通过	B
31		融媒体技术与运营	2022	通过	B-
32		物联网应用技术	2023	通过	B-
33		无人机应用技术	2021	通过	C
34	北京交通职业技术学院	大数据技术	2021	通过	A
35		信息安全技术应用	2022	通过	A
36		智能建造技术	2023	通过	A-
37		跨境电子商务	2021	通过	B+
38		汽车电子技术	2021	通过	C
39		化妆品经营与管理	2022	黄牌，限期整改	C-
40	北京京北职业技术学院	安全智能监测技术	2023	通过	B-
41	北京经济管理职业学院	学前教育	2021	通过	A+
42		智能机电技术	2022	通过	A
43		智慧城市管理技术	2021	通过	B-
44		财富管理	2021	黄牌，限期整改	C-
45		大数据与财务管理	2022	黄牌，限期整改	C-
46	北京经贸职业学院	影视动画	2022	通过	B
47	北京科技经营管理学院	音乐表演	2022	通过	B-
48		舞蹈表演	2023	通过	B-
49	北京科技职业学院	护理	2021	通过	A-
50		婴幼儿托育服务与管理	2023	通过	B
51		环境管理与评价	2022	通过	C
52		文化产业经营与管理	2022	黄牌，限期整改	C-
53	北京劳动保障职业学院	现代家政服务与管理	2021	通过	A+
54		人工智能技术应用	2021	通过	A+
55		学前教育	2022	通过	A
56		婴幼儿托育服务与管理	2023	通过	A
57		职业指导与服务	2021	通过	C

序号	学校名称	专业名称	备案年份	结论	等级
58	北京农业职业学院	宠物医疗技术	2022	通过	A+
59		食品质量与安全	2022	通过	A+
60		休闲农业经营与管理	2022	通过	B+
61		跨境电子商务	2021	黄牌，限期整改	C−
62		大数据技术	2022	黄牌，限期整改	C−
63	北京培黎职业学院	大数据技术	2021	通过	A−
64		应用德语	2023	通过	C
65	北京青年政治学院	婴幼儿托育服务与管理	2023	通过	A
66	北京社会管理职业学院	殡葬设备维护技术	2022	通过	A+
67		早期教育	2021	通过	A
68		言语听觉康复技术	2022	通过	A
69		社区管理与服务	2021	通过	A−
70	北京体育职业学院	休闲体育	2023	通过	C
71	北京网络职业学院	网络新闻与传播	2021	通过	C+
72		人工智能技术应用	2022	通过	C
73		智慧健康养老服务与管理	2023	通过	C
74		金融科技应用	2023	黄牌，限期整改	C−
75	北京戏曲艺术职业学院	国际标准舞	2022	通过	C
76	北京信息职业技术学院	工业互联网技术	2022	通过	A
77		集成电路技术	2022	通过	A−
78		金融科技应用	2022	通过	B+
79		健康大数据管理与服务	2022	通过	B
80		游戏艺术设计	2022	通过	B
81		工业设计	2021	通过	B−
82		移动商务	2021	通过	C
83		影视编导	2022	黄牌，限期整改	C−

序号	学校名称	专业名称	备案年份	结论	等级
84	北京政法职业学院	传播与策划	2021	通过	A
85		安全保卫管理	2022	通过	A
86		影视多媒体技术	2021	通过	A−
87		智能安防运营管理	2021	通过	B
88		民航安全技术管理	2021	通过	B
89		商务管理	2021	通过	C+
90		应用英语	2021	黄牌，限期整改	C−
91	首钢工学院	智能焊接技术	2023	通过	C
92	北京国际职业教育学校	艺术设计与制作	2021	通过	A+
93		网络信息安全	2021	通过	A−
94	北京金隅科技学校	飞机设备维修	2023	通过	A−
95		微电子技术与器件制造	2023	通过	B+
96		建设项目材料管理	2023	通过	B
97		社会保障事务	2023	通过	B
98	北京商贸学校	纳税事务	2023	通过	B
99		特种动物养殖	2023	通过	B
100		康养休闲旅游服务	2023	通过	C
101		社会保障事务	2021	黄牌，限期整改	C−
102		农产品加工与质量检测	2022	黄牌，限期整改	C−
103	北京市昌平职业学校	幼儿保育	2021	通过	A+
104		食品安全与检测技术	2021	通过	A
105		新媒体运营	2021	通过	A
106		生物制药工艺	2021	通过	A−
107		婴幼儿托育	2022	通过	A−
108		生物药物检验	2023	通过	A−
109		飞机设备维修	2023	通过	A−
110		化妆品制造技术	2023	通过	B+
111		微电子技术与器件制造	2022	通过	B
112		设施农业生产技术	2023	通过	B−
113		物联网技术应用	2023	通过	C

序号	学校名称	专业名称	备案年份	结论	等级
114	北京市大兴区第一职业学校	融媒体技术应用	2022	通过	C
115		体育保健与康复	2023	通过	C
116		数字展示设计与制作	2023	通过	C
117	北京市电气工程学校	城市轨道交通信号维护	2021	通过	A
118		城市轨道交通供电	2022	通过	A
119		供用电技术	2022	通过	A
120		体育设施管理与经营	2022	通过	B
121	北京市东城区东岸音乐实验学校	音乐表演	2021	通过	C
122	北京市对外贸易学校	大数据技术应用	2021	通过	A
123		社区公共事务管理	2023	通过	B+
124		直播电商服务	2022	通过	B
125	北京市房山区第二职业高中	大数据技术应用	2021	通过	B
126		无人机操控与维护	2021	通过	B-
127		社区公共事务管理	2022	通过	B-
128		网络信息安全	2023	通过	B-
129	北京市房山区房山职业学校	影像与影视技术	2022	通过	B-
130		直播电商服务	2022	通过	B-
131		婴幼儿托育	2022	通过	C
132	北京市丰台区职业教育中心学校	婴幼儿托育	2023	通过	A+
133		数字非遗设计与制作	2022	通过	A
134		大数据技术应用	2021	通过	B+
135		智能财务	2021	通过	B
136		时尚管理	2023	通过	B-
137	北京市怀柔区职业学校	休闲体育服务与管理	2023	黄牌，限期整改	C-
138	北京市黄庄职业高中	园林技术	2023	通过	B-
139		康养休闲旅游服务	2023	黄牌，限期整改	C-
140	北京市劲松职业高中	中西面点	2021	通过	A
141		界面设计与制作	2022	通过	A

续表

序号	学校名称	专业名称	备案年份	结论	等级
142		食品安全与检测技术	2021	通过	A
143	北京市经济管理学校	纳税事务	2022	通过	C
144		金融事务	2021	黄牌，限期整改	C-
145	北京市密云区职业学校	电子商务	2023	通过	A
146		城市轨道交通运营服务	2021	通过	B
147		智能设备运行与维护	2021	通过	B-
148	北京市平谷区职业学校	航空服务	2021	通过	B-
149		物流服务与管理	2023	通过	B-
150		设施农业生产技术	2022	通过	C
151		大数据技术应用	2022	通过	A-
152	北京市求实职业学校	无人机操控与维护	2021	通过	B
153		直播电商服务	2022	通过	C
154		婴幼儿托育	2023	通过	C
155		人力资源管理事务	2021	通过	A+
156		跨境电子商务	2022	通过	A+
157		纳税事务	2022	通过	A
158	北京市商业学校	交通运营服务	2022	通过	A
159		大数据技术应用	2023	通过	A
160		婴幼儿托育	2023	通过	A
161		直播电商服务	2023	通过	A
162	北京市通州区培智学校	现代家政服务与管理	2022	黄牌，限期整改	C-
163		中西面点	2022	黄牌，限期整改	C-
164		中西面点	2022	通过	B
165	北京市延庆区第一职业学校	建筑工程造价	2022	通过	C
166		数字媒体技术应用	2023	通过	C
167		飞机设备维修	2023	黄牌，限期整改	C-
168	北京市燕山职业学校	数字媒体技术应用	2023	通过	C+
169	北京市音乐舞蹈学校	绘画	2023	通过	B
170	北京市园林学校	园艺技术	2022	通过	A

序号	学校名称	专业名称	备案年份	结论	等级
171	北京市振华旅游学校	幼儿保育	2021	通过	B
172		增材制造技术应用	2021	通过	B
173		服务机器人装配与维护	2022	通过	B-
174		大数据技术应用	2023	通过	C
175	北京市自动化工程学校	文物保护技术	2023	通过	C
176		新能源汽车制造与检测	2022	黄牌，限期整改	C-
177		工业产品质量检测技术	2022	黄牌，限期整改	C-
178		智能设备运行与维护	2023	黄牌，限期整改	C-
179		网络信息安全	2022	通过	B+
180		新能源汽车运用与维修	2021	通过	B
181		数字媒体技术应用	2023	通过	C
182	北京铁路电气化学校	铁道运输服务	2021	黄牌，限期整改	C-
183		安全技术与管理	2022	黄牌，限期整改	C-
184		光伏工程技术与应用	2022	黄牌，限期整改	C-
185		电梯安装与维修保养	2022	黄牌，限期整改	C-
186		绘画	2023	通过	B
187	北京现代艺术学校	舞蹈表演	2023	通过	B-
188		数字媒体技术应用	2021	通过	C
189	北京新城职业学校	舞台艺术设计与制作	2023	通过	B+
190		钢琴调律	2023	通过	B
191	中国戏曲学院附属中等戏曲学校	舞台艺术设计与制作	2023	通过	C

附录二

高职院校产教融合现状调研问卷

您好！

　　您收到的这份调查问卷，是关于"高职院校产教融合现状"的调研工作问卷。本次调查旨在全面了解当前京津冀地区高职院校产教融合的实施情况、成效及存在的问题，进而分析制约因素，为高职教育产教融合模式的优化与改革提供相关依据。

　　请根据您的实际情况和切身感受填写问卷，您的回答对我们至关重要。调查结果将仅用于统计分析和总结，我们承诺保护您的个人信息安全。感谢您的支持与配合！

　　一、个人信息

　　1. 您的性别：

　　A. 男　　　　　　　　B. 女

　　2. 学历：

　　A. 高职/专科　　　B. 本科　　　　　C. 硕士研究生　　　D. 博士研究生

　　3. 职业：

　　A. 高职管理者　　　B. 高职教师　　　C. 企业经营/管理者

　　D. 高职在校学生　　E. 高职毕业生

　　4. 职称/技术等级（在校生不填）：

　　A. 高级　　　　　　　B. 中级　　　　　C. 初级

　　5. 您对产教融合的了解程度：

A. 非常了解　　　B. 比较了解　　　C. 不太了解　　　D. 完全不了解

二、产教融合实施情况

1. 您所在的专业/企业是否参与了以下形式的产教融合活动？（多选题）

A. 没有（请直接跳到第6题）　　　B. 企业实习/实训基地建设

C. 校企联合课程开发　　　　　　　D. 企业导师进校园

E. 校企共建研发中心　　　　　　　F. 工学交替/订单式培养

G. 其他（请说明）＿＿＿＿＿＿＿＿＿＿＿＿＿＿＿＿

2. 您所在的专业/企业是否组织或参与了跨省市的产教融合活动？

A. 没有（请直接跳到第4题）

B. 有，在京津冀地区

C. 有，在其他地区（请直接跳到第4题）

D. 有，包括京津冀地区和其他地区

3. 您所在的专业/企业组织或参与的京津冀地区的产教融合活动包括哪些？（多选题）

A. 企业实习/实训基地建设　　　　　B. 校企联合课程开发

C. 企业导师进校园　　　　　　　　　D. 校企共建研发中心

E. 工学交替/订单式培养

F. 其他（请说明）＿＿＿＿＿＿＿＿＿＿＿＿＿＿＿＿

4. 您认为现有产教融合活动对提升学生专业技能和实践能力的帮助如何？

A. 非常有帮助　　　B. 有一定帮助　　　C. 帮助不大　　　D. 没有帮助

5. 您认为影响产教融合活动有效性的主要因素有哪些？（多选题）

A. 学校与企业沟通不畅　　　　　　B. 合作机制不健全

C. 企业参与度不高　　　　　　　　D. 缺乏足够的资金支持

E. 学生参与度不高

F. 其他（请说明）＿＿＿＿＿＿＿＿＿＿＿＿＿＿＿＿

6. 在您看来，以下哪些能力是产教融合中应重点培养的？（多选题，选前三项）

A. 专业技能　　　　　　　　　　　　B. 实践操作能力

C. 团队协作与沟通能力   D. 创新思维与解决问题能力

E. 行业规范与职业素养   F. 数字素养

G. 其他（请说明）＿＿＿＿＿＿＿＿＿＿＿＿＿＿＿＿＿＿＿

7. 您认为产教融合活动对高职学生的就业和职业发展有何影响？

A. 非常有正面影响   B. 有一定正面影响

C. 影响不大   D. 没有影响

三、产教融合效果评价

请根据您的实际体验，对以下描述与您所在学校或合作学校产教融合实施情况的符合程度进行打分。1代表"非常不符合"，2代表"不太符合"，3代表"不确定"，4代表"比较符合"，5代表"非常符合"。

描述	1	2	3	4	5
1. 重视与企业合作，共同制定人才培养方案					
2. 课程内容与行业需求紧密结合，及时更新					
3. 实践环节丰富，能有效提升学生的实践能力					
4. 企业导师参与教学，提供行业前沿知识和指导					
5. 学校为学生提供了充足的实习和就业机会					
6. 产教融合活动促进了学生对职业规划和行业的理解，能够满足企业对人才的需求					
7. 学校对产教融合活动的组织和管理得当					
8. 您对产教融合活动的整体满意度如何					

四、开放性问题

1. 您认为当前产教融合活动中主要存在哪些问题或不足？请简要说明。

2. 您对改进和优化高职院校产教融合模式有哪些建议或期望？

感谢您耐心填写本问卷，您的反馈将对我们深入研究高职院校产教融合现状、推动教育改革具有重要意义。

附录三

相关政策文件汇编

《京津冀协同发展规划纲要》摘要①

2015 年 3 月 23 日，中央财经领导小组第九次会议审议研究了《京津冀协同发展规划纲要》。中共中央政治局 2015 年 4 月 30 日召开会议，审议通过《京津冀协同发展规划纲要》。推动京津冀协同发展是一个重大国家战略。战略的核心是有序疏解北京非首都功能，调整经济结构和空间结构，走出一条内涵集约发展的新路子，探索出一种人口经济密集地区优化开发的模式，促进区域协调发展，形成新增长极。

推动京津冀协同发展的指导思想是，以有序疏解北京非首都功能、解决北京"大城市病"为基本出发点，坚持问题导向，坚持重点突破，坚持改革创新，立足各自比较优势、立足现代产业分工要求、立足区域优势互补原则、立足合作共赢理念，以资源环境承载能力为基础、以京津冀城市群建设为载体、以优化区域分工和产业布局为重点、以资源要素空间统筹规划利用为主线、以构建长效体制机制为抓手，着力调整优化经济结构和空间结构，着力构建现代化交通网络系统，着力扩大环境容量生态空间，着力推进产业升级转移，着力推动公共服务共建共享，着力加快市场一体化进程，加快打造现代化新型首都圈，努力形成京津冀目标同向、措施一体、优势互补、互利共

---

① 京津冀协同发展规划纲要摘要［EB/OL］.（2018-01-28）［2024-12-19］. https://www.sjz.gov.cn/zfxxgk/columns/31b936c8-1038-4629-9e83-36b2f1bad54a/202004/20/ed556633-67d6-44d8-8c0b-8d70171dd5e4.html.

赢的协同发展新格局，打造中国经济发展新的支撑带。

一、功能定位

以首都为核心世界级城市群。

功能定位是科学推动京津冀协同发展的重要前提和基本遵循。经反复研究论证，京津冀区域整体定位和三省市功能定位各 4 句话，体现了区域整体和三省市各自特色，符合协同发展、促进融合、增强合力的要求。京津冀整体定位是"以首都为核心的世界级城市群、区域整体协同发展改革引领区、全国创新驱动经济增长新引擎、生态修复环境改善示范区"。

区域整体定位体现了三省市"一盘棋"的思想，突出了功能互补、错位发展、相辅相成；三省市定位服从和服务于区域整体定位，增强整体性，符合京津冀协同发展的战略需要。

北京市"全国政治中心、文化中心、国际交往中心、科技创新中心"。

天津市"全国先进制造研发基地、北方国际航运核心区、金融创新运营示范区、改革开放先行区"。

河北省"全国现代商贸物流重要基地、产业转型升级试验区、新型城镇化与城乡统筹示范区、京津冀生态环境支撑区"。

二、发展目标

北京 5 年后人口在 2300 万以内。

京津冀协同发展的目标是：近期到 2017 年，有序疏解北京非首都功能取得明显进展，在符合协同发展目标且现实急需、具备条件、取得共识的交通一体化、生态环境保护、产业升级转移等重点领域率先取得突破，深化改革、创新驱动、试点示范有序推进，协同发展取得显著成效。

中期到 2020 年，北京市常住人口控制在 2300 万人以内，北京"大城市病"等突出问题得到缓解；区域一体化交通网络基本形成，生态环境质量得到有效改善，产业联动发展取得重大进展。公共服务共建共享取得积极成效，协同发展机制有效运转，区域内发展差距趋于缩小，初步形成京津冀协同发展、互利共赢新局面。

远期到 2030 年，首都核心功能更加优化，京津冀区域一体化格局基本形成，区域经济结构更加合理，生态环境质量总体良好，公共服务水平趋于均衡，成为具有较强国际竞争力和影响力的重要区域，在引领和支撑全国经济社会发展中发挥更大作用。

三、空间布局

首要任务解决北京"大城市病"。

经反复研究论证，京津冀确定了"功能互补、区域联动、轴向集聚、节点支撑"的布局思路，明确了以"一核、双城、三轴、四区、多节点"为骨架，推动有序疏解北京非首都功能，构建以重要城市为支点，以战略性功能区平台为载体，以交通干线、生态廊道为纽带的网络型空间格局。

"一核"即指北京。把有序疏解非首都功能、优化提升首都核心功能、解决北京"大城市病"问题作为京津冀协同发展的首要任务。

"双城"是指北京、天津，这是京津冀协同发展的主要引擎，要进一步强化京津联动，全方位拓展合作广度和深度，加快实现同城化发展，共同发挥高端引领和辐射带动作用。

三轴"指的是京津、京保石、京唐秦三个产业发展带和城镇聚集轴，这是支撑京津冀协同发展的主体框架。

"四区"分别是中部核心功能区、东部滨海发展区、南部功能拓展区和西北部生态涵养区，每个功能区都有明确的空间范围和发展重点。

"多节点"包括石家庄、唐山、保定、邯郸等区域性中心城市和张家口、承德、廊坊、秦皇岛、沧州、邢台、衡水等节点城市，重点是提高其城市综合承载能力和服务能力，有序推动产业和人口聚集。

四、功能疏解

四类非首都功能将被疏解。

从疏解对象讲，重点是疏解一般性产业特别是高消耗产业，区域性物流基地、区域性专业市场等部分第三产业，部分教育、医疗、培训机构等社会公共服务功能，部分行政性、事业性服务机构和企业总部等四类非首都功能。

疏解的原则是：坚持政府引导与市场机制相结合，既充分发挥政府规划、政策的引导作用，又发挥市场的主体作用；坚持集中疏解与分散疏解相结合，考虑疏解功能的不同性质和特点，灵活采取集中疏解或分散疏解方式；坚持严控增量与疏解存量相结合，既把住增量关，明确总量控制目标，也积极推进存量调整，引导不符合首都功能定位的功能向周边地区疏解；坚持统筹谋划与分类施策相结合，结合北京城六区不同发展重点要求和资源环境承载能力统筹谋划，建立健全倒逼机制和激励机制，有序推出改革举措和配套政策，因企施策、因单位施策。

五、重点领域

交通、环保、产业升级先突破。

在交通一体化方面，构建以轨道交通为骨干的多节点、网格状、全覆盖的交通网络。重点是建设高效密集轨道交通网，完善便捷通畅公路交通网，打通国家高速公路"断头路"，全面消除跨区域国省干线"瓶颈路段"，加快构建现代化的津冀港口群，打造国际一流的航空枢纽，加快北京新机场建设，大力发展公交优先的城市交通，提升交通智能化管理水平，提升区域一体化运输服务水平，发展安全绿色可持续交通。

在生态环境保护方面，打破行政区域限制，推动能源生产和消费革命，促进绿色循环低碳发展，加强生态环境保护和治理，扩大区域生态空间。重点是联防联控环境污染，建立一体化的环境准入和退出机制，加强环境污染治理，实施清洁水行动，大力发展循环经济，推进生态保护与建设，谋划建设一批环首都国家公园和森林公园，积极应对气候变化。

在推动产业升级转移方面，加快产业转型升级，打造立足区域、服务全国、辐射全球的优势产业集聚区。重点是明确产业定位和方向，加快产业转型升级，推动产业转移对接，加强三省市产业发展规划衔接，制定京津冀产业指导目录，加快津冀承接平台建设，加强京津冀产业协作等。

北京市教育委员会　天津市教育委员会　河北省教育厅
关于成立京津冀职业教育改革示范园区的通知①

京教职成〔2024〕1 号

各市、区教育局（教委），有关学校、有关单位：

为贯彻落实习近平总书记在深入推进京津冀协同发展座谈会上的重要讲话精神，推进京津冀教育资源共建共享，加快构建区域联动的教育高质量发展新格局，高效支撑中国式现代化先行区、示范区建设，经北京市教育委员会、天津市教育委员会、河北省教育厅研究，决定在固安成立京津冀职教改革示范园区。

园区依托北京经济管理职业学院固安校区，按照"改革先行、聚合创新、协同发展"的理念，构建央地互动、区域联动协同平台，通过聚合京津冀三地产教资源要素、布局京津冀职教本科专业、建立京津冀职业教育改革研究中心，推进教育、科技、人才"三位一体"融合发展，以教育协同创新推动京津冀协同发展战略迈向更高水平，培养更多高素质技术技能人才、能工巧匠、大国工匠。

请各市、区教育局（教委）和各相关学校主动做好对接工作，积极筹措资源，抓好贯彻落实。

北京市教育委员会

天津市教育委员会

河北省教育厅

2024 年 2 月 8 日

---

① 北京市教育委员会　天津市教育委员会　河北省教育厅关于成立京津冀职业教育改革示范园区的通知［EB/OL］.（2024-05-13）［2024-12-19］. https://www.bvca.edu.cn/zjs/info/1033/1532.htm.

附件

京津冀职业教育改革示范园区建设方案

京津冀协同发展是习近平总书记亲自谋划、亲自部署、亲自推进的国家战略。为贯彻落实党的二十大精神和习近平总书记在深入推进京津冀协同发展座谈会上的重要讲话精神，加快形成区域联动教育高质量发展格局，北京市教育委员会、天津市教育委员会、河北省教育厅决定共同建设"京津冀职教改革示范园区"（以下简称"园区"）。园区依托北京经济管理职业学院固安校区，按照"改革先行、聚合创新、协同发展"的理念，构建央地互动、区域联动协同平台，聚合京津冀三地优质产教资源要素，通过"三教"创新协同、"三融"系统改革，推进教育、科技、人才"三位一体"融合发展，大胆创新，以教育协同创新推动京津冀协同发展战略迈向更高水平，培养更多高素质技术技能人才、能工巧匠、大国工匠。

一、重点任务

（一）构建跨省域办学机制

创新构建"一园多区"产教融合新格局，打造京津冀跨省域产教融合共同体。以北京经济管理职业学院固安校区为办学实体，以园区为中心，辐射大兴临空经济区、天津滨海高新技术产业开发区、廊坊高新技术产业开发区、雄安新区智慧城市产业园和跨境电子商务综合试验区等区域，联合区域内行业龙头企业，构建产业、教育、科技资源集聚的京津冀协同发展共同体。

（二）拓展职业教育新赛道

通过"五业对接"布局职教本科专业建设。面向先进智能制造、新一代信息技术、航空保障、数字经贸科技、数字新康养需求，对接周边产业园区紧缺职业岗位，与普通高校、头部企业合作建设一批职业本科专业，共同制定人才培养方案、设计课程体系、建设产业学院。分批建设国家级产教融合实训基地、专业群教学资源库、在线精品课程、精品教材，打造集教学、实训、培训、科研、技术转化、创新创业等于一体的产业学院样板。

（三）打造高素质师资队伍

通过"引培育评"汇聚职业教育高水平人才。引进"技能型"教师，打造以知名教授、专家和行业领军型专业带头人为骨干，由大国工匠、技术技能大师、产业教授组成的高水平教师队伍。实施京津冀政、行、企、校联合培养双师计划，培育"结构化"创新团队，建立校企人才双向流动机制，支持高层次领军人才组建教科研创新团队。

（四）推进产学研用转深度融合

园区将职普融通、产教融合、科教融汇落实在人才培养全过程。把职业素养、科技创新能力教育作为人才培养工作的主线，开展有组织的科研、有用的人才培养、有效的成果转化。以企业技术开发项目为抓手开展立体化资源建设，构建开放式产学研用协同创新体系，建设一批科创中心、联合实验室。成立京津冀职业教育改革研究中心，充分汇聚学校、科研机构、行业和头部企业参与，为园区建设提供政策咨询和实践指导。

（五）协同园区规划项目建设

按照"整体规划、分步实施、协同推进"的原则，京津冀三地基于北京经济管理职业学院已有条件科学合理规划，建立分阶段项目台账，健全项目管理网络，有序安排三期园区建设项目资金投入，积极筹划预留区土地变性、现有家属区置换、人才公寓配建等工作，满足园区多层次的发展需求和2026年学生规模5000人、2030年园区学生规模2万人、2035年学生规模3万人的办学需求。

（六）打造国际合作新高地

借助北京国际化优势开发形成具有中国特色、国际接轨的职业教育发展模式、职业教育标准体系，充分借助三地教育资源，利用天津的"鲁班工坊"，北京的"丝路学堂"，河北的"祖冲之学院""守敬科坊"等国际交流品牌，与国外院校共建具有国际影响力的职业标准、专业标准、课程标准。通过面向"一带一路"共建国家和地区开展国际产能合作，面向海外实施"中文+职业技能"项目，面向当地员工开展技术技能培训和学历教育，做优做强园区国际化品牌。

二、实施进度

园区按照"整体规划、分步实施、协同推进"的原则启动建设。

近期（2024—2026 年）：2023 年启动园区基础建设，4 所市属高校及 2 所部属高校参与合作办学。2024 年启动招生，每年招生 1000~1500 人，2026 年底在园学生规模达到 5000 人，初步建成人才培养、技术研发、产业培育三位一体的京津冀跨省域产教融合共同体。

中期（2027—2030 年）：有序扩大招生数量，2030 年底职教本科以上学生数量达 1.8 万人。毕业生服务京南、津西及河北经济发展，为京津冀三地输送产业急需紧缺高技能人才超过 5000 人。

远期（2031—2035 年）：到 2035 年在园职教本科学生规模 3 万人，毕业生投身于京津冀三地经济社会发展建设。开展各级各类职业技能培训 10 万人次，搭建若干个国家级科研创新中心和国际化交流平台，建成产、城、科、教深度融合的京津冀职教城，绘就中国式职业教育现代化先行区、示范区的新图景，形成全国职业教育改革示范新高地。

三、政策保障

（一）加强组织领导

加强党的领导，强化跨地域、跨部门、跨层级的组织联动，成立由京津冀三地教育行政部门组建的联合领导小组，高位推进园区建设。将园区作为国家和首都职教改革重要试点，列入京津冀协同发展办公室、三地职业教育联席会议重要议事日程。

（二）完善工作机制

建立健全利益共享机制，激励"政行校企"主动参与、协同联动。强化工作落实，清单式管理、项目化推进。加强督办考核，推动各项任务落地落实。成立多元化构成的专家咨询委员会，为园区建设提供智力支持。

（三）加大政策支持

以打造京津冀协同发展标杆工程、教育强国精品工程为目标，加大园区建设的政策协同和供给。支持园区在高层次人才引进、人事制度综合改革等方面加大保障力度。支持园区独立开办职教本科专业，在高考录取批次中单列招生计划。支持园区在河北"3+2"中高职衔接单考单招。支持生均拨款经费划拨到园区办学主体。支持园区面向全国开展职业技能等社会培训和评价服务。

中共天津市委、天津市人民政府印发
推动京津冀协同发展走深走实行动方案①

京津冀协同发展是习近平总书记亲自谋划、亲自部署、亲自推动的重大国家战略，是天津全面建设社会主义现代化大都市的主战略、大战略。为切实把党的二十大决策部署付诸行动、见诸成效，推动京津冀协同发展走深走实，制定如下方案。

一、 工作目标

到 2027 年，京津冀协同发展指数显著提升，"一基地三区"功能定位基本实现，区域生态环境更加优美，公共服务水平趋于均衡，协同发展体制机制更加完善。

——全国先进制造研发基地规模实力明显增强。产业创新体系更富活力，全市规模以上工业总产值达到 3 万亿元左右，战略性新兴产业规模突破 1 万亿元，全社会研发投入强度达到 3.7% 左右。

——北方国际航运核心区服务辐射功能明显增强。世界一流智慧港口、绿色港口建设取得明显成效，枢纽型网络化基础设施体系基本建成，世界级港口城市在全球资源配置中的能力显著提升，天津港集装箱吞吐量力争达到 2700 万标准箱，国际航运中心发展指数排名进入全球前 18 位。

——金融创新运营示范区特色优势明显增强。科创金融、数字金融、航运金融等重点金融产业综合实力达到国内先进水平，融资租赁、保理行业保持全国领先，金融业增加值占地区生产总值比重达到 15% 左右。

——改革开放先行区引领作用明显增强。建成世界一流自贸试验区，外贸进出口额突破 1 万亿元，利用外资持续稳定增长，年实际使用外资 70 亿美元以上。

---

① 中共天津市委、天津市人民政府印发 推动京津冀协同发展走深走实行动方案［EB/OL］.（2023-06-20）［2024-12-19］. https://www.tj.gov.cn/sy/tjxw/202306/t20230620_6327099.html.

二、重点任务

(一)推动承接北京非首都功能疏解走深走实

1. 明确用力方向,准确把握承接目标。重点承接总部企业、研发转化资源、教育资源、医疗机构、金融资源、事业单位、先进制造业、国际航运资源、现代服务业等功能,全力争取更多符合"一基地三区"功能定位的非首都功能疏解到天津。到 2027 年,承接北京非首都功能新增项目投资额累计超过 8000 亿元。

2. 聚焦重点平台,加快承接项目资源。提升重点平台要素承载能力,建立与国家部委、央企、中管高校等国家资源及北京市地方资源的高效高频"握手通道"。京津冀协同发展战略合作功能区:推动滨海新区强化配套服务功能,提高产业发展质效,培育形成一批高质量、有特色、有规模的产业集群,高标准打造"一基地三区"核心区。天津滨海—中关村科技园:落实新一轮合作共建协议,建立高质量发展政策体系,建设北塘湾数字经济产业园,打造类中关村创新创业生态,建成京津冀协同创新共同体示范区。宝坻京津中关村科技城:发挥中关村在京外首个重资产投资项目的资源优势,建设空间载体,厚植产业环境,完善城市服务,建成京津协作高质量产城融合示范区。武清京津产业新城:按照"一核、多点、全域"布局,锚定建设京津冀世界级城市群重要节点目标,打造高端产业集聚新高地、京津科技人才创新城。京津合作示范区:理顺"飞地"管理机制,完善配套服务功能,强化项目招商和产业导入。

3. 完善承接格局,提升全域承载能力。推动中心城区更新提升,高水平建设天开高教科创园、金融街,有序推动中央商务区(CBD)、中央创新区(CID)建设,创建更多服务业扩大开放示范园区,重点承接金融服务、商务服务、总部经济、平台经济等产业,带动"津城"产业能级提升,逐年提高现代服务业比重,形成对全市产业布局优化的有力支撑。其他各区选取基础较好的园区,因地制宜打造各具优势的特色载体。依托高铁、城际和重点区域，在蓟州站片区、宝坻站片区、静海团泊健康产业园、天津西站京津冀同城商务区等谋划建设定位明确、特色鲜明、职住合一、规模适度、专业化发展的承接平台。

4. 创新政策措施，确保工作有力有效。围绕落户企业和员工关心关注的问题，从贡献奖励、金融服务、人才支持以及教育、医疗、住房保障等方面给予支持。逐年制定对接清单，设定年度新增承接项目投资额目标，建设对接服务北京信息平台，实施"1+2+N"系列招商活动。各区选优配强专业化招商队伍，健全招商专员工作机制和考核激励办法。

（二）推动"一基地三区"建设走深走实

5. 加快建设全国先进制造研发基地。推动制造业高质量发展。以高端化、智能化、绿色化为路径，促进融合化、链群化、协同化发展，以智能科技产业为引领，提升绿色石化、汽车、装备制造等优势产业，壮大生物医药、新能源、新材料、航空航天等新兴产业，加快冶金、轻工等传统产业转型升级。促进数字经济与实体经济深度融合，加快制造业数字化转型和智能化升级，创建一批智能工厂和数字化车间，做强做优做大数字经济。聚焦工业软件、工业母机、基础材料等领域开展重大科技攻关。实施重大项目牵引，推进西青 12 英寸晶圆代工、南港 120 万吨乙烯、滨海新能源电池等重大项目建成投产。

6. 加快建设北方国际航运核心区。推动港产城融合发展。争取国家成立津冀组合港联合管理机构，推进世界级港口群建设。试点建设零碳码头、低碳港区，实施天津港 30 万吨级主航道、大港港区 10 万吨级航道提升及黄万铁路电气化改造等工程。增强天津港市场开拓能力，建立与物流央企及北京陆路港、重点产业园区、重要商贸集团的常态化联系机制，深挖货源渠道，织密营销网络，量身打造全程物流服务。建立市场化协同机制，深化天津港集团与河北港口集团合作。优化区域铁路客货比例调配，增开北京—天津港集装箱铁路班列，全力推动区域整车及零部件经天津港出口，不断拓展国际航线，稳步提高天津港京冀集装箱进出口货物比重。发展海洋装备、石油化工和化工新材料、航空航天等适港产业，加快北方国际冷链物流基地建设，打造邮轮产业聚集区。实施天津滨海国际机场三期改扩建工程，新开加密全货机航线航班。到2027年，集装箱海铁联运量达到200万标准箱。

7. 加快建设金融创新运营示范区。推动特色金融创新发展。引聚科创金融、数字金融、航运金融、绿色金融、普惠金融等特色机构，深化金融产品和服务创新，巩固融资租赁、商业保理等全国领先优势，推动金融创新发展能力显著提升。打造具有较强影响力的金融基础设施、金融行业标准和创新研发平台，提升特色金融机构运营质效。将金融街和于家堡打造成为金融创新运营示范区的核心区。

8. 加快建设改革开放先行区。推动以滨海新区为龙头的高水平改革开放。深化市场化改革，落实构建高标准市场体系178条举措，争取纳入要素市场化配置综合改革国家试点；推动国家支持滨海新区高质量发展系列政策落地实施；落实京津冀营商环境一体化发展合作协议，扩大政务服务"跨省通办"和"同事同标"范围；深化国有企业改革；落实优化民营经济政策环境支持民间投资发展若干措施，制定促进民营经济健康发展和民营经济人士健康成长相关举措。拓展制度性开放，深化三地联席会议机制，实施一批自贸试验区系统化集成化改革创新举措；加快临港综合保税区申建和验收运作；争取集成电路产业全流程保税试点，做大保税展示交易规模；探索跨境电商发展新路径新模式，优化跨境电商退换货流程；扩大"一次录入、双方共享'一单两报'通关模式"创新应用；推进航运物流、金融等服务业开放。依托国家会展中心（天津），谋划筹办航运类国际博览会。办好用好世界经济论坛新领军者年会，促进天津高水平开放。

（三）推动基础设施同城化一体化走深走实

9. 加快建设"轨道上的京津冀"。建成津兴城际铁路、京滨城际南段，形成4条高铁城际联通京津双城格局。建成津潍高铁，高效联通京津冀与长三角。启动津承城际北辰至天津西联络线建设。到2027年，高铁城际运营里程达到510公里。

10. 加快建设便捷高效公路网。实施京津塘高速公路、津沧高速公路改扩建工程，新建滨唐高速公路天津段。建设团大、津歧等省际公路及九园、宝武、汉南等市域公路。实施一批农村资源路、产业路、旅游路建设项目。

11. 实施北大港水库扩容工程，完善南水北调中线市内配套工程。实施蓟运河、北运河、潮白河等一级行洪河道堤防达标治理和大运河木厂船闸工程。

12. 加快建设创新协同新型基础设施。实施千兆5G和千兆光网建设提升工程，前瞻布局6G网络。建设全国一体化算力网络京津冀枢纽节点，打造中国联通京津冀数字科技产业园、中国电信京津冀大数据基地、腾讯IDC数据中心等一批项目。建设国家级车联网先导区，构建丰富多维的示范应用场景。

13. 加快建设互联互通能源管网。建设中石化、国家管网LNG接收站以及北京燃气LNG应急储备项目，加快蒙西煤制气、唐山LNG外输管线等互联互通工程建设。推动新建"大同—怀来—天津北—天津南"特高压通道，扩建天津南特高压站。

（四）推动产业链创新链人才链融合走深走实

14. 深化产业协同。落实京津冀产业协同发展"十四五"实施方案，聚焦三地优势产业，构建跨区域产业链。深化新能源汽车与智能网联车深度合作，以整车和"三电"等关键零部件为牵引，建成全国重要整车及配套生产基地。深化数字经济对接合作，加快人工智能、新一代信息技术赋能制造业，建设京津冀工业互联网协同发展示范区。深化生物医药协同合作，依托天津经济技术开发区共绘产业图谱，做强京津冀生命健康国家级先进制造业集群。

15. 深化科技创新协同。加强与科技部、教育部合作，争取相关领域全国重点实验室获批建设，力争全国重点实验室达到20家。加强与中国科学院、中国工程院、中国医学科学院、清华大学、北京大学等合作，建设科技发展战略研究院等创新平台。共建京津冀国家技术创新中心，建立京津冀技术交易数据、大型科研仪器开放等共享机制，推动创新要素自由流动。发挥天津版"国之重器"作用，推动国家超级计算天津中心更深入、更紧密、更市场化服务全国和区域产业发展。发挥天津中科先进技术研究院、清华大学天津电子信息研究院等平台作用，吸引一批重大科技成果在津转化，提升企业创新能力。实施"解细绳"2.0行动，建立市场化概念验证机制和中试平台等科技服务载体，聚焦科技服务业培育，强化政策和服务保障，推动科技成果加速转变为现实生产力。

16. 深化人才协同。修订人力资源服务区域协同地方标准。创新完善人才合作机制，遴选五大开发区、重点园区干部到北京对口区域挂职。建立职业人才信息对接平台，在人工智能、生物医药、汽车等领域开展人才和项目合作。协同引才育才，探索建立顶尖科学家工作室，引育一批具有战略科学家潜质的顶尖人才、科技领军人才和一流创新团队。高质量举办全国职业技能大赛。

（五）推动生态环境联建联防联治走深走实

17. 优化扩大生态空间。持续推进"871"重大生态工程建设，构建贯穿天津南北的生态廊道。实施白洋淀—独流减河—渤海湾和南运河生态绿脉保护。串联打造"一环十一园"植物园链。推进危险废物跨区域转移处置合作。

18. 加强大气污染联防联控。持续开展秋冬季大气污染联合治理，实施夏季臭氧污染防治攻坚行动。推进重点行业、重点设施超低排放改造，实施重点企业除尘、脱硫、脱硝烟气净化装置提升改造。推动煤炭清洁高效利用。

19. 强化水环境联保联治。实施"六河五湖"综合治理和生态修复，推进永定河综合治理与生态修复工程。开展大运河、大清河、潮白河等重点流域环境治理保护。落实第三期引滦入津上下游横向生态保护补偿协议，加强潘大水库、于桥水库等水源保护。建设美丽海湾，打好渤海综合治理攻坚战。加强与中央气象台、北京市气象台对接，建立预测数据模型，提高防汛防灾能力。

（六）推动社会政策和公共服务协同走深走实

20. 深化社会政策协同。健全三地养老保险待遇领取资格认定信息协调机制。扩大异地就医住院、普通门诊和门诊慢特病费用直接结算范围。健全跨区域就业信息协同和发布制度，完善三地劳动人事争议协同处理机制。在交通通信、身份认证、社会保险、住房保障等领域推出一批"一卡通"、"一网通"、"一次办"等便民措施。

21. 深化公共服务协同。落实来津企业员工子女义务教育入学安置政策。建设北京协和医学院天津校区和中国医学科技创新体系核心基地天津基地。创建血液病、中医等国家医学中心。强化养老服务标准、养老机构等级评定结果互认。

22. 深化商贸文旅协同。推进商贸联动,加快建设国际消费中心城市,服务京津冀消费大市场。发挥平行进口汽车消费拉动作用。提升百年金街、古文化街、意式风情区、佛罗伦萨小镇等地标商圈品质,挖掘"河、海、洋楼"独特资源,打造文化中心、五大道、国家海洋博物馆、航母主题公园等一批主题消费旅游目的地。推进长城、大运河国家文化公园建设。创建国家文化旅游消费试点城市、国家级旅游度假区和旅游休闲街区,推出20条度假游、多日游文旅线路,打造成为京津冀游客打卡地。与头部企业合作,打造"I·游天津"旅游品牌,策划五大道海棠花节、京冀媒体采风行等系列活动,举办京津冀地区旅行者峰会,推动京津冀旅游互为资源、互为市场,实现旅游资源、市场客源一体化。

(七) 推动区域内改革试点示范走深走实

23. 深化"通武廊"改革试验。联合建设科创"飞地",强化与北京亦庄、永乐等开发区和廊坊开发区对接协作。加强市场一体化改革,建立一体化市场准入机制。统一企业登记标准,实施登记名称自主申报改革。简化异地就医跨区域登记备案程序,实现定点医疗机构异地门诊卡码通结。推动基本医疗卫生服务资源共享和联动协作,实现跨区域双向转诊。

24. 打造"京东黄金走廊"。积极融入通州与北三县一体化发展,宝坻区、蓟州区、武清区强化与北京通州区产业政策衔接,放大区域优势,做强特色产业。建立京唐、京滨高铁沿线园区"点对点"协作机制,共同打造动力电池、智能装备、磁性材料等优势产业链条。实施宝坻区钰华街和西环路跨潮白河特大桥建设。开展与北京地铁平谷线东延连接的前期研究。

25. 倾力服务雄安新区建设。深度推进公共服务共建共享，全力支持雄安新区建设，推动天津与雄安新区在功能上优势互补、错位发展。推进天津市经济贸易学校雄安协作校区等建设，打造适应雄安新区产业发展的职业教育专业组群。选派技术人才支持雄安新区医疗卫生健康事业发展。做强天津港集团雄安服务中心，与周边保定、胜芳、白沟等物流服务节点形成联动，构建京津冀地区内陆物流网络。

三、保障措施

（一）加强组织领导、责任传导、工作督导

完善市委市政府推进京津冀协同发展领导小组工作机制。充实市协同办工作力量，组建产业、交通、科技创新、民生和社会服务、生态环保等协同工作专班，强化统筹协调和推动落实。压实各区各部门责任，以高效务实作风和抓铁有痕、踏石留印的劲头狠抓落实。市委办公厅、市政府办公厅会同市协同办定期开展工作督导，建立与年度绩效考评挂钩的评价机制。

（二）健全向上沟通争取、京冀横向对接、市区联动落实机制

加强与国家部委、央企等有效衔接，全力争取规划、政策、资金、项目等支持。坚持三省市党政代表团互访制度，定期召开省市领导联席会议，完善三地协同办常态化交流机制。健全全市"一盘棋"工作机制，形成密切联动、同向发力、务实高效、狠抓落实的局面。

（三）强化政策、项目、事项调度

提高各区域、各领域政策协同水平，加强基于需求的政策储备，定期开展政策评估。加大市协同办工作推进力度，充实驻京工作团队力量，牵头推动各区各部门建立周跟进、月报告、季调度机制，跟踪重点项目进展，推动跨区域项目建设。建立晒成绩单机制，通过现场会、蹲点调研、"回头看"等方式，推动各项任务落细落地落实。

中共北京市委教育工作委员会　北京市教育委员会
关于成立京津冀职教改革示范园区管委会的通知[①]

京教职成〔2024〕13 号

各有关职业院校、高等学校：

为贯彻落实《北京市教育委员会　天津市教育委员会　河北省教育厅关于成立京津冀职业教育改革示范园区的通知》（京教职成〔2024〕1 号）文件精神，按照"改革先行、聚合创新、协同发展"的理念，构建区域联动协同平台，打造京津冀跨省域产教融合共同体，助力京津冀协同发展战略迈向更高水平，经研究决定，成立京津冀职教改革示范园区管委会（以下简称"管委会"）。现将有关事项通知如下。

一、决策机制

管委会是园区建设、管理的决策机构，由京津冀三地教育行政部门组成的园区建设联合领导小组负责，重大事项报三地教育两委审定。管委会统筹园区规划建设、制定园区发展政策、决定园区发展事项，管委会实行"双主任制"，分别由北京市教育委员会分管领导、园区依托建设单位北京经济管理职业学院（以下简称"经职院"）党委书记担任，成员由园区合作高校校长、天津市教委职业教育处处长、河北省教育厅职业教育与成人教育处处长、固安县委主要负责同志组成。

管委会授权经职院全面负责园区日常办学和学生管理职能。经职院是园区建设管理的承载主体和执行主体，代行园区日常运行、管理职责，具体负责制定园区发展建设规划、组织实施园区基本建设项目、开展园区内各项管

---

① 中共北京市委教育工作委员会　北京市教育委员会关于成立京津冀职教改革示范园区管委会的通知 [EB/OL]. （2024-06-25）[2024-12-19]. https://jw.beijing.gov.cn/xxgk/2024zcwj/2024qtwj/202406/t20240625_3726634.html.

理工作等，负责园区人才培养、教育教学运行、师资队伍组建、产业学院建设、人事制度改革、招生就业、学生管理、党建和思政、服务保障等工作的组织管理和推进落实。

经职院党委书记是职教改革示范园区日常运行工作的第一责任人，经职院按照"三重一大"决策制度，由校长办公会、党委常委会按照学校相关会议的议事规则，贯彻落实园区管委会各项决策决议和任务要求，重大事项报管委会审定。

二、运行机制

管委会下设管委会办公室、基本建设办公室、学生管理办公室、教育教学管理办公室、安全稳定办公室 5 个日常行政事务管理部门及 1 个教学部门本科生院/应用技术学院、1 个教学指导委员会。

各办公室实行"双主任制"，双主任由市教育两委相关处室主要负责人、经职院相关职能部门主要负责人担任，日常工作由学校方主任履职，重大事项双主任调度，建立工作推进机制，定期开展沟通调度会。各办公室涉及本领域业务的上下行文、报送材料等，单列职教园区户头，由经职院代章。

经职院 5 个职能部门（党政办、基建处、学工部、教务处、安稳部）作为管理机构，负责沟通联络市教育两委职能部门、合作本科高校职能部门，统筹落实管委会日常运行工作。

三、机构设置

（一）管委会办公室

负责园区管委会日常运行工作；做好会议组织、文书档案、文件印发等工作；研究分析管委会运行中存在的问题，及时向领导小组报告并提出建议；协调园区各高校统筹推进各项工作。

主任：市教委职业教育与成人教育处处长、经职院党政办主任

成员：合作高校办公室负责人

管委会办公室设置综合办公室 1 个，负责处理日常事务。

（二）基本建设办公室

负责编制园区建设整体规划；制定年度基础建设项目库；做好各项目的立项建设与规范实施。

主任：市教委基本建设处处长、经职院基建处处长

成员：市教委财务处、发展规划处、支援合作处负责人

（三）学生管理办公室

负责指导园区学生管理工作；负责建立完善园区学生管理工作制度；拟定园区学生就业、创业、征兵政策并组织实施；指导园区在校学生就业创业工作；指导协调园区大学生征兵工作。

主任：市教委高校学生处处长、经职院学生工作处处长

成员：教工委宣教处、组织一处负责人

合作高校学生处负责人

学生管理办公室设学生科 1 个，负责处理日常事务。

（四）教育教学管理办公室

负责协调园区与合作本科高校，做好本科层次应用型技术技能人才培养、教育教学、实习实训。

主任：市教委高等教育处处长、经职院教务处处长

成员：市教委发展规划处、人事处负责人

合作高校教务处负责人

教育教学管理办公室设教学科研办公室 1 个，负责处理教学和科研管理工作日常事务。

（五）安全稳定办公室

负责园区安全稳定工作；协调属地建立工作联动机制，加强园区内社区

安全管理；协调处置突发应急事件；加强园区治安、消防、食品安全等安全管理工作；做好矛盾纠纷排查化解。

主任：市委教育工委安全稳定工作处处长、经职院安稳工作处处长

成员：市教委学校后勤处处长、北京教育融媒体中心负责人

（六）本科生院/应用技术学院

本科生院/应用技术学院作为办学机构，负责沟通联络合作本科高校二级学院、专业教研室，接受职能部门的统筹，落实校企合作开展人才培养、教学运行、师资配备、学生管理、教科研发展等教学全过程。院长、副院长由管委会任命。本科生院下设 3 个管理部门（综合办公室、学生教育管理科、教学科研办公室）和 5 个产业学院（临空经济产业学院、智慧城市产业学院、先进制造产业学院、数字财经产业学院、珠宝科创产业学院），本科生院成立党总支，并设置学生党支部，具体编制及人员配置由经职院负责。

（七）教学指导委员会

教学指导委员会统筹指导教育教学相关工作，成员由建设单位、园区合作高校教育专家和合作企业导师组成。以"为京津冀培养精操作、懂工艺、会管理、善协作、能创新的数字化、应用型卓越现场工程师与高层次应用型技术技能人才"为培养目标，统一制定教学管理标准，研讨园区教学工作规划和重大教学改革措施，评估课程教学质量。

中共北京市委教育工作委员会
北京市教育委员会
2024 年 6 月 13 日

教育部　天津市人民政府印发关于探索现代职业教育体系建设改革新模式实施方案的通知①

　　天津是国家现代职业教育改革创新示范区，具有独特的区位、产业和教育优势，正处于转变发展方式的深度调整期和构建现代工业产业体系的战略机遇期，职业教育前途广阔、大有可为。为深入贯彻习近平总书记关于职业教育工作的重要指示批示精神，落实中共中央办公厅、国务院办公厅《关于深化现代职业教育体系建设改革的意见》，教育部和天津市人民政府特制定本实施方案，共同探索中国现代职业教育体系建设改革新模式。

一、总体要求

　　（一）指导思想。坚持以习近平新时代中国特色社会主义思想为指导，全面贯彻党的二十大精神，深入贯彻落实习近平总书记对天津工作"三个着力"重要要求和一系列重要指示批示精神，坚持服务学生全面发展和经济社会发展，以提升职业教育关键能力为基础，以深化产教融合为重点，以推动职普融通为关键，以科教融汇为新方向，统筹职业教育、高等教育、继续教育协同创新，着力深化职业教育体制机制改革，着力完善职业教育基本制度和重要政策，着力构建产教城互动发展新格局，着力形成一批可复制可推广的突破性成果，着力打造新时代职业教育创新发展标杆和职业教育国际交往中心，为天津制造业高质量发展和科技创新高地建设提供技术技能人才支撑，为全国职业教育改革发展发挥引领示范作用，为世界职业教育贡献中国智慧和中国方案。

　　（二）主要目标。通过部市共同努力，用2至3年时间，建成产教深度融合、职普相互融通，促进全民终身学习，更好服务人的全面发展和经济社会高质量发展的现代职业教育体系。

　　——办学体制上，政府主导、多元参与的办学格局更加健全，产教融合、

---

　　①　教育部 天津市人民政府印发关于探索现代职业教育体系建设改革新模式实施方案的通知［EB/OL］.（2024-04-17）［2024-12-19］. https://www.tjchengjian.com/xqhzbgs/info/1150/1095.htm.

校企合作的办学模式更加多样，职业教育结构和区域产业布局更加匹配。

——育人模式上，德技并修、工学结合的机制更加完善，职普协调发展、相互融通的梯度职业教育和培训体系更加健全。

——评价方式上，以人为本、面向人人的价值导向更加鲜明，能力为重、贡献导向的评价方式更加合理。

——管理机制上，央地互动、区域联动，政府、行业、企业、学校协同的发展机制更加顺畅，制度供给更加充分，条件保障更加有力。

——国际交流上，互学互鉴更加深入，形成一批职业教育国际品牌和标准，推动中国职业教育国际影响力和竞争力有效提升，将天津建成我国职业教育的国际交往中心。

二、重点任务

（三）提升天津职业教育关键能力。落实立德树人根本任务，加强思想政治教育，加大课程、教材和教学装备开发力度，全方位提升教师素质和能力，增强职业教育办学核心能力，提高人才培养质量。

1. 创新职业教育特色思政育人模式。建设一批实践育人基地，挖掘和传承天津工业文化的红色基因，赓续红色血脉。探索举办职教思政课教学技能大赛、短视频大赛、"故事思政"大赛、情景剧大赛、学生讲思政课大赛和职业院校思政课高峰论坛。建设"职教思政云"，将天津市思政实训基地、思政课主题教室打造成"大思政课"综合实践基地，设立职教思政课实践教学研究中心，遴选一批职业教育特色实践育人基地，开发一批职业教育特色思政教学资源，铸牢中华民族共同体意识。发挥天津劳动教育师资培养培训中心和教学研究中心作用，加强职业学校教师培训，提升运用劳模精神、劳动精神、工匠精神育人的能力。

2. 建立课程教材产教联合开发机制。由天津市教育科学研究院牵头组建职业教育课程开发中心，整合行业、企业、教研、院校等多方资源，重点围绕模具设计与制造、光伏发电技术与应用、环境工程技术、无人机应用技术、包装工程技术、软件技术、物流管理、眼视光技术、护理、药学等专业领域，研制一批核心课程标准，打造一批高水平优质课程，开发数字化资源。加强职业教育教材教法研究基地建设，对接主流生产技术，开发一批活页式、工作手册式、数字化等新形态教材和鲁班工坊多语种教材。

3. 探索专业教学装备产业化运营模式。积极培育职业教育教学装备产业发展，发挥职业学校专业优势和校企合作优势，跟踪新技术、新工艺、新方法、新标准，持续开发职业教育教学仪器、实训设备和配套教学资源，整体打造"实体教学装备+模拟仿真系统+虚拟现实平台"系统化的教学装备体系，在教育教学、实验实训、技术培训、技能大赛等方面广泛推广应用，做大做强职业教育教学装备的天津品牌。

4. 完善工匠之师培养培训体系。部市共建天津职业技术师范大学，支持学校建设博士授权单位，支持申报职教师资培养的相关博士学位授权点。支持天津工业大学、天津理工大学、天津科技大学等市属理工类院校设立职业技术师范教育二级学院，开展本科及以上层次的职业教育师资培养。支持天津大学、天津职业技术师范大学与高职院校、产教融合型企业联合开展职教师资一体化培养试点。支持天津职业技术师范大学牵头成立全国职业技术师范院校联盟，加强天津市职业教育工匠之师研究中心建设，引领全国职教师资培养改革实践与探索。依托国家级职业教育校长、教师培训基地，面向全国职业学校，开展每年不少于5000人次的校长、管理干部和骨干师资培训。加强"技能天津"建设，支持天津职业技术师范大学依托全国技工院校师资研修中心，承接全国技工院校师资培养任务。

（四）组建区域产教联合体。以天津经济技术开发区、天津港保税区、天津滨海高新技术产业开发区、天津东疆综合保税区为重点，由管委会负责人牵头，政府相关部门、骨干企业、职业学校、普通高校、科研机构参与，组建实体化运作的理事会，完善章程、议事规则、考核评价等，明确并落实各方的责权利，先期打造4个兼具人才培养、创新创业、产业升级等功能的产教联合体，并逐步推广。推动各类主体深度参与人才培养，完善人才供需对接机制，打造共性技术服务平台，为企业提供技术咨询与服务，促进技术创新、产品升级。

1. 打造天津经济技术开发区生物医药产教联合体。由天津经济技术开发区管委会牵头，南开大学、天津医科大学、天津中医药大学、天津科技大学、中国科学院天津工业生物技术研究所、天津渤海职业技术学院、天津生物工程职业技术学院、天津现代职业技术学院等院校和科研机构，以及凯莱英医药集团（天津）股份有限公司、康希诺生物股份公司、天津金耀药业有限公司、瑞博融成（天津）科技有限公司、赛诺医疗科学技术股份有限公司等企业参与，成立理事会。提升生物医药技术技能人才培养质量，统筹编制专业群建设规划，确定人才培养规格，升级改造人才培养方案，开发课程和教学资源，改革教学和学业考核评价。聚焦细胞药物、基因药物、疫苗、抗体等前沿领域，推动高校加入细胞生态海河实验室等实验室建设，与联盟企业共建联合实验室、生物医药技术公共实训中心和生物医药人才创新创业基地，组建跨界技术研发及应用团队，推动企业专家与学校教师双向流动，联合开展技术创新。

2. 打造天津港保税区高端装备制造（海洋工程装备）产教联合体。由天津港保税区管委会牵头，天津大学、天津科技大学、天津理工大学、天津中德应用技术大学、天津市职业大学、天津轻工职业技术学院、天津滨海职业学院等院校，以及海洋石油工程股份有限公司、天津博迈科海洋工程有限公司、中船（天津）船舶制造有限公司、太重（天津）滨海重型机械有限公司、合力（天津）能源科技股份有限公司等企业参与，成立理事会。支持天津大学、天津理工大学、天津市职业大学、天津轻工职业技术学院、海洋石油工程股份有限公司等牵头，探索中国特色学徒制，培养服务保税区海洋装备制造产业链的现场工程师。依托天津滨海新区先进制造职业技能公共实训中心，搭建职业技能实训平台。将海油工程天津智能化制造基地改造升级为智能制造产教融合实训中心。聚焦海洋产业体系升级关键技术，用好"揭榜挂帅"机制，高校联合企业开展特定需求"卡脖子"技术联合攻关。鼓励校企联合共建重点实验室、技术创新中心、工程研究中心、产业创新中心等科教创新平台，做大做强海洋装备市级主题园区。

3. 打造天津滨海高新技术产业开发区信创产教联合体。由天津滨海高新技术产业开发区管委会牵头，南开大学、天津大学、天津理工大学、天津市职业大学、天津电子信息职业技术学院、天津滨海职业学院等院校，以及飞腾信息技术有限公司、曙光信息产业股份有限公司、麒麟软件有限公司、三六零安全科技股份有限公司、国家超级计算天津中心等企业和机构参与，成立理事会。支持天津大学建设特色化示范性软件学院，联合天津电子信息职业技术学院为企业定向培养现场工程师等信创行业一线人才，逐步推进更多信创企业与高校联合建设产业学院。与海河产业基金、滨海产业发展基金紧密对接，探索由产教联合体成员单位成立产教融合基金，支持实训中心和实训项目建设。

4. 打造天津东疆综合保税区数字经济产教联合体。由天津东疆综合保税区管委会牵头，南开大学、天津大学、天津财经大学、天津商业大学、天津市职业大学、天津电子信息职业技术学院、天津交通职业学院、天津商务职业学院、天津海运职业学院等院校，以及天津港（集团）有限公司、阿里巴巴（中国）有限公司、北京京东世纪贸易有限公司、抖音有限公司、天津满帮能源科技有限公司、天津宏信建发投资有限公司等企业参与，成立理事会。适应数字化、网络化、智能化融合发展需求，校企共建一批大数据技术、人工智能技术应用、嵌入式技术应用等前沿专业，改造一批传统专业，将数字素养融入培养方案和人才培养全过程。建立校企人才培养双向牵引机制，开展"订单式"培养。加强数字经济产业技能人才培养平台建设，打造数字经济创业孵化基地和大学生就业见习基地。支持天津港（集团）有限公司等企业与学校共建跨境电商、保税直播等实训平台，为人才培养提供丰富的数字化应用场景。

（五）组建产业链产教融合共同体。先期在高端装备制造、新能源2个重点产业链和智能供应链产业领域，逐步推广覆盖到航空航天、轻工业等其他产业链，组建跨区域的产业链产教融合共同体。产业链市级牵头部门和教育行政主管部门共同具体负责，以产业链工作专班为基础，完善政府引导、市场主导、企业主体、院校支撑的运行机制。将建设内容纳入天津市制造业高质量发展行动，建立议事协调例会制度，定期召开工作推进会。

1. 组建高端装备制造产教融合共同体。由中国通用技术（集团）控股有限责任公司、海洋石油工程股份有限公司、太重（天津）滨海重型机械有限公司、天津百利机械装备集团有限公司、天津汽车模具股份有限公司等企业，天津大学、天津中德应用技术大学共同牵头，天津职业技术师范大学、天津市职业大学、天津轻工职业技术学院、天津机电职业技术学院、中国石油集团工程技术研究院有限公司等院校和企业参与，组建高端装备制造产业链产教融合共同体。组织开发一体化的专业课程标准、教学评价标准和实践能力项目。依托职业学校开展委托培养和订单培养，开展多形式、多层次、多工种、多区域的在岗培训。组建高端装备协同创新中心和共性技术实践平台，在海洋油气装备、高技术船舶、高端机床等领域，破解一批技术应用、工艺流程改进、生产线创新等问题。

2. 组建新能源产教融合共同体。由中国长江三峡集团有限公司、国网天津市电力公司、天津英利新能源有限公司、天津力神电池股份有限公司、弗兰德传动系统有限公司、天津市特变电工变压器有限公司等企业，南开大学、天津理工大学共同牵头，天津大学、天津轻工职业技术学院、天津中德应用技术大学、天津市职业大学等院校参与，组建新能源产业链产教融合共同体。实行校企联合培养，开展"入学即入职、学习即上岗、毕业即就业"培养模式试点。组建"科学家+工程师"导师团队，以企业一线攻关项目为牵引，培养紧跟产业迭代升级需要的现场工程师。以引企驻校、引校进企、校企一体等方式，建设新能源生产性实习实训基地。校企共建新能源企业技术中心、产业技术实验室、中试和工程化基地，围绕新能源产业关键技术、核心工艺和共性问题开展协同创新，加快基础研究成果向产业技术转化。

3. 组建智能供应链产教融合共同体。由北京京东世纪贸易有限公司、中国国际技术智力合作集团有限公司、天津港（集团）有限公司、中国外运股份有限公司、中国海运集团有限公司、德邦物流股份有限公司、内蒙古伊利实业集团股份有限公司等企业，天津大学、北京交通大学、天津交通职业学院共同牵头，中国物流与采购联合会、天津财经大学、天津商业大学、天津滨海职业学院、天津轻工职业技术学院、天津机电职业技术学院、北京财贸职业学院、河北交通职业技术学院等院校和机构参与，组建智能供应链产教融合共同体。推动企业、学校、科研机构围绕数字零售、智能物流等供应链产业关键技术、核心工艺和共性问题开展协同创新，加快基础研究成果向产业技术转化。落地双导师制，引导高校将企业生产一线实际需求作为工程技术研究课题、院校学生实践项目重要来源。推行面向企业真实生产环境的任务式培养模式，企业依托或联合职业学校、高等学校设立产业学院和企业工作室、联合实验室、创新基地、实践基地等，形成智能供应链人才认证体系。

（六）创新普职融通机制。促进不同层次职业教育有效衔接，建立职业教育和普通教育渗透融通机制，深化中高职系统化培养，畅通技术技能人才成长成才通道，促进学生多样化选择、多路径成才。

1. 建设高水平职业技术大学和新型产业学院。以产业升级需求为导向，进一步优化教育结构布局，整合优质职业教育资源，组建天津电子信息职业技术大学等本科层次职业学校，开展本科层次职业教育，提升技术技能人才培养层次和水平。聚焦科技创新到技术应用全流程，支持天津大学与天津电子信息职业技术学院共建人工智能产业学院、天津理工大学与天津轻工职业技术学院共建智慧海洋能源产业学院、天津职业技术师范大学与天津市职业大学共建模具智能制造产业学院、天津中德应用技术大学与天津交通职业学院共建智能网联汽车产业学院，构建卓越工程师、现场工程师、技术人员和产业工人梯度培养体系。

2. 深化中高职系统化人才培养。持续实施职业教育创优赋能项目，支持中等职业学校（含技工院校）多样化发展，遴选 3 至 5 所学校试办综合高中。支持 20 所左右优质中等职业学校和 15 所左右高水平高等职业学校开展中高职系统化人才培养。在区域产教联合体、产业链产教融合共同体中，选择有基础、有条件的中等职业学校联合高等职业学校，开展中高职五年一贯制人才培养，研究制定一体化人才培养方案，构建贯通式专业课程体系，探索一体化教科研机制和评价体系。

3. 创新拔尖技术人才选拔培养机制。支持天津大学、天津理工大学、天津科技大学、天津职业技术师范大学、天津中德应用技术大学等招收优秀中高职毕业生、生产一线优秀员工就读职教本科专业；联合重点行业企业招收符合硕士研究生报名条件，且在生产一线工作 3 年及以上、特别优秀的高职毕业生，以校企合作项目制方式培养专业硕士学位研究生。发挥中国（天津）职业技能公共实训中心高技能人才培养示范引领作用，选拔优秀中高职毕业年级学生，实施"工匠涵养创新工程"，培养一批新时代"准工匠"。

（七）打造职业教育国际交往中心。积极服务全面开放新格局，持续办好世界职业技术教育发展大会，深化鲁班工坊建设，拓展职业教育国际交流与合作领域，提升职业教育国际化水平。

1. 持续办好世界职业技术教育发展大会。成立大会成果转化与研究推广中心，加速构建国际职业教育标准规则制定和发布平台、国际职业教育发展研究平台和国际职业教育模式拓展推广平台。编辑出版"职业教育国别研究丛书"，升级《职业教育研究》期刊。参与组建世界职业技术教育发展联盟，汇聚全球产业领域和教育领域专家资源，构建全球职业技术教育发展智库新框架。

2. 提升鲁班工坊品牌内涵和价值。建立鲁班工坊建设部市会商机制，推广天津鲁班工坊建设经验，引领和带动全国院校高质量开展海外鲁班工坊建设。升级建设鲁班工坊研究和推广中心，深入开展鲁班工坊规范标准研究和实践成果分享，面向国内外发布鲁班工坊建设与发展年度报告等系列研究成果。推行工程实践创新项目教学模式，健全知识产权体系，推动参建院校、合作国本土企业和走出去中资企业联合开发高质量专业标准、课程标准和教学装备标准，冠名鲁班工坊品牌商标。优化鲁班工坊海外布局规划，大力推进南美洲、南太平洋等地域的鲁班工坊建设，持续完善亚洲、欧洲、非洲鲁班工坊建设。

3. 创新职业教育国际交往品牌。面向共建"一带一路"、中亚、金砖、上合组织国家等，组织举办职业教育国际论坛、研讨会，广泛交流分享各国职业教育发展经验，充分展现中国职业教育改革成果，提升中国职业教育的国际影响力和引领力。升级鲁班工坊建设体验馆，创办"外交官走进鲁班工坊"、"境外媒体看职教"等品牌活动，拓展职业教育国际传播渠道。支持中外高水平应用技术大学深入交流，支持天津中德应用技术大学等院校与国外应用技术大学合作共建工程师学院。

三、保障措施

（八）创新地方职业教育管理体制。坚持党对职业教育的全面领导，成立由市委分管负责同志担任主任的天津市职业教育工作委员会，统筹协调现代职业教育体系建设改革工作，研究重大问题和重要政策。对职业教育改革创新进行总体设计、统筹规划，优化各项资源配置，构建职业教育标准体系，健全质量评价和财政税收保障机制。

（九）建立健全促进职业教育产教融合法规制度。研究制定天津市职业教育产教融合促进条例，从法律层面保障和促进职业教育产教融合，明确各方主体在产教融合中的职责、权利、义务及相关融合机制，明确激励政策、救济制度、监督检查、法律责任等，为产教融合型企业的法律地位、培育储备、建设路径、评价激励等提供法律保障，在产教融合形式、产教融合信息服务平台建设、产教融合推动学徒制人才培养等方面提出法律要求。

（十）构建职业教育发展投入新机制。健全政府投入为主、多渠道筹集职业教育经费的机制，积极吸引社会资本、产业资金投入，支持职业教育重大建设和改革项目。鼓励金融机构提供金融服务，支持发展职业教育。优先将符合条件的职业教育项目纳入地方政府专项债券、预算内投资等支持范围。

（十一）搭建产教融合供需信息共享平台。建设产教融合信息服务平台，动态发布企业人力资源需求、技术研发需求、项目合作需求和学校人才供给信息、科研成果信息等，定期发布人才需求预测及专业预警报告、产教融合绩效报告等。建立产教融合创新大数据库，建设智慧职业教育管理云中心、职业教育资源云空间、产教融合智能决策辅助系统等。支持天津大学设立国家职业教育产教融合发展智库。

（十二）优化技术技能人才评价与激励机制。全市机关、事业单位、国有企业在招录、招聘技术技能岗位人员时，应当将技术技能水平作为录用、聘用考试（考核）的主要内容。职业学校毕业生在落户、就业、参加机关企事业单位招聘、职称评聘、职务职级晋升等方面，与普通学校毕业生同等对待。在产教联合体和产业链共同体中，对"高精尖缺"技能人才率先实行协议工资、项目工资、年薪制、专项特殊奖励、股权期权激励、技术创新成果入股等激励办法。支持高技能人才就业创业，提供场地支持、租金减免、创业补贴、创业担保贷款等政策扶持。培育一批"海河工匠"，持续开展劳模、高技能领军人才进校园活动，厚植津门职教文化氛围，大力营造劳动光荣、创造伟大、技能宝贵的社会风尚。

教育部　天津市人民政府
关于深化产教城融合打造新时代职业教育创新
发展标杆的意见①

教育部各司局、各有关直属单位；天津市各区人民政府，市政府各委、办、局：

职业教育与经济社会发展、与就业和民生有着密切的关系，是与普通教育同等重要，人人可以出彩的教育类型，必须高度重视、大力发展。近年来，天津市深入贯彻习近平总书记对天津工作"三个着力"重要要求和一系列重要指示批示精神，认真贯彻落实党的教育方针，不断深化现代职业教育改革创新，取得了显著成效。当前，天津市已经进入高质量发展阶段，迫切需要发挥职业教育高地优势，以世界一流职业教育支撑经济转型服务产业升级、支撑民生改善服务终身学习、支撑城市品牌服务国内国际。为深入贯彻习近平新时代中国特色社会主义思想，全面贯彻党的十九大和十九届二中、三中、四中、五中全会精神，落实《中国教育现代化2035》、《国务院关于印发国家职业教育改革实施方案的通知》（国发〔2019〕4号），以职业教育产教城融合推动城市高质量发展，为全国提供具有天津特点、中国特色、世界水平的职业教育创新发展的样板和标杆，制定本意见。

一、对接经济结构优化，打造行业企业办学先行典范

（一）坚持行业企业办学特色不动摇

对接经济结构优化和新动能引育需要，推进《天津市职业教育条例》修订工作，确立行业企业办学主体的法定地位。建立与办学规模、培养成本、

---

① 教育部 天津市人民政府关于深化产教城融合打造新时代职业教育创新发展标杆的意见 [EB/OL]. (2024-04-17) [2024-12-19]. https://www.tjchengjian.com/xqhzbgs/info/1150/1093.htm.

办学质量等相适应的财政投入制度，健全政府、行业企业及其他社会力量依法筹集经费的多元投入机制。保障教育合理投入的同时，优化教育支出结构，新增教育经费向职业教育倾斜。在国有企业混合所有制改革背景下，混改后仍为国有控股的市级企业，其所属职业学校隶属关系不变；混改后国有资本不再控股的，职业学校优先划转到其行业主管部门管理，确保行业企业办学的高职院校比例保持在70%以上。健全职业学校领导班子选聘、调整、考核与教育部门会商机制，加大职业学校领导干部横向交流力度。

（二）推进社会力量多元深度参与办学

支持混改后的企业以独资、合资、合作等方式依法参与举办职业教育，允许以资本、技术、管理等要素依法参与办学并享有相应权利。探索社会力量与职业学校通过股份制、混合所有制改革举办实体性的二级学院、产业学院和企业大学。鼓励政府与社会资本合作（PPP）模式建设职业教育基础设施，社会力量可通过承租、托管等方式参与职业学校运营管理。支持符合产教融合发展要求的企业通过政府购买服务等多种方式参与承接职业学校办学。允许职业学校通过PPP模式、融资贷款、土地置换等途径拓宽筹资渠道，构建政府统筹管理、社会多元办学格局。

（三）培育产教融合型企业

推进国家产教融合型城市试点建设，重点打造津南试点核心区。建立天津市产教融合型企业认定评价指标体系，认证100家以上产教融合型企业，对纳入储备库的产教融合型企业给予"金融+财政+土地+信用"组合式激励。全面推广现代学徒制，在产教融合型企业设立学徒岗和实习岗，与职业学校联合培养。完善成本分担机制，对列入产教融合目录的专业，合理调整学费标准。

二、融入产业高端发展，打造职业教育技术创新样板

（四）对接产业高端需求优化专业布局

主动融入"一基地三区"建设，紧密对接智能科技、生物医药、新能源、

新材料等战略性新兴产业，航空航天、装备制造、石油化工、汽车工业等传统优势产业以及养老、托育、家政、健康等现代服务业，成立产教融合研究院，动态发布企业需求信息。绘制职业教育专业建设与产业发展谱系图，建立职业教育专业质量评价、专业预警调控机制，优化调整专业布局，重点建设云计算、大数据、人工智能等相关专业，着力升级改造传统产业相关专业。

（五）打造职业教育技术创新发展聚集区

对接国家自主创新源头和自主创新能力策源地建设需要，完善"五业联动"产教融合机制，共享南开大学、天津大学和职业学校的科技研发、产教融合、校企合作等资源，共建应用技术转移中心、产品工艺开发中心、紧缺人才实训基地，打造2至3个兼具产品研发与制造、工艺开发与改进、技术升级与推广和大国工匠培育四大功能的服务人工智能、先进制造、信息通讯等产业的职业教育技术创新服务平台。建设2至3个信息技术应用创新产业学院。实施高职院校技术创新能力提升计划，在高职院校试点设立工程创新中心和技术转移中心。搭建对接服务平台，将校企合作资源列入新动能引育企业支持要素，为企业落地提供支撑。

（六）创建"通用技能+专业技能"实训基地集群

主动对接产业发展、技术进步和流程再造，建立中国（天津）职业技能公共实训中心市场化运行机制，鼓励社会资源参与公共实训中心项目建设，拓展天津中德应用技术大学飞机制造技术人才培养基地、天津职业大学机械工程实训中心、天津轻工职业技术学院精密模具协同创新中心、天津电子信息职业技术学院北斗卫星导航产教融合实训教学基地功能作用，支持职业学校多种形式建设专业技能实训基地，打造"通用技能+专业技能"的实训基地集群。依托优势专业共建共享一批虚拟仿真实训资源，建立虚实融合的实训基地运行机制。

三、融入学习型城市建设，打造职业教育终身学习样板

（七）做优职业教育学校体系

主动融入京津冀协同发展重大国家战略和"一带一路"建设，调整职业学校规划布局和设置规范，形成分类办学指导意见。实施职业学校提质培优行动计划。支持符合条件的"双高计划"建设单位的骨干专业试办本科层次职业教育。支持天津中德应用技术大学建设一流应用技术本科院校，推动市属普通本科高校向应用型本科转型。依托天津大学、天津职业技术师范大学和天津中德应用技术大学，率先形成完整的高层次职业教育人才培养体系。

（八）做强育训结合、职继协同发展体系

对标开启全面建设社会主义现代化大都市新征程，全面对接产业升级和民生改善需求，突出职业学校终身学习服务功能，落实职业学校学历教育和职业培训并举并重。推广复制"区校联合体"终身学习服务模式，做优做强服务终身学习的区域型职教集团，提升开放大学系统终身学习服务能力。完善"一行一网一中心"（学分银行、终身学习网、社区教育指导中心）建设，实现职业教育、继续教育包括开放教育、社区教育、老年教育等协同发展，建设市、区、街镇、村居、家五级终身学习支持服务体系。

（九）推进做实学分银行和资历框架

推进学分银行在天津落地运行，推动创立京津冀跨区域资历框架，建立职业教育与普通教育课程互认、学生学习成果等值互换制度。推进 1+X 证书（学历证书+若干职业技能等级证书）制度试点，率先落实"三同两别"要求和试点任务走在全国前列，落实职业技能等级证书质量监管要求。推进职业教育、高等教育、继续教育机构试点实施完全学分制，建立弹性学制与自主选课制度，实现学习者职业经历、工作能力和培训经历等的等值转化。

四、融入城市文化建设和人文交流，打造职业教育中国名片

（十）厚植城市工匠文化氛围

大力弘扬工匠精神，完善激励机制，制定"大国工匠成长计划"天津方案，培育一批"海河工匠"，打造一批享誉世界的"天津品牌"，营造劳动光荣的社会风尚和精益求精的敬业风气。大力传播工匠文化，组织"中华技能大奖"获得者、"海河工匠"等高技能领军人才进学校，宣传工匠文化，厚植津门职教文化氛围。深入挖掘工匠故事，弘扬中华优秀传统文化，建设以伟人故事、大国工匠故事、新时代故事等为内容的职业学校思政课程和课程思政资源库。

（十一）打造中国职业教育国际化标准模式

融入"一带一路"建设，优化鲁班工坊全球布局，在海外建成 20 个鲁班工坊。全面完成非洲 10 个鲁班工坊建设任务，建立非洲职业教育研究中心。建设鲁班工坊研究与推广中心。联合多方力量共同推进成立鲁班工坊建设联盟，建立全国统一的鲁班工坊管理机制，统筹规划鲁班工坊的建设与发展。共鉴共享鲁班工坊建设经验和成果，完善鲁班工坊建设的规范和标准，推广工程实践创新项目（EPIP）教学模式应用。扩大与其他国家和地区的学历证书和技能等级证书的互通互认，大力推进"中文+职业技能"项目"走出去"。

（十二）推进职业教育高水平国际交流与合作

全面提升国际交流合作水平，支持滨海新区探索引进世界知名大学和特色学院开展合作办学，与德国、瑞士、英国等国家的企业、职业教育机构或行业协会深度合作，支持应用型本科高校、职业学校与国外高水平应用技术大学合作办学，在现有学位制度内探索高层次学徒制试点。

五、融入高技能社会发展，打造全国职业教育科研高地

（十三）创建高端职业教育科研体系

成立职业教育研究院，整合天津大学、天津市教育科学研究院和天津职业技术师范大学的科研力量，发挥京津冀职业教育协同发展研究中心作用，联合国内外知名高校与研究机构，打造高度协同的职业教育研究链条，积极主动承担职业教育专业课题研究任务。支持市属高校联合职业学校按有关程序办法自主设置职业技术教育学二级学科学位点，扎根中国大地，推进中国特色职业教育学术体系和话语体系建设。

（十四）打造职业教育"国字号"智库

全面深化国家职业教育质量发展研究中心、全国职业院校技能大赛成果转化中心、国家职业教育教学资源开发与制作中心等"国字号"项目建设，开展天津职业教育教学质量监测，依托全国职业院校技能大赛成果研制高技能人才培训和技能竞赛的教学资源。建立天津市职业教育改革发展专家咨询委员会制度，为深化职业教育改革提供智力支持。

六、建设一流技术技能队伍，打造职业教育强基样板

（十五）构建职业学校思政教育一体化育人体系

坚持用习近平新时代中国特色社会主义思想铸魂育人，完善组织领导、课程改革、队伍建设、课内课外"四个一体化"育人格局，构建思政课程、课程思政、教师思政、专业思政、学校思政"五位一体"育人机制。强化党建引领，以首批天津市党建"领航工程"职业学校创建培育单位为载体，扎实开展基层党支部标准化规范化建设。配齐建强专职辅导员与思政课教师队伍，建设天津市职业教育"课程思政"教学研究示范中心，构建具有天津特色的职业教育思政体系。依托天津海河教育园区思想政治教育实践基地、鲁

班工坊建设体验馆、全国职业院校技能大赛博物馆和各高职院校专业实践场馆等优质思政资源，系统化建设一批融入思政教育理念、体现教育改革创新成果、展示产业发展成效的技能实践育人基地，实现全员、全程、全方位育人。

（十六）打造"工匠之师"培养培训体系

制定职业学校分层分类的教师专业标准体系，支持天津大学、天津职业技术师范大学、高职院校、产教融合型企业联合培养职业技术教育领域教育硕士，试点培养职业技术教育方向教育学博士，支持市属理工类院校开展本科层次的职业教育师资培养，形成"工匠之师"一体化培养体系。支持天津职业技术师范大学建设一流职教师资大学。实施教师职业能力提升工程，遴选海河名师和创新教学团队，培育传承绝活、弘扬绝技的技能大师，实施现代产业导师特聘岗位计划，建设标准统一、序列完整、专兼结合的实践导师队伍。实施新入职教师"入岗、适岗、胜岗"三年三阶段培养工程，落实职业学校教师定期到企业实践制度。

（十七）强化职业学校师资队伍建设

建立校企"共聘共育"、"双栖制"引人用人机制。全面推进高职院校人员总量管理，推动固定岗位和流动岗位相结合的人事管理制度改革，探索以不超过教师编制总数30%的标准设置流动岗位。院校通过校企合作、技术服务、社会培训等项目所得的净收入，可作为绩效工资来源，院校可在现行公务员可比收入1.5倍调控线基础上，再按照不超过公务员可比收入的1倍相应增加绩效工资总量。明确职业学校专业领军人物遴选标准，设立专项人才经费，加大高层次人才引进力度。支持引进具有创新实践经验的企业家、高科技人才、高技能人才在职业学校兼职任教。

（十八）推进职业教育教材建设与教法改革

推动职业教育"三教改革"，制定天津市职业学校教材管理实施细则，支持天津市建立职业教育教材研究基地，建设一批职业教育教材教法研究基地。

支持有实力的高等职业学校积极参与马工程重点教材建设工作，加强研究，推进教材统一使用。建设一批职业教育优质教材，重点支持校企共编活页式、工作手册式新型教材和满足鲁班工坊需要的"双语"教材。校企双元合作开发职业教育教材，建设并更新一批职业教育专业教学资源库和在线开放精品课程。

七、加强组织领导，打造世界一流职业教育

（十九）加强党对职业教育的全面领导

以习近平总书记关于职业教育的重要论述精神为指导，加强党对职业教育的全面领导，实施基层党组织组织力提升工程，加强和改进职业学校党建工作。全面贯彻党的教育方针，将党建工作与事业发展同部署、同落实、同考评。加强职业学校党的建设，健全组织体系，把全面从严治党落实到办学治校全过程，领导和促进学校工会、共青团等群团组织和学生会建设。完善职业教育治理体系，提高依法治理能力水平。

（二十）建立部市共建协调推进机制

建立由教育部部长和天津市市长共同担任组长，分管副部长和分管副市长担任副组长，教育部相关司局和天津市有关部门负责同志为成员的部市共建国家职业教育创新发展标杆领导小组，负责统筹协调推进职业教育创新发展；组建由教育部职业教育与成人教育司司长和天津市教委主任牵头的工作专班，负责具体推进工作。天津市各区人民政府、各有关部门要把职业教育作为履行教育职责评价的重要内容，落实发展职业教育的责任。

附件：1. 教育部支持政策清单

2. 天津市工作任务清单

教育部

天津市人民政府

2021 年 1 月 5 日

天津市人民代表大会常务委员会公告（第十五号）——
天津市职业教育产教融合促进条例①

第一章 总 则

第一条 为了促进职业教育产教融合，推动教育、人才与产业、创新有机衔接，推进社会主义现代化大都市建设，根据《中华人民共和国职业教育法》等有关法律、行政法规，结合本市实际，制定本条例。

第二条 本市行政区域内职业教育产教融合以及相关活动，适用本条例。

本条例所称职业教育产教融合，是指政府、行业、企业、学校协同推进，促进职业教育供给侧和产业需求侧的人才、创新、技术、资本、管理等要素双向融合，培养高素质技术技能人才，服务经济社会高质量发展的活动。

第三条 职业教育产教融合应当坚持中国共产党的领导，坚持政府引导、行业指导、校企为主、社会参与，坚持以教促产、以产助教，形成职业教育和产业有效对接、良性互动的发展格局。

第四条 市人民政府应当加强对职业教育产教融合工作的领导，健全完善工作协调机制，研究解决职业教育产教融合中的重大问题；将职业教育产教融合工作纳入国民经济和社会发展规划，组织制定职业教育产教融合促进专项规划，优化职业教育、产业的布局和结构，促进职业教育产教融合。

区人民政府负责本行政区域内的职业教育产教融合有关工作。

第五条 教育部门、人力资源和社会保障部门负责推动职业教育面向产业需求培养人才、提供服务、促进发展。

发展改革、科技、工业和信息化、财政、规划资源、住房城乡建设、市场监管、国有资产监督管理、金融、税务等有关部门，按照各自职责做好职

---

① 天津市人民代表大会常务委员会公告（第十五号）－天津市职业教育产教融合促进条例［EB/OL］.（2024-04-17）［2024-12-19］. https://www.tjchengjian.com/xqhzbgs/info/1150/1096.htm.

业教育产教融合促进工作。

第六条　本市加强对职业教育产教融合的宣传，宣传和展示职业教育产教融合成果和技术技能人才成长成才的典型事迹；发挥中华职业教育社和工商业联合会、商会等的作用，营造全社会参与、支持职业教育产教融合的良好氛围。

第七条　本市对在职业教育产教融合促进工作中做出显著成绩的单位和个人，按照有关规定给予表彰、奖励。

第二章　引导和实施

第八条　市人民政府应当完善产业、行业、企业、职业、专业联动的职业教育产教融合机制。

市人民政府支持依法组建区域产教联合体、产业链产教融合共同体，推进实体化运行，发挥其在人才培养、专业建设、技术开发、产业升级、创新创业、社会服务等方面的作用。

区域产教联合体、产业链产教融合共同体应当以章程或者多方协议等方式，约定成员之间合作的方式、内容以及权利义务等事项。

第九条　市人民政府应当支持职业学校联合企业、科研机构共同建设职业教育产教融合实践中心、工程研究中心、技术协同创新中心、企业技术培训中心等产教融合创新平台，围绕产业关键技术、核心工艺等开展协同创新。

第十条　市教育部门、科技部门应当引导高等职业学校和实施职业教育的普通高等学校将企业生产一线实际需求作为工程技术研究选题的重要来源，服务企业技术升级和产品研发，建立学校、科研机构、行业企业等协同创新和成果转化机制，促进创新成果和技术产业化。

第十一条　市人民政府应当建立职业教育产教融合信息服务平台，组织有关部门定期发布区域、产业、行业职业教育产教融合发展动态和职业教育产教融合项目、技术服务供给与需求、学校资源等各类信息，提供精准化职业教育产教融合信息发布、检索、推送等服务。

第十二条　市教育部门应当建立健全专业与产业需求匹配制度，布局现代化产业体系建设和民生急需专业，支持职业学校建设高水平专业（群）和特色专业（群）。

职业学校应当按照本市产业布局和行业发展需要，完善高水平专业（群）和特色专业（群）建设，加快培养人工智能、绿色石化、汽车、装备制造、新能源、新材料、生物医药、航空航天等产业需要的新兴专业和托育、护理、康养、家政等民生领域所需的技术技能人才。

第十三条 市教育部门应当会同发展改革部门建立职业教育产教融合型专业制度，支持职业学校密切对接区域主导产业，深化与龙头企业合作，定期遴选职业教育产教融合型示范专业，推动校企开展人才培养、专业建设、职业培训、技术服务等方面的深度合作，增强职业教育适应性。

职业教育产教融合型示范专业学费收费标准可以按照有关规定调整。

第十四条 市人民政府应当组织有关部门编制行业人才需求预测报告，按照行业、产业人才需求加强对职业教育产教融合的指导，重点开展关键技术领域人才、紧缺技能人才需求预测，定期发布人才需求信息。

第十五条 本市推行中国特色学徒制。行业主管部门应当根据人才需求预测结果，结合实际发布本行业实习与学徒岗位需求信息，引导企业根据自身条件设立相应的岗位。

第十六条 市教育部门应当建立健全拔尖技术技能人才培养选拔机制，支持符合条件的本科高校经资格推荐、文化考试以及技术考核的程序，自主招收优秀中高职毕业生、生产一线优秀员工就读职业教育本科专业；联合重点行业企业，以校企合作项目制方式，培养专业学位硕士研究生。

人力资源和社会保障部门应当组织开展职业技能培训，支持职业学校、技工院校、公共实训中心以及企业公共实训基地等面向社会开放培训资源。

第十七条 市发展改革部门、教育部门按照有关规定，共同负责建设产教融合型企业的组织申报、复核确认、建设培育、认证评价和日常管理工作。

第十八条 职业学校与企业应当发挥在职业教育产教融合中的主体作用，在资源统筹与共享、人才培养与交流、技术创新与服务、学生就业与创业等方面开展合作。

第十九条 职业学校应当坚持教育与培训并举，强化社会培训服务职能。鼓励职业学校独立或者联合行业、企业共同举办社区学院、行业培训机构等。

第二十条 本市鼓励社会力量参与职业教育办学。

企业等社会力量可以以资本、技术、管理等要素与职业学校依法合作建立实体性的二级学院、产业学院或者生产性实训基地、技能培训基地等办学机构和办学项目。

国有资产监督管理机构应当指导、支持所监管企业依法参与和举办职业教育，促进职业教育产教融合。

第二十一条 职业学校和企业联合招收学生，以工学结合的方式进行学徒培养的，职业学校可以按照学徒培养协议支付企业人才培养成本，与企业共同确定培养方案，开发教学资源，实行订单式人才培养。

第二十二条 职业学校应当健全学生到企业实习实训制度，强化生产性实习实训，根据行业企业用人需求和新技术、新工艺、新规范的发展趋势，科学设置实习实训类课程，及时更新实习实训教学内容。

职业学校可以利用生产性实习实训基地，开展面向企业真实生产环境的实践教学，提升人才培养的水平和质量。

第二十三条 职业学校和企业应当共同完善专业人才双向交流聘任制度，畅通企业经营管理人员、专业技术人员、高技能人才到学校任教和学校教师到企业任职的渠道。

职业学校应当支持教师参与校企合作。对具有相关企业或者生产经营管理现场工作经历的专业教师，在评聘和职务职称晋升、评优表彰等方面，同等条件下优先。

职业学校教师和企业职工应当保守在双向交流聘任中知悉的国家秘密、商业秘密等信息。

第二十四条 职业学校可以按照有关规定自主招聘符合教育教学要求的高技能人才、专业技术人员和企业经营管理人员，担任专职或者兼职的专业课教师。

职业学校招聘的专职教师可以按照有关规定申请职称同级转评，从非教师系列职称转评为教师系列职称。鼓励兼职教师依法取得教师资格、教师系列专业技术职务职称。

担任兼职教师的高技能人才、专业技术人员和企业经营管理人员，按照有关规定享受相关待遇。

第二十五条 市国有资产监督管理机构和发展改革、教育等部门支持国有企业、产教融合型企业等建立完善职业教育兼职教师资源库，选派人员到职业学校兼职任教；将选派兼职教师的数量和水平作为认定、评价产教融合型企业的重要指标依据。

第二十六条 职业学校、科研机构、企业应当通过协议明确职业教育产教融合中产生的科技成果归属，对完成、转化该项科技成果做出重要贡献的人员依法给予奖励和报酬。

教师、专业技术人员和学生拥有的知识产权可以依法在企业作价出资或者入股。

职业学校通过校企合作获得的收益应当实行专账管理，专门用于学校人才培养、专业建设等事业发展，可以按照规定提取一定比例作为绩效工资来源。

第三章　服务和保障

第二十七条 市人民政府整合设立职业教育产教融合专项资金，用于支持职业教育产教融合的下列用途：

（一）职业教育产教融合实训基地建设；

（二）学生和教师在企业开展实习实践；

（三）专职兼职教师培养培训；

（四）职业学校与企业合作开展教学资源建设；

（五）其他促进职业教育产教融合的活动。

职业教育产教融合专项资金可以采取政府投入、企业支持、社会捐助等方式筹集，财政涉企专项资金可以优先用于支持职业教育产教融合。

市教育部门应当会同市财政部门及其他市资金管理部门制定职业教育产

教融合专项资金项目和资金管理办法，加强对资金使用情况的监督管理。

审计部门应当依法对职业教育产教融合专项资金的管理和使用情况开展审计监督。

第二十八条　市人民政府支持设立职业教育产教融合发展智库，发挥智库在战略研究、人才培养、政策宣传、国际交流等方面的重要功能，为职业教育产教融合提供高水平咨政建言和智力支持。

第二十九条　市人民政府应当将职业学校校舍、实习实训基地和产教融合重大项目建设预留地纳入职业教育产教融合促进专项规划。市和区人民政府探索采取长期租赁、租让结合、弹性年期出让方式供地。

企业投资或者与政府合作建设职业学校的建设用地，按照科教用地管理，符合《划拨用地目录》的，可以通过划拨方式供地，鼓励企业自愿以出让、租赁方式取得建设用地。

社会力量兴办的非营利性民办职业学校规划用地性质按照科教用地控制，营利性民办职业学校规划用地性质按照其他服务设施用地控制。

第三十条　本市鼓励以引企驻校、引校进企、校企一体等方式，由职业学校或者实施职业教育的普通高等学校、企业共同建设、使用生产性实训基地。

市和区人民政府应当为国家认定的产教融合试点区域预留一定比例用地用于产教融合创新平台和实训基地建设；对纳入本市产教融合型企业建设培育范围的试点企业给予用地支持。

第三十一条　本市鼓励金融机构按照风险可控、商业可持续性原则，创新融资产品和金融服务，支持职业教育产教融合项目和产教融合型企业发展，支持职业教育产教融合实训基地、设施设备和信息化建设。

鼓励金融机构加大对产教融合项目的信贷支持，加大对产教融合型企业流动资金贷款和项目贷款投放力度。对符合条件的企业和项目，建立贷款审批及放款流程绿色通道，根据项目实际情况合理确定贷款利率。

支持产教融合型企业以信用贷款方式融资。

第三十二条　鼓励保险公司完善学生实习责任保险和人身意外伤害保险，

探索开发中国特色学徒制保险产品。

第三十三条 纳入本市产教融合型企业建设培育范围的试点企业，参与举办职业教育的投资符合国家有关规定的，可以按照投资额的一定比例抵免该企业当年应缴教育费附加和地方教育附加。试点企业属于集团企业的，其下属成员单位对职业教育有实际投入的，可以按照国家规定抵免教育费附加和地方教育附加。

试点企业当年应缴教育费附加和地方教育附加不足抵免的，未抵免部分可以在以后年度继续抵免。企业有撤回投资和转让股权等行为的，应当补缴已经抵免的教育费附加和地方教育附加。

第三十四条 企业因接收学生实习所实际发生的与取得收入有关的合理支出，以及企业发生的职工教育经费支出，依法在计算应纳税所得额时扣除。

第三十五条 市人力资源和社会保障部门应当支持企业开展新型学徒制培训，对开展学徒培训的企业按照有关规定给予职业培训补贴。

第四章 督促和评价

第三十六条 市人民政府应当建立职业教育产教融合工作推进责任清单、措施清单制度，将职业教育产教融合促进工作情况作为市有关部门和区人民政府履行教育职责评价的重要内容。

第三十七条 市人民政府应当建立与职业学校或者实施职业教育的普通高等学校、行业、企业联合评价制度，定期组织或者委托第三方机构对职业教育产教融合效能进行评价，对市有关部门和区人民政府履行职业教育产教融合职责情况进行督促，并将评价结果向社会公布。

第三十八条 工业和信息化部门支持企业参与校企合作，将企业参与校企合作的情况作为评选示范企业的重要参考。

教育部门、人力资源和社会保障部门支持产教融合型企业申报开放型产教融合实践中心、公共实训基地等，把校企合作成效作为评价职业学校办学质量的重要内容。

第三十九条 市有关部门对产教融合型企业开展行业信用评价，并结合评价结果对产教融合型企业开展分级分类监管，依法实施守信激励和失信惩戒。

第五章　法律责任

第四十条　对违反本条例规定的行为，有关法律、行政法规已有处理规定的，从其规定。

第四十一条　学校和企业骗取、套取政府职业教育产教融合奖励补助或者财政、金融、税收、用地等优惠的，由有关主管部门依法予以处理，相关信息纳入信用信息共享平台和市场主体信用信息公示系统，记入相关单位和个人的信用档案。

第四十二条　国家机关工作人员在职业教育产教融合工作中滥用职权、玩忽职守、徇私舞弊的，依法给予处分；构成犯罪的，依法追究刑事责任。

第六章　附　则

第四十三条　本条例所称区域产教联合体，是指以产业园区为基础，政府、企业、学校、科研机构等多方参与，聚集资金、技术、人才、政策等要素，兼具人才培养、创新创业、促进产业经济发展功能，实行实体化运行的联合体。

本条例所称产业链产教融合共同体，是指选择新一代信息技术产业、航空航天装备、新材料、生物医药等重点行业和重点领域，由龙头企业和高水平普通高等学校、职业学校牵头，学校、科研机构、上下游企业等共同参与，依据产业链分工要求，汇聚产教资源、支撑行业发展的跨区域融合共同体。

第四十四条　本条例自 2024 年 3 月 1 日起施行。

天津市产教融合型试点城市建设实施方案①

为深入贯彻习近平新时代中国特色社会主义思想，认真落实党中央、国务院关于深化产教融合改革部署，按照《国家产教融合建设试点实施方案》要求，建设好天津市产教融合型试点城市，打造津南试点核心区，提出以下实施方案。

一、建设产教融合型试点城市的背景和基础

当前，天津经济已由高速发展阶段进入高质量发展阶段，正处于爬坡过坎、滚石上山的关键期，迫切要求优化经济结构和转换发展动能，迫切需要通过产教融合实现产业与人才、智力、技术等资源要素的有效对接、优势互补，释放全社会创新创业活力。

（一）天津市产业发展基础雄厚，人才科教资源充沛

天津市紧紧围绕"一基地三区"建设，坚持推进高质量发展，全面落实京津冀协同发展重大国家战略和"一带一路"建设各项任务，加快构建现代化经济体系，壮大发展高端装备、新一代信息技术、航空航天、节能与新能源汽车、新材料、生物医药、新能源、节能环保、现代石化和现代冶金等十大产业，大力发展以智能科技为引领的战略性新兴产业，推动传统产业优化升级，努力形成了技术领先、配套完备、链条完整的先进制造产业集群。

天津市拥有天津大学、南开大学两个 985 重点高校，拥有天津工业大学、天津理工大学、天津科技大学、天津财经大学、天津商业大学、天津医科大学等地方重点高校，同时，我市作为国家现代职业教育改革创新示范区，还拥有天津中德应用技术大学、天津职业大学、天津电子信息职业技术学院、天津轻工职业技术学院等国家示范骨干高职院校，形成了与天津市重大产业

---

① 天津市产教融合型试点城市建设实施方案［EB/OL］.（2024-04-17）［2024-12-19］. https://www.tjchengjian.com/xqhzbgs/info/1150/1097.htm.

领域相对应的人才培养体系，多年来培养了一大批不同层次的优秀人才，有力地支持了天津市经济社会发展。

（二）津南区具备产教融合试点核心区的基本条件

津南区地处天津东南部，是承接中心城区城市功能和滨海新区产业功能的黄金走廊，凭借"一屏、一展、一带、一谷、一稻"的发展优势，积极把握京津冀协同发展的重大历史机遇，对现有空间和载体导入战略性新兴产业，对传统企业加快智能化转型升级，围绕新一代人工智能科技产业，打造"天津智谷"，实现"核"心技术的产业化，"高"端技术的服务化，"基"础技术的平台化，通过"创新链+产业链"形成智能科技产业生态链，建设全国先进制造研发基地示范区。目前，津南区共有 11 个合规工业园区，聚集了一批以易华录、海尔互联工厂、中电科、福臻等为代表的龙头企业，培育了一批以华海清科、经纬正能、精诚机床等为代表的首台（套）创新企业。吸引和培育了世界 500 强企业 5 家，中国 500 强企业 12 家，民营 500 强企业 3 家。2018 年完成规模以上工业总产值 598.96 亿元，同比增长 7.28%。

坐落在津南区的海河教育园区，建设累计投资 300 亿元，是国家级现代职业教育改革创新示范园区、天津市高端科技研发创新示范区、海河南岸生态宜居示范社区，"五业联动"和"五方合力"理念的先导者。海河教育园区通过整合优质职教资源，职业教育基础能力大幅提升，教育资源共建共享机制基本形成，建成全国职业院校技能大赛主赛场、国家西部民族地区技能型紧缺人才培养基地、国家职业技术教育教学资源开发和制作中心、国家中西部地区职业教育师资培训中心、"鲁班工坊"建设体验馆、国赛博物馆、中国（天津）职能技能公共实训中心等一系列具有全国性影响的职业教育工程。

（三）滨海新区为产教融合发展提供优质的资源支撑

天津滨海新区正在构建"1+5+1"现代产业体系，以智能制造为引领，重点发展人工智能与新一代信息技术、航空航天、生物医药、汽车和新能源汽车、新材料五大战略性新兴产业，优化发展现代石化产业，产业体系与津南区战略性新兴产业发展方向高度吻合。滨海新区拥有重点实验室 128 家（其中国家级 17 家），工程（技术研究）中心 110 家（其中国家级 17 家），企业技术中心 235 家（其中国家级 30 家），天津市制造业创新中心 1 家，是产学研协同创新和成果转化的重要示范基地，为天津市产教融合试点核心区的建设提供了重要的资源支撑。

二、指导思想、基本原则和试点建设目标

（一）指导思想

以习近平新时代中国特色社会主义思想为指导，全面贯彻党的十九大和十九届二中、三中、四中全会精神，深入贯彻全国教育大会要求，认真落实党中央、国务院关于教育综合改革的决策部署，充分发挥人才培养、科学研究、社会服务、文化传承创新、国际交流合作五大教育职能，坚持新发展理念，把深化产教融合改革作为推进人力资源和科技资源供给侧结构性改革的战略性任务，不断适应经济结构转型升级、"一基地三区"建设、京津冀协同发展及"一带一路"建设的需要。以津南区作为天津市产教融合试点核心区，充分发挥行业企业重要的主体作用，逐步提高行业企业参与产教融合的深度和广度，打造一批引领产教融合改革的标杆行业和龙头企业。健全多元化办学体制，统筹协调、共同推进、服务需求、优化结构，全面推行校企协同育人，促进教育链、人才链与产业链、创新链有机衔接，建设一座特色鲜明的产教融合型试点城市。

（二）基本原则

系统布局，统筹协调。加强政府对产教融合的系统布局与总体设计，发挥市场作用，形成各方协同共进的工作格局。统筹协调社会资源，以试点城市建设为基础，突出产教城联动，深化产教融合。

政府引导，市场主导。政府强化顶层设计，坚持改革引领、政策保障，以行业企业为主导，统筹开展行业、企业试点，为产教融合架起桥梁，为企

业创新发展提供更好的服务环境。

问题导向，破解矛盾。瞄准产教融合中的主要矛盾，集中力量破除体制障碍、领域界限，解决"卡脖子"问题，健全制度供给和体制机制创新，降低制度性交易成本，实现全要素深度融合。

扶优扶强，有序推进。依托天津市优势产业集群和优质教育资源，根据条件成熟程度，打造一批引领产教融合改革的标杆行业、企业和院校，构建重大产教融合平台载体，推广校企合作的典型经验，以点带面，逐步形成教育链、人才链与产业链、创新链的有机衔接。

（三）建设目标

打造 3 张产教融合新名片。用 5 年左右时间，形成教育和产业统筹融合、良性互动的发展格局，产教融合发展体制机制和政策体系基本建立，依托园区载体、重大功能性项目、服务平台、国际品牌建设，打造"鲁班工坊"、国家会展中心会展经济平台、海河教育园区 3 张高集中度和高显示度的"产教融合"新名片。

培育 300 家以上产教融合示范企业。精准对接《天津市创新型企业领军计划》，依托"瞪羚"企业、"雏鹰"企业，围绕"撒手锏"产品和重点新产品开发，培育 300 家以上产教融合示范企业，建成一批校企合作实训实践基地，培养的高技能人才占技能人才的比重提高到 40%，人才、教育、科研供给与产业需求重大结构性矛盾得到有效解决。

建设 30 个天津市高技能人才培训基地。充分调动企业积极性，撬动企业培训资源，用 5 年左右的时间，打造 10 个具有全国品牌效应的高技能人才培训基地，带动实训基地能级的整体提高。每年授予 10 名优秀高技能人才代表"海河工匠"荣誉称号。每年培训 10 万人，高技能人才占比提升到 31% 以上。

完成 6 大产教融合平台载体建设。用 5 年左右的时间，完成"鲁班工坊"国际化品牌、国家会展中心会展经济平台、"天津智谷"人工智能成果转化高地、海河教育园区的产教融合升级版、产教融合信息共享平台以及全国一流的实训基地、实践基地和大赛基地建设。依托平台载体，产教融合数字化、网络化、智能化特征更加明显，产教融合创新模式不断涌现。

三、产教融合亟需破解的主要问题

（一）产教融合渠道不够畅通

天津市特别是津南区产教融合发展态势良好，先进典型众多，但仍处于自发式、松散型状态，院校参与产业发展战略的程度不高，教育和产业统筹融合、良性互动的系统发展格局还没有形成。校企合作存在信息不对称，企业与院校有效合作途径有待拓展，缺乏高效率、高质量、高信誉的中介服务机构。产学研转化渠道、公共服务平台、关键技术和共性技术研发服务平台、大数据信息平台有待进一步整合和完善。

（二）产教融合供需矛盾依然存在

学科专业设置数量与范围"大而全"，难以满足天津市产业结构转型升级的前瞻性需求，院校教材改革跟不上产业发展变化，人才培养模式有待创新，院校毕业生就业压力大和企业招不到所需人才的"双缺口"现象依然存在。产业转型发展与院校科研方向存在一定程度的差异，部分研究成果无法落地转化。

（三）产教融合缺乏统筹协调机制

产教融合政策在实施过程中涉及行政主管部门、行业企业、高等院校、职业学校、科研院所、金融机构、社会组织等诸多主体，主体间各负其责、协同共进的发展格局尚未形成，存在激励保障服务不到位、管理分散、协同不足等问题。

（四）亟待加强政策有效落地实施

政府对产教融合和校企合作提出了一系列政策措施和激励机制，但政策宣传不到位，政府部门多头管理，主体责任落实不够，导致部分政策实施难以有效落地。在政策内容上，产教融合和校企合作相关政策偏向政策性指导，实施细节有待进一步完善。在参与主体上，部分企业对产教融合政策不够敏感，在与政府部门和院校的关系处理上，往往处于被动地位，缺乏主动沟通意识。同时，产教融合政策体系有待进一步整合和完善，政策引领作用有待提高。

（五）校企合作存在目标不一致问题

在校企合作中，院校和企业的追求目标不一致，院校的主要目标是改革培养模式、获得自身不具备的实习、实训条件用于实训教学环节，提高学生就业能力等；企业的主要目标是获得符合企业发展的人才和科研成果，实现经济效益最大化。由于双方的出发点不同，导致在产教融合经费筹措、教学管理、人事安排、收益分配等责、权、利问题上尚缺乏统一价值共识，影响合作质量。

四、产教融合改革任务和举措

（一）主要任务

完善产教融合发展规划和资源布局。统筹规划产教融合与经济社会发展。结合实施创新驱动发展、新型城镇化、制造强国战略，统筹优化教育和产业结构，对接天津优势主导产业、战略性新兴产业、现代服务业及重大工程项目，对接职业标准、行业标准和岗位规范，形成符合天津未来产业发展方向的产教融合重点行业、龙头企业，打通重点行业、企业的上下游产业链，形成完整的产教融合产业集群。加快津南试点核心区建设，打造科教产学研用深度融合、人工智能技术研发应用高度聚集的"天津智谷"。充分利用行政、经济、市场、教育等资源，围绕人工智能、生物医药、新能源新材料等战略性新兴产业方向，加快转型升级。

加快产教融合重大平台载体建设。整合津南区产教融合现有资源和潜在资源，发挥海河教育园区产教融合发展的先行先试作用，面向全市战略性新兴产业和重点发展领域，打造"鲁班工坊"国际化品牌、建设国家会展中心会展经济平台、建设"天津智谷"人工智能成果转化高地、打造海河教育园区的产教融合升级版、打造产教融合信息共享平台、建设全国一流的实训基地、实践基地和大赛基地。通过六大平台载体建设，开展关键核心技术人才培养、科技创新和学科专业建设，创新运行模式，打通基础研究、应用开发、成果转移和产业化链条，形成产学研"双创"集聚区。

开展产教融合重大项目建设试点工作。大力支持学校、企业争取国家试点任务，申报国家产教融合发展工程项目。制定天津市产教融合重大项目建设试点方案，围绕生产性实训、技术研发、检验检测关键环节，推动校企依法合资、合作设立实体化机构，实现市场化、专业化运作。明确重点开展构建平台、创造品牌、人才培养、产学研合作、产教联盟、混合所有制办学等试点任务，提出遴选方式、目标要求和支持激励政策，加大引导基金投入，形成激励试点的政策导向和改革推力。联合第三方开展产教融合试点评估，经过 2~3 年的建设周期，总结试点经验，抓好典型引领，向全市、全国逐步推广。

建立"五业联动"和"五方合力"产教联盟。对标"五个现代化天津"建设和津南区定位，全面对接产业升级和民生改善需求，聚焦战略性新兴产业和高技术服务业等领域，进一步完善产业、行业、企业、职业、专业"五业联动"产教融合机制，凝聚政府、行业、企业、职业院校、科研院所"五方合力"，组建立足区域、面向产业、服务企业的产教融合联盟，推动职业教育与产业发展深度融合。产教联盟主要功能包括合作研发关键技术，探索合作开发的新机制和新模式。服务京津冀协同发展，对接北京市、河北省的企业、高校、科研机构等创新资源，开展多种形式的合作。积极开展科技成果转化、示范应用等工作，推动联盟内重要科技成果向行业转移、扩散，带动行业技术进步。

（二）改革举措

创新务实致用的人才培养模式。加快推进天津市"131"创新型人才培养工程，从培养国内创新创业领军人才、全市领先地位学术技术带头人、专业技术骨干和学术技术带头人后备力量三个层次加强人才梯队建设。提倡追求卓越、精益求精、热衷创新的人才培养新理念，将海河"工匠精神"作为人才培养的全新导向。在开展常规的"订单培养""合作办班""定向培训""企业冠名班"等模式的基础上，按照战略性新兴产业统一性的行业标准要求，建立规范化的技术课程、实习实训和技能评价标准，推行面向企业真实生产场景的任务式培养方式，推进职业院校人才培养与企业联盟，与行业联合，与园区联结，在技术类专业全面推行现代学徒制和企业新型学徒制，形成可复制、可推广的人才培养模式。通过健全需求导向的人才培养结构动态调整机制，提高应用型人才培养比重。抢抓高端人才引进，瞄准"京津冀"、面向"海内外"、打好"引育牌"，聚集高端人才，持续建设人才高地。

降低校企双方合作的制度性交易成本。探索建设区域性产教融合信息服务平台，促进校企各类需求精准对接。组织各类产教对接活动，推动院校向企业购买技术课程和实训教学服务，促进院校专任教师到企业定期实践锻炼制度化。推动行业龙头企业牵头，组建实体化运作的产教融合集团（联盟），搭建行业科研创新、成果转化、教育服务平台，聚合带动各类中小企业参与。探索校企共建产教融合众创空间、中试基地。建设校企合作示范项目库。

推进产教融合深度发展体制机制创新。完善现代学校和企业治理制度，积极推动双方资源、人员、技术、管理、文化全方位融合。围绕生产性实训、技术研发、检验检测关键环节，推动校企依法合资、合作设立实体化机构，实现市场化、专业化运作。鼓励制造业企业为新增先进产能和新上技术改造项目配套建设实训设施，加快培养产业技术技能人才。完善企业与高校高端创新人才联合培养和双向流动机制，注重高技能实用人才培养，完善高技能职业培训补贴政策。动员符合条件的试点企业在岗职工以工学交替等方式接受高等职业教育，支持有条件的企业校企共招、联合培养专业学位研究生，加强专业与产业需求对接、课程与职业标准对接、教学与生产过程对接。以完善"双一流"建设评价为先导，鼓励高校探索建立体现产教融合发展导向的教育评价体系，积极服务、深度融入区域和产业发展，推进产教融合创新，深化中国特色高水平高职学校和专业建设计划相关高职院校产教融合机制建设。联合清华大学、北京大学、天津大学、南开大学、高等教育出版社、中国知网等高校和机构，高水平建设国家职业教育质量发展研究中心。利用现代信息化手段和大数据技术，对接国际标准，建立通用的职业教育、技术技能人才、产教融合质量标准体系，形成可推广的职教标准和可复制的政策经验。

改革面向需求的学科专业调节和招生制度。健全需求导向的人才培养结构动态调整机制，推动院校和企业面向产业重大技术需求开展人才培养和协同创新，提高应用型人才培养比重。开展毕业生就业创业与职业发展状况跟踪调查评估，把就业市场供需比例、就业质量作为学校设置和调整学科专业、确定培养规模的重要依据，按评估指标及时整改、减招、停招、撤销学科专业，实现专业设置与招生就业有效互动。鼓励院校在人工智能基础、机器学习、神经网络、模式识别、计算机视觉、知识工程、自然语言处理等领域积极建设一批主干课程，推出一批在线开放课程。加快推进高等职业教育分类招考，探索和完善自主招生、综合评价招生、技能大赛获奖选手免试、中高本硕贯通系统培养等考试招生办法。

深化新时代职业教育"双师型"教师队伍建设改革。建设中等和高等职业教育层次分明的教师专业标准体系，规范教师培养培训、资格准入、招聘聘用、职称评聘、考核评价、薪酬分配等科学化管理环节。健全普通高等学校与政府、职业院校、行业企业联合培养教师机制，发挥行业企业在培养"双师型"教师中的重要作用。实施现代产业导师特聘岗位计划，建设标准统一、序列完整、专兼结合的实践导师队伍，推动形成"固定岗+流动岗"、双师结构与双师素质兼顾的专业教学团队。实施团队合作的教学组织新方式、行动导向的模块化教学新模式。

五、培育产教融合型行业、企业

（一）打造一批产教融合型标杆行业和龙头企业

强化行业主管部门和行业组织在产教融合改革中的协调推动和公共服务

职能，围绕高端装备、新一代信息技术、航空航天、节能与新能源汽车、新材料、生物医药、新能源、节能环保、现代石化和现代冶金等十大产业和生产性服务业，打造一批引领产教融合改革的标杆行业。积极培育一批深度参与产教融合、校企合作、创新创业人才培养的产教融合型龙头企业，明确企业在校企合作中的主导地位，对产教融合型龙头企业给予政策支持。鼓励校企合作双方制定成本分担和利益共享协议，维护双方在产教融合中的合法权益。

（二）鼓励企业参与举办职业院校

完善"五业联动"的运行机制，鼓励企业以独资、合资、合作等方式依法参与举办职业教育、高等教育，深化校企合作，全面提升办学质量和服务能力。坚持准入条件透明化、审批范围最小化，细化标准、简化流程、优化服务，依法依规改进办学准入条件和审批环节。通过购买服务、委托管理等，支持企业参与公办职业学校办学。鼓励有条件的院校探索推进职业学校股份制、混合所有制改革，允许企业以资本、技术、管理等要素依法参与办学并享有相应权利，对参与"二级学院"建设的企业，其办学符合产教融合发展要求的，政府可通过购买服务等多种方式给予支持。

（三）深化"引企入教"改革

支持引导企业深度参与职业学校、高等学校教育教学改革，参与学校专业规划、教材开发、教学设计、课程设置、实习实训，促进企业需求融入人才培养环节。鼓励企业依托或联合职业学校、高等学校设立产业学院和企业工作室、实验室、创新基地、实践基地。鼓励市级企业技术中心所在企业与高等学校建立联合研发机构。支持天津中德应用技术大学等高校与战略性新兴产业和高端装备制造业的行业龙头及重点企业，在订单培养、员工培训、共建实验实训基地、共建新专业等方面开展深度合作。

（四）推进企业主导的协同创新和成果转化

以产教融合型标杆行业和龙头企业为依托，支持企业、学校、科研院所围绕产业关键技术、核心工艺和共性问题开展协同创新，加快基础研究成果向产业技术转化。合作开展"卡脖子"关键核心技术、战略性前沿技术和颠覆性技术攻关，共同研发"撒手锏"产品、重点新产品和"专精特新"产品，形成战略性新兴产业产教融合创新体系。大力鼓励高校、科研院所与行业企业合作联合申报科技计划项目，引导高校将企业生产一线实际需求作为工程技术研究选题的重要来源。完善财政科技计划管理，高校、科研机构牵头申请的应用型、工程技术研究项目原则上应有行业企业参与并制订成果转化方案。继续加强企业技术中心和高校技术创新平台建设，鼓励企业和高校共建企业重点实验室、中试和工程化基地。

（五）营造有利于企业发展的人才环境

深入落实"天津八条"和"海河英才"行动计划，引进一批高层次创新人才、产业人才、高技能人才和急需紧缺专业人才。支持人才中介机构为我市企业引进高层次人才。改革人才落户制度，开辟战略性新兴产业领域企业人才引进绿色通道，为企业家引进急需型人才提供便利。加强对企业家的服务和政策支持，培育一批具有创新意识和能力的新型企业家。在创新型企业中培育一批创新工程师、创新咨询师和创新培训师。对我市产教融合型龙头企业和优秀企业家按当年综合贡献给予一次性奖励。加大企业科技特派员选派力度，完善企业与高校人才联合培养和双向流动机制，促进技术、成果、人才等要素向企业集聚。

六、打造产教融合重大平台载体项目

（一）打造"鲁班工坊"国际化品牌

提升已有"鲁班工坊"建设水平。支持天津渤海职业技术学院、天津市经济贸易学校、天津轻工职业技术学院、天津机电职业技术学院、天津市东丽区职业教育中心、天津现代职业技术学院、天津中德应用技术大学、天津铁道职业技术学院、天津市第一商业学校做实做强泰国、英国、印度、印尼、巴基斯坦、柬埔寨、葡萄牙、吉布提等地"鲁班工坊",加大与当地院校的合作交流力度,提升"鲁班工坊"的服务能力。

加快新建海外"鲁班工坊"。鼓励有条件的职业院校继续在海外探索建设"鲁班工坊"。支持天津职业大学发起成立的"鲁班工坊"联盟,与华为公司、西安增材制造国家研究院在非洲南非德班理工大学建立"鲁班工坊",开设物联网技术相关专业;支持天津轻工职业技术学院、天津交通职业学院在开罗高级维修技术学校、艾因夏姆斯大学建设埃及"鲁班工坊";支持天津城市职业学院联合华为技术有限公司,在马查科斯大学建设肯尼亚"鲁班工坊";支持天津医学高等专科学校、天津市红星职业中等专业学校建设马里"鲁班工坊",设置中医药相关专业,2020年底前完成10个非洲国家"鲁班工坊"的建设任务。支持天津医学高等专科学校、天津市红星职业中等专业学校与爱斯康柏医疗职业教育培训中心在瑞士建设"鲁班工坊";支持天津农学院、天津市经济贸易学校在普罗夫迪夫农业大学建设保加利亚"鲁班工坊"。

拓展"鲁班工坊"服务功能。围绕海外建立的"鲁班工坊",探索构建"中高本硕"贯通的国际化职业教育人才培养体系,为天津构建现代职业教育体系提供经验,搭建国内外技术技能人才培养交流与合作平台。服务全国职业院校技能大赛的永久主赛区,对接世界技能大赛,探索赛项国际化,使"鲁班工坊"成为中国职业院校技能大赛的延伸赛场,提升技能大赛的国际影响。

开辟"鲁班工坊"项目建设"绿色通道","鲁班工坊"项目工作人员不列入因公临时出国批次限量管理。设立"鲁班工坊"项目专项建设和奖补资金,职业院校可按照相关规定捐赠相应设备,支持项目建设。到2020年,在非洲建成10个"鲁班工坊";到2025年,"鲁班工坊"总数增加到30个,在完善已有的50个国际化专业教学标准的基础上,结合"鲁班工坊"建设需求,再开发50个国际化专业教学标准。

(二) 建设国家会展中心会展经济平台

依托国家会展中心构建现代产业。充分发挥天津国家会展中心的引领作用，成为京津冀地区大型展会的重要承载地。依托国家会展中心的区位优势，发挥会展企业的经济发展引擎作用，形成天津市新兴产业提质增效的重要示范基地。津南区依托国家会展中心平台，挖掘装备、智能制造、航空制造等主导产业的发展需求与会展产业的互动关系，将会展经济作为对外展示和对内联动的重要窗口，打造成果展示、成果交易和成果转化的会展经济集聚区。津南区、河西区、河东区围绕国家会展中心配套需求，培育与会展业配套的生产性和生活性服务业，重点发展会展经济产业专业配套服务，打造国家会展中心专业配套服务集聚区。搭建文化旅游、休闲娱乐、民俗体验等会展经济配套服务产业体系，形成我市对外展示交流的平台与对内服务合作的沟通渠道。

建设国家会展中心高端产业配套服务区。环绕国家会展中心 3~5 公里的范围，以辛庄镇区、海河教育园区、咸水沽镇区、双桥河镇区作为主要空间载体，充分发挥龙头企业作用，着力培育创新型中小科技企业，通过引进国内外行业龙头项目带动园区周边一大批相关配套产业的发展，形成高附加值产业、创新产业高度聚集。重点发展展会翻译、会议同传、商务陪同、传媒广告、活动策划、平面设计、3D 打印、法律、财务管理等会展产业专业配套服务。

（三）建设"天津智谷"人工智能成果转化高地

建设人工智能成果转化高地。借助"天津智谷"建设，围绕"政、产、学、研、资、用"六要素，重点依托南开大学津南研究院、天津大学创新研究院、天津中德应用技术大学成果转化中心等研发载体，以智能机器人、集成电路等为核心技术层，以人工智能系统、3D 打印等为产业应用层，以科技服务、金融服务为支撑服务层，建成国际一流的人工智能研发及成果转化新高地。

加快形成一批重大原创成果。支持南开大学、天津大学联合北京大学、浙江大学、南京理工大学等院校在津组建创新平台的研发力量，开展人工智能前沿基础理论和应用研究，在类脑智能、脑机接口、量子智能计算、群体智能组织、人机混合增强智能以及自主智能协同控制与决策理论和方法等方面，形成一批原创性成果。

大力推动科技成果落地转化。支持天津（滨海）人工智能军民融合创新中心、南开大学人工智能学院、天津大学人工智能学院等，围绕水下机器人、脑认知计算、先进机器人学习、智能语音处理、自然语言处理，特种机器人、智慧医学工程、智慧城市和智慧金融等领域，组建天津市产教融合人工智能产学研综合研发和技术转化中心，定期召开专场对接会，推动更多科技成果转化落地。

推进校企双方的全方位合作。大力支持天津大学世界首套在轨脑—机交互及脑力负荷等神经功效测试系统、南开大学的视觉显著性计算和智能机器人、科大讯飞的智能语音识别、汉柏科技的人脸识别等项目。支持天津电子信息职业技术学院共建海尔COSMOPlat智能制造诊断与鉴定中心等平台载体，以及与华为在人工智能、5G通信网络等领域全方位合作等。

搭建成果转化服务平台。积极推动华海清科国家02专项、易华录数据湖、中电科46所新材料产业园等重大项目建设。支持以阿里云创新中心（天津津南）基地、海棠众创大街、易华录双创中心等为代表的创新孵化平台和载体建设，引导北京中关村各类中介机构来津注册，建立成果转化清单。搭建成果转化服务网络平台，提供跨地区、跨国际的技术转移服务，实现数据共享、网络会展、专利检索以及预评估等功能。鼓励建立成果转化公司等相关机构，加大科技项目遴选和管理力度，提供融资、技术项目管理、项目流程管理等服务，与国内外先进地区共建面向全球的科研成果转化中心。

（四）打造海河教育园区的产教融合升级版

开发建设天南云智小镇。依托海河教育园区入园院校，借力国家唯一的现代职业教育改革创新示范区，打造中国特色职业教育产教融合的新高地、国际合作产教融合的新平台、区域协同产教融合的新支点。充分利用天津大学、南开大学的科技研发资源，借助社会资本和专业团队，开发建设集科技创新、孵化转化、国际交流、生活配套于一体的天南云智小镇。建设产教融合创新中心，联动园区内外高新技术、生物医药、智能装备等行业和企业，通过共同开发科技创新项目、共享科技创新成果等方式，发挥产业和镇区的辐射带动能力，带动海河教育园区内其他高职院校以及周边产业融合发展，引领产教融合型试点城市的园区建设。

大力建设众创空间打造"双创"升级版。推进以南开大学玑瑛青年创新创业实践基地、天津大学搭伙众创空间、天津商业大学微渡众创空间、天津中德应用技术大学凯立达—中德众创空间、天津职业大学青创众创空间、天津轻工职业技术学院轻职众创空间、天津电子信息职业技术学院电子智慧城众创空间、天津现代职业技术学院现代领航者众创空间等为代表的双创平台建设，健全国际交流机制，提升以"全方位、全过程、全要素"为理念的服务水平，打造影响范围广、层次高、程度深的源头创新双创平台，孵化出一批高质量、高水平的科技创新企业。

借力海河教育园区的八大产教融合联盟平台，全力推进产教联盟建设。充分发挥已建立的工业机器人、机电一体化、文化创意、工业检测、电子商务和新能源产教联盟等产教联盟作用，切实推进行业内共享校企优质科研资源，开放仪器设备、实验平台、产学研合作平台，建立院校与企业双向人员互动互聘机制，实现联盟内职业院校之间人力资源共享，培养一批双师型人才，凝聚联盟内科研力量，承接国家级和省部级纵向科研项目及校企合作横向科研课题与社会服务项目。积累发展经验，推动产业联盟建设向其他领域发展。

推动海河教育园区测试区、示范区建设，加强校校合作。推动海河教育园区的无人驾驶、无人机及智能海运的天、地、海网联智能测试、示范区建设。加强和深化海河教育园区内院校的教育、科研合作，推动人员互访、学分互认、学位互授和设施共享，共建优势学科、实验室和研究机构。积极引入国内外优质办学资源，引进世界知名大学和特色学院开展合作办学，支持应用型本科高校、高职院校与国外高水平应用技术大学合作办学。

继续支持海河教育园区的优质职业教育"双高"建设。对于天津职业大学与国家动漫园、特蕾新、华厦眼科集团、林肯、福特、百胜等知名企业共建的混合所有制二级学院或产业学院、技术服务中心等校企合作项目，天津轻工职业技术学院与全球领先的瑞士 GF 加工方案集团、德国卡尔蔡司公司及德国西门子公司共建的精密模具及新能源专业实训基地等校企合作项目，天津现代职业技术学院无人机专业与全国最大的航空工业集团中国航空工业集团等校企合作项目，天津电子信息职业技术学院与东软、中兴、国家动漫园、中航等校企合作项目等，加大先进经验宣传和推广工作，对符合试点要求的院校和企业给予激励性政策支持。通过"双高"建设，形成我市职业教育特色，引领职业教育实现现代化，支撑经济社会发展和产业转型升级。

（五）打造产教融合信息共享平台

利用现代信息化手段和云计算、大数据技术，对接国际标准，鼓励行业和企业、高等院校和职业院校、科研机构等共同参与，实施产教融合信息化建设计划。遴选专业化的信息企业，整合已有的产学研信息平台，制定信息系统接口方案，打造覆盖全市、面向国内外的市场化、专业化、开放共享的产教融合综合信息服务平台。

实施职业院校信息化建设计划，每年投入 1 亿元，开展数字化校园达标和提升建设，建设主导专业群优质教学资源和管理服务平台。鼓励和支持社会力量参与海河教育园区示范区重大项目建设，提升天津职业教育影响力和服务能力。

加强政府网站产教融合信息内容建设。加强政府网站产教融合信息发布工作，强化信息发布更新，加大政策宣传力度和解读力度，拓宽网站传播渠道，加强与新闻媒体协作，做好产教融合典型经验的推广工作。

（六）建设全国一流的实训基地、实践基地和大赛基地

建设一流的人才培养实训基地。充分利用中国（天津）职业技能公共实训中心现有资源优势，发挥实训中心职业技能培训、职业标准研发、培训模式创新等核心功能，与职业院校加强合作，进行技能人才培训、专业建设、技术研发。推广天津中德应用技术大学飞机制造技术人才培养基地、天津电

子信息职业技术学院北斗卫星导航产教融合实训教学基地、天津轻工职业技术学院精密模具协同创新中心、天津职业大学机械工程实训中心等高水平职业院校的经验，实行错位发展、功能互补、资源共享。借鉴天津荣程联合钢铁集团有限公司、天津市鸿远电气股份有限公司等企业培训中心的建设经验，带动建设一批企业培训中心，落实职业培训补贴，助力企业提质增效。

建设一流的"双师型"教师培训实践基地。支持大中型企业与职业学校、应用型本科高等院校合作建设"双师型"教师培训实践基地，积极申请国家职业教育教师企业实践基地项目，与实训基地高度对接，建立市级教师培训的企业实践基地，落实教师每5年必须在企业实践1年以上的制度。根据《国家职业教育改革实施方案》关于"双师型"教师队伍建设相关要求，将教师是否取得与本专业相关的高水平职业资格证书作为教师聘任的重要依据，不断提高"双师型"专任教师比例。支持企业技术和管理人才到学校任教，探索实施产业教师（导师）特设岗位计划。制定高校选聘产业教授相关办法，鼓励高校引进具有行业企业工作经历的教师。建立职业院校教师与企业专业技术人员相互兼职制度，根据有关规定和双方约定确定薪酬。

建设一流的全国职业院校技能大赛永久主赛场。完善全国职业院校技能大赛主赛场、大赛博物馆建设，提升国家中西部地区职业教育师资培训中心服务水平，强化国家职业教育教学资源开发与制作中心、大赛成果转化中心等能力建设。围绕产业发展需求，加大全国职业院校技能大赛赛项成果转化力度，研制和开发高技能人才培训和技能赛项教学资源，完善校级、市级、国家级职业院校技能竞赛体系。创新竞赛机制，拓宽参赛范围，引进国际知名品牌赛项。

七、激励产教融合发展的政策支持

（一）"金融+财税+土地" 政策组合激励

试点企业兴办职业教育符合条件的教育投资，按规定投资额30%的比例抵免当年应缴教育费附加和地方教育附加。

产业技术研究院或衍生企业牵头承担国家产教融合科技创新重大专项和国家重点研发计划重点专项项目的，市、区两级财政给予国家支持额度1∶1的配套资金支持。对产业技术研究院发起设立的天使基金和创投基金，天津市天使投资引导基金和创业投资引导基金同等条件下优先给予参股支持。

我市产教融合重大平台载体建设项目，市级升为国家级的，由市财政按项目投资额30%予以支持，最高支持额2000万元，建设项目资金可以纳入市级政府投资三年滚动计划，并按照项目轻重缓急列入政府投资年度计划。对于中国特色高水平高职学校和专业建设计划建设单位，按要求给予市级配套资金支持；对经认定的国家级、市级产教融合实训基地，分别给予一次性500万元、200万元经费资助；对全国职业院校技能大赛主赛场、全国职业院校技能大赛博物馆、国家中西部地区职业教育师资培训中心、国家职业教育教学资源开发与制作中心、全国职业院校技能大赛成果转化中心等示范区"国字号"建设项目给予一次性500万元经费资助。

对国家级、市级技能大师工作室，分别给予一次性50万元、30万元经费资助。对在全国职业院校技能大赛中获一、二等奖的项目，分别给予一次性10万元、5万元的奖励。

对企业通过公益性社会组织或者县级（含县级）以上人民政府及其组成部门和直属机构，支持职业教育事业的公益性捐赠支出，按照税法有关规定，在年度利润总额12%以内的部分，准予结转以后三年内在计算应纳税所得额时扣除。对民营企业设立的院士专家工作站或博士后工作站，分别给予一次性50万、30万元经费资助。

按照《天津市人民政府办公厅印发关于深化产教融合实施方案的通知》（津政办发〔2018〕34号）、《天津市人民政府办公厅关于鼓励社会力量参与职业教育办学激发职业院校办学活力的指导意见》（津政办发〔2018〕35号），优先保障产教融合试点单位用地需求。企业投资或与政府合作建设职业学校、高等学校的建设用地，按科教用地管理，符合《划拨用地目录》的，可通过划拨方式供地，鼓励企业自愿以出让、租赁方式取得土地。社会力量兴办的非营利性民办职业院校规划用地性质按教育科研用地控制，营利性民办职业院校规划用地性质按其他服务设施用地控制。

(二)"人才培养+人才引进+突出贡献"组合激励

对我市用人单位新引进的签订 3 年以上工作合同的高技能人才,给予最高 50 万元奖励资助;对天津市获世界技能大赛等比赛名次的高技能人才,给予最高 50 万元奖励资助。每年评选 10 名"海河工匠",颁发荣誉证书,给予每人 20 万元奖励资助。

对国家级和市级人力资源服务产业园,分别给予一次性 500 万元、200 万元经费资助。

对国家级大学生创业孵化示范基地,给予最高一次性 100 万元的奖励;对市级大学生创业孵化示范基地,给予最高一次性 50 万元的奖励。对在中国"互联网+"大学生创新创业大赛中获得金奖的项目给予一次性 50 万元奖励。

院校导师在津南区注册经营企业开展创新和成果转化的,与海棠众创大街签订《企业发展任务书》并承诺持续经营后,可给予导师不超过 20 万元的一次性启动资金奖励。所有入驻企业可享受 3 年房租减免。所有入驻企业可享受最高 1200 元/平方米的一次性装修及设备补贴。所有入驻企业可享受一定比例的物业补贴,补贴比例为首年 100%,第二年 70%,第三年 40%,先缴后补。

职业院校、应用型本科高校校企合作、技术服务、社会培训、自办企业等所得收入,可提取一定比例作为绩效工资来源。开展现代学徒制、企业新型学徒制培训的企业,按规定给予职业培训补贴。落实企业职工培训制度,按照职工工资总额的 1.5%~2.5%足额提取教育培训经费,确保教育培训经费 60%以上用于一线职工。

对与我市用人单位签订 3 年以上工作合同,引进或留津工作的博士毕业生(非在职),给予连续 3 年每年 5 万元奖励资助。给予引进或留津南工作的出站博士后(非在职)一次性 20 万元奖励资助。给予博士后国际化培养计划入选者每人一次性最高 10 万元经费资助。

对掌握重大科技项目核心技术,具有自主研发能力,无知识产权争议及经济纠纷，具有学科优势和行业领先地位，带项目、带技术、带资金在津南区创办企业的海河教育园区院校的高端人才，按其项目实际投资额度的50%比例给予启动资金支持，最高不超过1000万元。

对海河教育园区院校教师、在校或毕业学生在津南区创办企业，并取得一定经济效益的，经科技、财政部门确认后，按照企业上一年度享受加计扣除研发费用的5%进行奖励。

（三）"知识产权+成果转化"组合激励

给予为完成、转化科技成果作出重要贡献的人员不低于科技成果转化收入50%的奖励，各单位可在此基础上提高奖励比例。科技成果转化所获奖励与报酬、承担科研项目所列支绩效奖励、以市场委托方式取得的横向项目所获收入或绩效支出，计入当年本单位绩效工资总量，但不受年人均收入调控线和年收入增幅限制，不纳入总量基数。

对于"长江学者"、国家级有突出贡献的中青年专家和国家杰出青年科学基金获得者到津南区实施科技成果转化，通过对其科学研究领域项目认定后，按项目投入资金额度的一定比例给予用人单位50万~200万元的项目启动资金。

对海河教育园区院校的科技成果在津南区研发、转化和产业化的项目，根据项目需要，经评审，天津津南海河宽带智汇产业基金的相关子基金可给予不超过1000万元的股权投资。"双一流"高校和驻津南区院校及其机构参照执行。

对海河教育园区院校的教师、学生带着科技成果在津南区新注册企业，年度内实现固定资产投资200万元以上且实现销售收入100万元以上，优先给予科技项目支持，奖励资金20万元。鼓励海河教育园区院校的教师、学生在津南区创办企业后，以其发明专利权、实用新型专利权质押融资贷款，所获贷款在按期正常还贷后给予50%的贷款贴息，每家企业最高不超过50万元。"双一流"高校和驻津南区院校及其机构参照执行。

对海河教育园区院校的科技成果在津南区实现产业化，销售额达到2000万元以上并持续增长的，连续3年按企业销售额（不含流水、关联交易）的

2%给予成长奖励，累计不超过 1000 万元。"双一流"高校和驻津南区院校及其机构参照执行。

津南区企业购买海河教育园区院校发明专利权、实用新型专利权，实施转化并取得良好经济效益的，知识产权交易额 20 万及以上的，按购买专利权交易总额 50%补贴，最高不超过 100 万元。鼓励津南区企业与海河教育园区院校就发明专利权、实用新型专利权签订独占许可协议（3 年及以上），实施转化并取得良好经济效益的，按独占许可费用的 50%给予企业补贴，最高不超过 10 万元。"双一流"高校和驻津南区院校及其机构参照执行。

对科技人员在科技成果转化工作中开展技术开发、技术咨询、技术服务等活动给予的奖励，可按照促进科技成果转化法和《国务院关于印发实施〈中华人民共和国促进科技成果转化法〉若干规定的通知》（国发〔2016〕16号）等有关规定执行。试点开展科技成果权属改革，高校、科研机构以市场委托方式取得的横向项目，可约定其成果权属归科技人员所有；对利用财政资金形成的新增科技成果，按照有利于提高成果转化效率的原则，高校、科研机构可与科技人员共同申请知识产权，赋予科技人员成果所有权。

八、组织实施

（一）加强组织领导和统筹协调

强化组织领导，建立市区两级联合产教融合领导模式，健全统筹协调推进机制，做好产教融合重大政策措施的统筹谋划、工作联动和资源整合。强化协同推进，各相关部门要根据产教融合型试点城市建设实施方案，明确工作推进路线图、时间表及相关责任分工，切实发挥政府、企业、院校、园区、行业协会、社会组织、智库等多主体作用，形成多方合力。

（二）加强政策宣传推介和试点示范引领

组织开展产教融合相关政策宣传解读，着力提高公众的政策知晓度和执行力。加强舆论引导，充分发挥广播电视、平面媒体、互联网等媒体作用，开办产教融合专题节目或栏目，全面宣传产教融合改革创新实践。总结推介海河教育园区、"鲁班工坊"等产教融合的典型经验，积极开展产教融合专题研究和举办相关研讨会，全面扩大海河教育园区和"鲁班工坊"在国内外的知名度和影响力。

（三）加强督促检查和考核评估

健全多层次考核机制，全面落实产教融合各项任务、改革举措和平台载体项目建设，确保工作责任落实到位。建立全过程督促检查机制，建立产教融合工作推进责任清单、措施清单制度，定期跟踪督查产教融合工作进展情况，加快形成激励约束机制。完善开放式评估评价机制，综合运用第三方评估、社会监督评价等科学评估方式，探索建立产教融合试点的评价指标体系，组织开展产教融合社会经济效益评价，评价结果作为产教融合参与主体的绩效考核、投入引导、试点选择、表彰激励的重要依据。

附件1　试点期间拟重点突破的重大问题清单

问题类型	序号	问题清单
产教融合渠道不够畅通	1	产教融合仍处于自发式、松散型状态，院校参与产业发展战略的程度不高，教育和产业统筹融合、良性互动的系统发展格局还没有形成。
	2	校企合作存在信息不对称的问题，企业与院校有效合作途径有待拓展，缺乏高效率、高质量、高信誉的中介服务机构。
	3	产学研转化渠道、公共服务平台、关键技术和共性技术研发服务平台、大数据信息平台有待进一步整合和完善。
产教融合供需矛盾依然存在	1	院校在专业设置、课程设计、教材选用等方面难以满足产业结构转型升级的前瞻性需求。部分实训设备陈旧老化，有待更新。
	2	部分毕业生专业功底较差，动手能力欠佳，无法迅速融入企业生产，院校须更加注重学生基础知识的掌握，实践能力、工匠精神的培养以及综合素质的提升。
	3	高校和研究机构的科研活动不能有效服务企业发展，大部分科研成果停留在实验室，科研成果应用转化存在障碍。

问题类型	序号	问题清单
产教融合供需矛盾依然存在	4	产业转型发展与院校科研方向存在一定程度差异，部分研究成果无法落地转化，存在科研成果外流现象。
	5	同时拥有丰富教学经验和实践经验的人才稀缺，"双师型"教师数量不足，其选聘及认证存在瓶颈。
	6	毕业生就业和企业招工存在"双缺口"，尚未实现以需求为导向的人才培养结构动态调整机制，亟须建立紧密对接产业链、创新链的学科专业体系，亟待培养引领产业发展的创新领军人才。
产教融合缺乏统筹协调机制	1	产教融合政策在实施过程中涉及行政主管部门、行业企业、高等院校、职业学校、科研院所、金融机构、社会组织等诸多主体，主体间各负其责、协同共进的发展格局尚未形成。
	2	政府产教融合政策在具体实行过程中衍生出一批利用政策优势钻空子的中介公司，需要加强监管。
	3	某些具体政策设计仍不够完善。例如，由于在薪酬制度设计上缺少激励措施，企业技师缺乏到院校教学的动力。
	4	海河教育园区的人才引进等激励性政策覆盖面有待拓宽。
加强政策亟待有效落地实施	1	政策宣传不到位，政府部门多头管理，主体责任落实不够，导致部分政策实施难以有效落地。
	2	在政策内容上，产教融合和校企合作相关政策偏向政策性指导，实施细节有待进一步完善。
	3	在参与主体上，部分企业对产教融合政策不够敏感，在与政府部门和院校的关系处理上，往往处于被动地位，缺乏主动沟通意识。同时，产教融合政策体系有待进一步整合和完善，政策引领作用有待提高。
校企合作存在目标不一致问题	1	在校企合作中，院校和企业的追求目标不一致，院校的主要目标是改革培养模式、获得自身不具备的实习、实训条件用于实训教学环节，提高学生就业能力等；企业的主要目标是获得符合企业发展的人才和科研成果，实现经济效益最大化。
	2	校企双方在产教融合经费筹措、教学管理、人事安排、收益分配等责、权、利问题上尚缺乏统一价值共识，易影响合作质量。

附件 2　试点期间拟出台的重点改革举措清单

政策类型	序号	政策清单
金融、财税、土地组合激励	1	试点企业兴办职业教育符合条件的教育投资，按规定投资额 30% 的比例抵免当年应缴教育费附加和地方教育附加。
	2	产业技术研究院或衍生企业牵头承担国家产教融合科技创新重大专项和国家重点研发计划重点专项项目的，市、区两级财政给予国家支持额度 1：1 的配套资金支持。对产业技术研究院发起设立的天使基金和创投基金，天津市天使投资引导基金和创业投资引导基金同等条件下优先给予参股支持。
	3	我市产教融合重大平台载体建设项目，市级升为国家级的，由市财政按项目投资额 30% 予以支持，最高支持额 2000 万元，建设项目资金可以纳入市级政府投资三年滚动计划，并按照项目轻重缓急列入政府投资年度计划。对于中国特色高水平高职学校和专业建设计划建设单位，按要求给予市级配套资金支持；对经认定的国家级、市级产教融合实训基地，分别给予一次性 500 万元、200 万元经费资助；对全国职业院校技能大赛主赛场、全国职业院校技能大赛博物馆、国家中西部地区职业教育师资培训中心、国家职业教育教学资源开发与制作中心、全国职业院校技能大赛成果转化中心等示范区"国字号"建设项目给予一次性 500 万元经费资助。
	4	对国家级、市级技能大师工作室，分别给予一次性 50 万元、30 万元经费资助。对在全国职业院校技能大赛中获一、二等奖的项目，分别给予一次性 10 万元、5 万元的奖励。
	5	对企业通过公益性社会组织或者县级（含县级）以上人民政府及其组成部门和直属机构，支持职业教育事业的公益性捐赠支出，按照税法有关规定，在年度利润总额 12% 以内的部分，准予结转以后三年内在计算应纳税所得额时扣除。对民营企业设立的院士专家工作站或博士后工作站，分别给予一次性 50 万、30 万元经费资助。
	6	按照《天津市人民政府办公厅印发关于深化产教融合实施方案的通知》（津政办发〔2018〕34 号）、《天津市人民政府办公厅关于鼓励社会力量参与职业教育办学激发职业院校办学活力的指导意见》（津政办发〔2018〕35 号），优先保障产教融合试点单位用地需求。企业投资或与政府合作建设职业学校、高等学校的建设用地，按科教用地管理，符合《划拨用地目录》的，可通过划拨方式供地，鼓励企业自愿以出让、租赁方式取得土地。社会力量兴办的非营利性民办职业院校规划用地性质按教育科研用地控制，营利性民办职业院校规划用地性质按其他服务设施用地控制。

政策类型	序号	政策清单
人才培养、人才引进、突出贡献组合激励	1	对我市用人单位新引进的签订 3 年以上工作合同的高技能人才，给予最高 50 万元奖励资助；对天津市获世界技能大赛等比赛名次的高技能人才，给予最高 50 万元奖励资助。每年评选 10 名"海河工匠"，颁发荣誉证书，给予每人 20 万元奖励资助。
	2	对国家级和市级人力资源服务产业园，分别给予一次性 500 万元、200 万元经费资助。
	3	对国家级大学生创业孵化示范基地，给予最高一次性 100 万元的奖励；对市级大学生创业孵化示范基地，给予最高一次性 50 万元的奖励。对在中国"互联网+"大学生创新创业大赛中获得金奖的项目给予一次性 50 万元奖励。
	4	院校导师在津南区注册经营企业开展创新和成果转化的，与海棠众创大街签订《企业发展任务书》并承诺持续经营后，可给予导师不超过 20 万元的一次性启动资金奖励。所有入驻企业可享受 3 年房租减免。所有入驻企业可享受最高 1200 元/平方米的一次性装修及设备补贴。所有入驻企业可享受一定比例的物业补贴，补贴比例为首年 100%，第二年 70%，第三年 40%，先缴后补。
	5	职业院校、应用型本科高校校企合作、技术服务、社会培训、自办企业等所得收入，可提取一定比例作为绩效工资来源。开展现代学徒制、企业新型学徒制培训的企业，按规定给予职业培训补贴。落实企业职工培训制度，按照职工工资总额的 1.5%~2.5% 足额提取教育培训经费，确保教育培训经费 60% 以上用于一线职工。
	6	对与我市用人单位签订 3 年以上工作合同，引进或留津工作的博士毕业生（非在职），给予连续 3 年每年 5 万元奖励资助。给予引进或留津南工作的出站博士后（非在职）一次性 20 万元奖励资助。给予博士后国际化培养计划入选者每人一次性最高 10 万元经费资助。
	7	对掌握重大科技项目核心技术，具有自主研发能力，无知识产权争议及经济纠纷，具有学科优势和行业领先地位，带项目、带技术、带资金在津南区创办企业的海河教育园区院校的高端人才，按其项目实际投资额度的 50% 比例给予启动资金支持，最高不超过 1000 万元。
	8	对海河教育园区院校教师、在校或毕业学生在津南区创办企业，并取得一定经济效益的，经科技、财政部门确认后，按照企业上一年度享受加计扣除研发费用的 5% 进行奖励。

续表

政策类型	序号	政策清单
知识产权、成果转化组合激励	1	给予为完成、转化科技成果作出重要贡献的人员不低于科技转化收入50%的奖励，各单位可在此基础上提高奖励比例。科技成果转化所获奖励与报酬、承担科研项目所列支绩效奖励、以市场委托方式取得的横向项目所获收入或绩效支出，计入当年本单位绩效工资总量，但不受本人均收入调控线和年收入增幅限制，不纳入总量基数。
	2	对于"长江学者"、国家级有突出贡献的中青年专家和国家杰出青年科学基金获得者到津南区实施科技成果转化，通过对其科学研究领域项目认定后，按项目投入资金额度的一定比例给予用人单位50万~200万元的项目启动资金。
	3	对海河教育园区院校的科技成果在津南区研发、转化和产业化的项目，根据项目需要，经评审，天津津南海河宽带智汇产业基金的相关子基金可给予不超过1000万元的股权投资。"双一流"高校和驻津南区院校及其机构参照执行。
	4	对海河教育园区院校的教师、学生带着科技成果在津南区新注册企业，年度内实现固定资产投资200万元以上且实现销售收入100万元以上，优先给予科技项目支持，奖励资金20万元。鼓励海河教育园区院校的教师、学生在津南区创办企业后，以其发明专利权、实用新型专利权质押融资贷款，所获贷款在按期正常还贷后给予50%的贷款贴息，每家企业最高不超过50万元。"双一流"高校和驻津南区院校及其机构参照执行。
	5	对海河教育园区院校的科技成果在津南区实现产业化，销售额达到2000万元以上并持续增长的，连续3年按企业销售额（不含流水、关联交易）的2%给予成长奖励，累计不超过1000万元。"双一流"高校和驻津南区院校及其机构参照执行。
	6	津南区企业购买海河教育园区院校发明专利权、实用新型专利权，实施转化并取得良好经济效益的，知识产权交易额20万元及以上的，按购买专利权交易总额50%补贴，最高不超过100万元。鼓励津南区企业与海河教育园区院校就发明专利权、实用新型专利权签订独占许可协议（3年及以上），实施转化并取得良好经济效益的，按独占许可费用的50%给予企业补贴，最高不超过10万元。"双一流"高校和驻津南区院校及其机构参照执行。
	7	对科技人员在科技成果转化工作中开展技术开发、技术咨询、技术服务等活动给予的奖励，可按照促进科技成果转化法和《国务院关于印发实施〈中华人民共和国促进科技成果转化法〉若干规定的通知》（国发〔2016〕16号）等有关规定执行。试点开展科技成果权属改革，高校、科研机构以市场委托方式取得的横向项目，可约定其成果权属归科技人员所有；对利用财政资金形成的新增科技成果，按照有利于提高成果转化效率的原则，高校、科研机构可与科技人员共同申请知识产权，赋予科技人员成果所有权。

河北省教育厅等十部门关于深化现代职业教育体系建设改革的若干措施①

各市（含定州、辛集市）教育局、市委宣传部、发展改革委（局）、科技局、工业和信息化局、财政局、人力资源社会保障局、外事办公室、国资委、税务局，雄安新区公共服务局、改革发展局，省属职业院校：

为深入贯彻中共中央办公厅、国务院办公厅印发的《关于深化现代职业教育体系建设改革的意见》，结合我省实际，现就推进省域现代职业教育体系建设改革提出如下措施。

一、提升职业学校关键能力

（一）推进办学条件达标工程。省市县各级政府要承担主体责任，积极解决职业学校校园占地面积不足、建筑面积不够、教师配备不达标等问题，2025年底前实现职业学校基本办学条件达到国家要求。市县区域内办学规模偏小、办学效益偏低的中等职业学校可采取合并、集团化办学等形式优化布局。自2023年起，每年通报各地各校达标情况，并作为省级职业教育资金投入的重要依据。到2025年底仍不能达标的，对高等职业学校将采取调减招生计划等措施，对办学质量差、社会不认可、各项指标严重不达标的"空小散弱"中等职业学校要依法进行合并或终止办学。

（二）实施职业学校高质量发展计划。在高质量推进国家职业教育高水平高等职业学校和专业建设计划（以下简称"双高"计划）基础上，深入实施省级"双高"计划和高等职业教育创新发展行动计划，重点培育建设30所左右省域高水平高等职业学校和一批高水平专业群。支持我省3所公办职业本科学校提档升级，力争成为在全国有影响力的高水平示范学校。继续重点支持全省120所中等职业学校提高培养质量，同时培育30所中等职业学校后备

---

① 河北省教育厅等十部门关于深化现代职业教育体系建设改革的若干措施［EB/OL］.（2023-02-25）［2024-12-19］. https://www.hbly.edu.cn/xxyzngcxy/info/1158/1369.htm.

梯队，建设一批省级骨干专业和特色专业。推进职业教育信息化、资源数字化建设，持续建设和提升省级职业教育专业教学资源库、精品在线开放课程、虚拟仿真实训基地等人才培养支撑项目。

（三）加强"双师型"教师队伍建设。依托企业和职业学校建设一批职业教育"双师型"教师培养培训基地，培育一批教学创新团队、名师工作室和技艺技能传承创新平台。职业学校可设立产业导师特聘岗，聘请企业技术人员、高技能人才以兼职任教等灵活方式到校工作。支持职业学校根据有关规定和岗位需求，自主设置公开招聘条件、创新考试考核方式，职业学校外聘的高层次、高技能人才可实行年薪工资、协议工资、项目工资等灵活分配形式，其薪酬发放数额不纳入绩效工资总量管理，实行单列管理。鼓励职业学校教师经学校批准后到企业实践，以增长教学经验，帮助企业革新创造，允许其从企业获得劳务或咨询、技术、培训等服务报酬，其获取报酬除依法纳税外，无须另行申报批准。力争3年内全省中高等职业学校"双师型"专业教师占比分别达到50%、60%以上。

二、推进职普融通、产教融合、科教融汇

（四）推进职普融通。以保定市部省共建市域职业教育改革试点前期经验为基础，由省教育厅统一安排，全省各地积极探索在普通高中和中等职业学校举办职普融通实验班。实验班培养学生以服务本地优秀企业和产业为重点，以高质量就业为导向，学生选拔增加面试或技能测试环节，可与"3+2""3+4"高等教育贯通培养相结合。实验班教学以普通高中教学大纲和中等职业学校教学标准为依据，科学制订教学计划，前半段以文化课程学习为主，适度设立专业技能课和职业指导课；后半段可让学生根据自身禀赋和兴趣自主选择学习方向，促使学生多样化成才。

（五）深化产教融合。优先选择我省重点行业和重点领域，支持龙头企业和高水平高等学校、职业学校牵头，组建学校、科研机构、上下游企业等共同参与的产教融合共同体。进一步推进产教融合型企业政策落地，对纳入产教融合型企业建设培育范围的试点企业，兴办职业教育的投资符合规定的，

可按投资额的30%比例，抵免当年应缴教育费附加和地方教育附加，当年不足抵免的，未抵免部分可在以后年度继续抵免。企业设立具备生产与教学功能的产教融合实习实训基地所发生的费用，可以参照职业学校享受相应的用地、公用事业费等优惠。支持企业与职业学校共建共管产业学院、产教融合实习实训基地。支持国有企业举办的高等职业学校发展，落实国家支持国企办学配套相关政策。

（六）促进科教融汇。职业学校尤其是高等职业学校要围绕区域传统优势产业、战略性新兴产业和县域特色产业领域，建设共性技术服务平台，开展产业共性技术攻关和重要产品研发，打通科研开发、技术创新、成果转移链条，为企业提供技术咨询与服务，促进企业技术创新、产品升级。职业学校开展技术服务、技术开发、技术转让、技术咨询、科学研究、技术培训等收益用于人员奖励部分，不纳入绩效工资总量管理，实行单列管理。服务企业成效、科技研发成果纳入对高等职业学校量化考核内容。

三、激发职业学校办学活力

（七）建立贯通培养通道。支持优质中等职业学校与高等职业学校联合开展五年一贯制办学（含"3+2"贯通培养）。探索京津冀中等职业学校与高等职业学校联合开展"3+2"跨省市联合培养。扩大"3+4"培养规模，探索中等职业学校与职业本科学校、应用型本科学校贯通培养模式。职业本科学校招收"3+4"中等职业学校毕业生的比例逐步达到30%以上，招收中等职业学校对口升学考生的比例逐步达到50%以上；应用型本科学校招收中等职业学校对口升学考生的比例稳步增加。积极开展"2+2+2"（中职+企业+高职）分段培养人才试点。在国家统一部署下，健全"文化素质+职业技能"考试招生办法，稳步推进职教高考制度改革。

（八）支持校企深度合作办学。依据产业链分工对人才类型、层次、结构的要求，实行校企联合招生，开展委托培养、订单培养和学徒制培养。鼓励学校、企业以"校中厂""厂中校"的方式共建实践中心，服务职业学校学生实习实训，企业员工培训、产品中试、工艺改进、技术研发等。

（九）支持学校扩大对外开放。积极引进先进职教标准、优秀师资团队、通用职业证书等国际优质资源，进行本土化改造后融入人才培养体系。支持职业学校协同我省行业企业主动对接钢铁、建材等优势产业，主动服务"一带一路"建设和国际经济合作，建立健全相配套的职业教育模式，培养我省企业"走出去"急需的技术技能人才。

四、 提升职业教育认可度美誉度

（十）营造良好氛围。及时总结各地各校推进现代职业教育体系建设改革的典型经验，做好有关宣传报道。充分利用公共媒体，宣传优秀职业学校、校长、教师、学生的先进事迹。树立结果导向的评价方向，对优秀的职业学校、校长、教师、学生和技术技能人才按照国家有关规定给予表彰奖励，弘扬劳动光荣、技能宝贵、创造伟大的时代风尚。

河北省教育厅　中共河北省委宣传部

河北省发展和改革委员会　河北省科学技术厅

河北省工业和信息化厅　河北省财政厅

河北省人力资源和社会保障厅　河北省人民政府外事办公室

河北省人民政府国有资产监督管理委员会

国家税务总局河北省税务局

2023 年 2 月 9 日

参考文献

［1］《北京市人民代表大会常务委员会关于推进京津冀协同创新共同体建设的决定》解读［N］.北京日报，2023-12-12（003）.

［2］天津市人民代表大会常务委员会关于推进京津冀协同创新共同体建设的决定［N］.天津日报，2023-11-30（003）.

［3］赵娜，万宝春，冯海波，等.论京津冀区域统一环保规划［J］.经济与管理，2018，32（1）：27-30.

［4］王辉，刘冬.奥巴马政府倾力打造美国现代职教体系［J］.职业技术教育，2013，34（27）：58-63.

［5］孙晓.利益相关者理论综述［J］.经济研究导刊，2009（2）：10-11.

［6］胡卫卫，杨其洪.基于三螺旋理论的农业科技创新人才培养模式与机制研究［J］.高等农业教育，2022（5）：57-65.

［7］陈睿山，叶超，蔡运龙.区域经济联系测度方法述评［J］.人文地理，2013（1）：43-47.

［8］张贵，梁莹，郭婷婷.京津冀协同发展研究现状与展望［J］.城市与环境研究，2015（1）：76-88.

［9］杨玉霞.京津冀区域价值链与制造业产业升级研究［D］.北京：北京交通大学，2022.

［10］李雁争.京津冀产业协同发展实施方案发布提出八大重点任务［N］.上海证券报，2023-05-24（005）.

[11] 李炎炎, 池春阳. 场景驱动: "空间生产" 视角下高职院校产教融合模式优化研究 [J]. 教育与职业, 2023 (2): 54-60.

[12] 冷虹雨. 基于共生理论的开放型区域产教融合实践中心建设框架与路径研究 [J]. 中国职业技术教育, 2023 (31): 41-46, 73.

[13] 莫倩倩, 王向红, 黄婷婷. 高职院校产科教融合路径研究与实践 [J]. 高等工程教育研究, 2024 (2): 167-173.

[14] 宋亚峰. 高职专业群生态系统的协同进化研究 [D]. 天津: 天津大学, 2021.

[15] 江雪儿, 陶红. 共生视角下粤港澳大湾区高等职业教育资源整合的现实困境与路径选择 [J]. 职业技术教育, 2022, 43 (12): 30-35.

[16] 乔哲, 李艳青, 周志平. 河北省高职院校专业群建设服务区域重点产业研究 [J]. 职业技术教育, 2023, 44 (9): 33-37.

[17] 周晶晶, 刘斌, 邹吉权. 基于协同学序参量的京津冀职业教育协同发展实证研究——以高等职业教育为例 [J]. 中国职业技术教育, 2024 (1): 48-58.

[18] 吴中元. 京津冀高等教育协同发展政策分析与优化 [J]. 高教学刊, 2024, 10 (12): 1-4, 11.

[19] 马成东, 刘鑫军. 京津冀协同发展背景下高等职业教育微观协同范式研究 [J]. 职业技术教育, 2020, 41 (36): 61-66.

[20] 张志新, 原博, 赵浩宇. 京津冀职业教育校企合作政策内容分析及协同策略研究 [J]. 首都师范大学学报 (社会科学), 2023 (2): 72-83.

[21] 张成凤. 长三角、京津冀、粤港澳区域高等教育协同机制比较及启示 [D]. 上海: 华东理工大学, 2022.

[22] 徐伟. 中国省域高等职业教育空间联系演化特征及其经济增长效应研究 [J]. 职业技术教育, 2021, 42 (21): 45-49.

[23] 李培哲. 基于产学研联盟的战略性新兴产业创新机制研究 [D]. 南京: 南京航空航天大学, 2020.

[24] 雷凯. 京津冀高等职业教育与区域经济发展的适应性研究 [J]. 中国成

人教育，2022（21）：26-30.

[25] 程亮，杨凤云. 京津冀协同创新共同体建设研究［M］. 太原：山西经济出版社，2022.

[26] 叶堂林，祝尔娟，王雪莹. 京津冀协同发展研究的历史、现状与趋势［M］. 北京：社会科学文献出版社，2020.

[27] 于禾. 高等职业教育与创新型城市协同发展研究［D］. 南京：南京邮电大学，2022.

[28] 刘悦. 高职院校产教科城融合生态机制构建与研究［J］. 教育与职业，2023（5）：79-84.

[29] 黄天娥，李冰. 基于文化认同的京津冀职业教育协同发展策略［J］. 中国职业技术教育，2017（21）：17-21.

[30] 何欣欣，彭泽平. 双城经济圈战略背景下成渝职业教育产教融合的价值、困境与路径［J］. 教育与职业，2022（13）：28-35.

[31] 崔雨，刘友女，刘祯琪. 协同理论视阈下高职院校"三全育人"：内涵特征、现实困境、价值逻辑与实现理路［J］. 职业技术教育，2023，44（14）：66-70.

[32] 赵文平. 国际工作场所学习理论的基本观点分析［J］. 职业技术教育，2017，38（19）：68-73.

[33] 周晶，王斯迪. 职业教育产教融合效能评价：概念基础、价值遵循与指标选择［J］. 现代教育管理，2021（10）：106-112.

[34] 杨红玲. 市场需求导向下职业教育产教融合育人机制的重构［J］. 职教论坛，2020，36（10）：140-145.

[35] 荣艳红，刘义国. 德国双元制职业教育企业方管理结构的起源、特征与功能［J］. 清华大学教育研究，2023，44（2）：120-127.

[36] 卢彩晨，叶子凡. 芬兰高等职业教育学位制度的经验与启示［J］. 中国高等教育，2022（6）：62-64.

[37] 柳靖，柳桢. 学习环境与吸引力：芬兰职业教育与培训的做法及启示［J］. 职业技术教育，2021，42（21）：69-75.

［38］罗洪艳，闫运和. 高质量发展背景下高职院校"岗课赛证"综合育人的实践困境与路径突破［J］. 职业技术教育，2023，44（20）：17-21.

［39］曾天山. 试论"岗课赛证"综合育人［J］. 教育研究，2022，43（05）：98-107.

［40］黄家林，朱现平，黄小萍. 高职院校订单式培养标准化建设研究——以地铁运营行业为例［J］. 职业技术教育，2018，39（14）：6-11.

［41］鲍计国，孟庆杰. 校企共建产业学院的实践分析——以华为公司与高职院校共建华为ICT学院为例［J］. 中国高校科技，2022（8）：68-71.

［42］庞波，阮成武，谢宇，等. 高等职业教育赋能长三角一体化发展战略：现状、挑战与对策［J］. 高校教育管理，2023，17（2）：62-73.